致尊敬的读者

我是一个普通的知识分子，在这本书里写下了风雨人生中我的故事；

我是一个普通的博物馆工作者，书中写了长达半个多世纪我的实践和理论，写了我的思想发展历程；

我是一个马克思主义者，在向马克思主义博物馆学理论高地攀登中不断前进，书中留下了我的理论足迹。

谨以此书献给支持帮助我的同辈人和后来人；献给刚去世的我的妻子，以告慰她在天之灵。

苏东海

2010年，油画 胡爱中绘

图书在版编目（CIP）数据

苏东海思想自传 / 苏东海著 . -- 北京 : 文物出版社 , 2016.9

ISBN 978-7-5010-4683-6

Ⅰ . ①苏… Ⅱ . ①苏… Ⅲ . ①苏东海—自传 Ⅳ . ① K825.81

中国版本图书馆 CIP 数据核字 (2016) 第 194990 号

苏东海思想自传

作　　者：苏东海

责任编辑：孙漪娜　王海东
封面设计：孙　鹏
责任印制：张道奇

出版发行：文物出版社
地　　址：北京市东城区东直门内北小街 2 号楼
网　　址：http: //www.wenwu.com
邮　　箱：web@wenwu.com
经　　销：新华书店
制　　版：北京宝蕾元科技发展有限责任公司
印　　刷：北京京都六环印刷厂
开　　本：710 × 1000 毫米　1/16
印　　张：23.5
版　　次：2016 年 9 月第 1 版
印　　次：2016 年 9 月第 1 次印刷
书　　号：ISBN 978-7-5010-4683-6
定　　价：88.00 元

苏东海先生
（代序）

孙　郁

我和苏东海先生的交往，是先结识人，后读其文，开始是零零散散，后来读其大作《博物馆的沉思——苏东海论文选》，印象转而为立体的，觉得他是个了不起的博物馆学的学者。他很文雅、谦逊，然而有力量，思想是有锋芒的。或者说，他做的都是开创性的工作，精神哲学与史学的光泽照着他的文本。较之博物馆界平庸的话语体系，他呈现的是一个智慧的世界，文明的载体的思考者，如果没有这样的智慧作先导，我们的遗产研究是苍白的。

苏先生早年在北大读书，见识过京派文化的起落。他接触过许多有趣的前辈，算是胡适的学生。也亲历过左翼文化的运动，在心灵深处领略过多样文化的脉息，精神的参照是多元的。他的思路里有文化的静观的因素，不都是流行的概念。博物馆的本体是什么，如何看待遗产文化、科学文化、审美文化、传媒文化的复合功能，博物馆的价值观与传统哲学的联结点在哪里，怎样嫁接西洋的思想理念？都是他苦苦思考的话题。当人们对旧有的遗存还停留在一般的应用式的理解的层面时，他已沉浸在历史的深处，和种种平庸的理念对峙着。在中国，从事文化遗产的保护工作，要面临诸种挑战。一方面是意识形态与历史语境的磨合，另一方面是特殊价值与大众心理的对视。自然，其间也就有东方语境与西方语境的冲撞，他自己苦苦地寻找着惬意的存在。在我们旧的知识谱系里，是没有这样的因子的。

六十余年来，中国的博物馆理念一直变化着。其间的风雨在改变着人们的精神。苏先生自认为自己是一个马克思主义者，看他的文章是这样的。但他说自己并不拘泥于马克思主义的只言片语，学会的是马克思的方法论的东西，能够从自我审视和批判出发，在变化中建立学术理念。鲁迅式的峻急和胡适式的宽容他大概都喜欢，在沉思的时候这两个传统似乎是并行不悖的。这似乎是一种矛盾，可是在他那里是辩证地延伸着，不是直线地挺进，而是回旋地攀援。他的问题意识向来是中国式的，当专注于西方的理论的时候，不忘情于东方式的转换，所以其间不难看出民族的自尊。我注意到他与西方学者交流时的心态，就是把问题拉到中国的实际中。所以，即使在讲全球化的时候，他也是考虑个性的问题，没有西崽的样子。西方学者是确信有一个统一的博物馆学的，苏先生却一直在洋人的参照下考虑有国家特性或有地区个性的博物馆学。一方面窃来域外的火，照着自己的路，一方面从东方的文明里找自己的表达式，是极其难得的。我读他的书，没有道学气和说教气，他对博物馆的庸俗理念的警告，及对简单化思维的唾弃，都有借鉴的意义。在谈到新博物馆运动的时候，他说了一句有趣的话："我认为新博物馆运动最大的成功，也是它最大的贡献在于它有勇气去否认传统，而它最大的失误也在于否认传统。"这具哲理的话，也是他思想活力的地方。常常在闪亮的地方看到黑暗，警惕逆反的存在，那是马克思的逻辑，他真的是灵活地运用了。

苏先生是个有境界的人，他对许多学科的知识感兴趣，又非一个实用主义者。习惯于在物的背后捕捉精神的灵光。他的思想有弹性，将博物馆的本体放在很宽广的思路里去打量，有文化哲学的影子。你毫不觉得是空泛的演绎，一切都建立在扎实的考辨的基础上，又有思想的高度。比如他对博物馆的收藏职能、研究职能、教育职能的考量，是哲学家式的关注。他说："三者是同心圆的关系。圆心是物的收藏，内圆是科研，外圆是教育。"都是会心之论，阅之爽目，如风扑面，有性灵于斯，其乐非平庸者可享也。

我过去不懂博物馆的理论，以为不过浅显的存在。苏东海先生让我改变了看法，才知道其间的道行不凡。中国的读书人，重复别人者多，亦步亦趋者众，而拓荒的却少之又少。我以为苏先生是个拓荒者，他走在我们的前面，在没有路的地方走出了路。仅此，我们这些后人不得不三致意焉。

（此文发表于 2007 年，作者时任北京鲁迅博物馆馆长）

目录

第一部分

第三部分

第四部分

第五部分

第六部分

第七部分

第八部分

附　录

第一部分

第一章 可爱的家庭 我的幸福童年

思想自传是一个很凝重的体裁，为什么我要从童年写起？因为我发现人的童年也是有思想有感情的，也许思想很幼稚，感情很天真，但影响着后来思想的发展，甚至影响一生。当我读到周恩来旅日日记时，他的那种强烈的恋家人、恋家乡的情感使我震动。一个人的家庭环境、家庭教育、家庭影响是塑造一个人品德的思想摇篮。所以我的思想自传要从童年写起。

我的家庭是可爱的家庭。记得 20 世纪 40 年代大学校园里流行一首英国歌曲 *Home*, *Sweet Home*，译文很流畅，很温馨，我至今还记得。《可爱的家》：“我的家庭真可爱 / 美丽清洁又安详 / 兄弟姐妹都和气 / 父亲母亲都健康 / 虽然没有好花园 / 月季凤仙常飘香 / 虽然没有大厅堂 / 冬天温暖夏天凉 / 可爱的家庭啊 / 我不能离开你 / 一切恩惠比天长。”我的童年就生活在可爱的家庭里，我的童年是幸福的。

我的祖父是末代秀才，之后没有了科举，他也失去了学而优则仕的前途，在刚兴起的新式学堂任教习，就是当老师。祖父酷爱诗词，每天早晨都吟诵诗词。吟诗不是朗诵，是吟唱。现在大学中文系的师生不知道还有谁会吟诗。祖父轻声低吟，陶醉于其中。晚上，我和弟弟坐在祖父躺椅的两边背唐诗、听他讲朱子家训，很有意思。我的祖母是个大善人，早年信道教，在长清观拜老住持为师，属于“礼”字辈。我两岁时得了白喉病，呼吸很困难，医生束手无策。祖母抱着我到长清观求救，对老住持说，如果能救了这孩子，这孩子就舍给庙里了。道士都会治病。祖母的

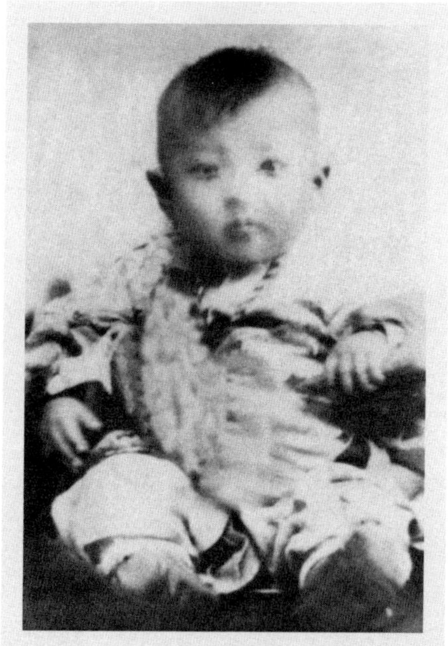

1 岁时的我

三师兄抱起我，手指伸入我嘴中喉咙处向下一摁，我的呼吸就通顺了。老住持命祖母的三师兄收我为徒。我属于“智”字辈，道名智德。我两岁就成了智德老道了。祖母每天都把我抱在怀里，摇晃着，学着祖父吟诗的调子唱着“我的小智，好孩子呀”。按规矩我结婚时要捐给庙里一条长凳，从上面跳出去，算是跳出山门还俗了。我1950年结婚，捐长凳之事早忘怀了。我叔叔有三个儿子，个个都是由我祖母抱着养大的。苏家的孩子都享受过祖母的爱。甚至邻里间也得到我祖母的仁爱。有一位讨饭的老妇人，无家可归，我祖母见她可怜，就把她请进了我家一间空屋里住下来。一住许多年，直到新中国成立后的50年代中期，她老家的生活有了保障她才离开。祖母慈爱善良的品德对我影响极深，滋润了我一生。我性格中和蔼善良的方面就是祖母给我的。

我的父亲读书十分勤奋。他上的中学是有名的正志中学。有钱人家的孩子上学有的坐马车；有的有听差送。我父亲家里清苦，自己走很长的路上下学。他学习成绩优秀，尤长于数学。他与同学王昆仑友情甚笃，结为兄弟。抗日期间王叔叔把父亲引入革命阵营，这是后话。父亲毕业于唐山交通大学，在铁路上供职，又在清河织呢厂兼职。家庭经济好转。我的母亲是大家闺秀。我外祖父日本留学回来后任大法官。我母亲天赋聪颖，可惜那时学堂不收女生，只得在家里请人讲课。因为两家是亲戚，就请我父亲来家教数学。后来两人相爱就结婚了。民国十二年十一月四日父母举行了新式婚礼。

母亲不坐花轿，坐的是马车，这在京城是创举。婚礼在北京劝业场屋顶花园举行，仪式后的合影我还保存着。

我是民国十六年二月初六生于北京惜薪司胡同家中。邻居有个比我大两岁的男孩，就是孙道临。搬到妞妞房新居时，我上孔德学校的幼儿园。那时我六岁。有人说五岁前的事是不会记住的。我六岁上幼儿园却什么也记不起来了，只记得在一个大房子里玩，可见我成熟得晚。

我的父亲苏从周

记不清是哪年我家从北平迁南京了。那时祖父在南京国民政府教育部任职，父亲在京沪杭铁路局任职，经济比较富裕了，生活提高了，我们小孩每天能吃上一勺鱼肝油助长身体。我和弟弟在莲花桥小学上学，学校开辟了

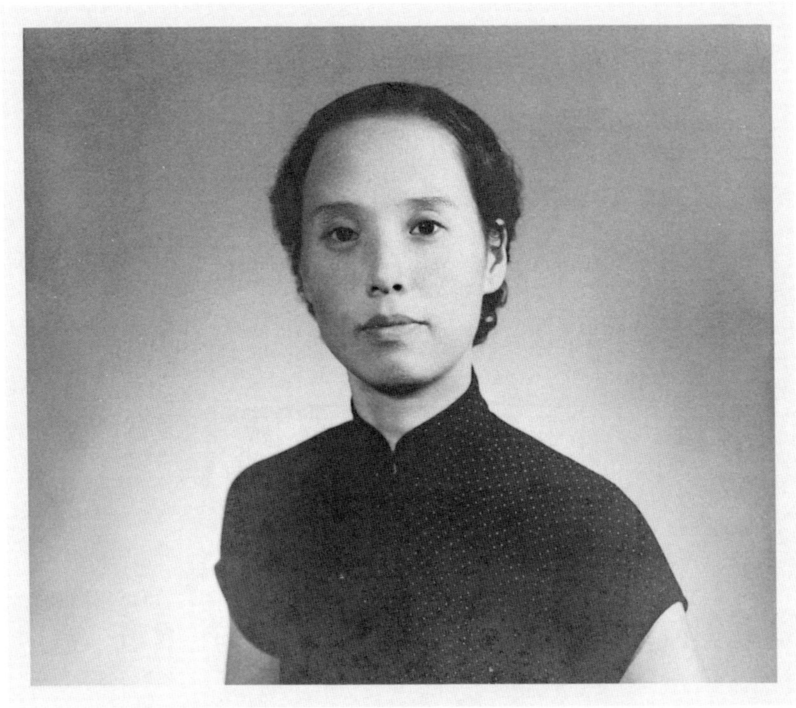

我的母亲杨昌兰

一间教室当餐厅，我们俩都到餐厅等女佣人送午饭，饭后每人有一个苹果。一天我病了，发烧不想吃东西，就给我买来南京有名的陆稿荐酱肉店的熏鱼。弟弟看我喝稀饭吃熏鱼,说了一句“生病真好”。有一天，女佣带来的苹果一大一小，她犯愁，怕两人因苹果打起来。我先到的，连忙把大苹果装入口袋。弟弟随后进来，女佣说今天就一个苹果，弟弟连忙抢过去装入口袋。我们两人都暗自高兴，女佣

1923 年，我的父母在北京劝业场屋顶花园举行新式婚礼

也松了口气。虽然我们早就知道孔融让梨的事，但小小年纪就已经知行不一了。

我父母亲和两个妹妹住在上海，我和弟弟到上海过暑假。父母很爱我和弟弟，尽量改善我们的生活。母亲买来一车西瓜，每天午后吃西瓜消暑。我大口大口地啃西瓜，把瓜瓤吃光了还在啃，我母亲笑着说："快到青州府了！别啃了。"母亲的幽默中流露着对我深深的喜爱。我懵懂地听着，又抓起一块继续吃。西瓜真好吃，吃得我肚子鼓鼓的。之后两个妹妹用西瓜皮擦脖子，治痱子。晚上全家在阳台乘凉，一直睡到午夜，父母把我和弟弟叫醒回屋去睡。有次父母发现弟弟南海没在屋里睡，到处找，原来弟弟睡得糊里糊涂没回卧室，到厨房拿了一双筷子又回阳台睡了。大家虚惊一场。

每每想起我童年的生活，心中荡起无限的亲情温馨。我的童年是幸福的。可是战争打断了我童年的宁静，将我带入民族的苦难之中。

第二章 民族的苦难

都市少年的民族情结／战火中逃难／目睹日军暴行

1936年，抗日救亡运动一浪高过一浪。当时我在南京莲花桥小学三年级读书，连我这个都市儿童也受到抗日怒吼的震撼。

记得那是寒假过后的一天，全校同学在大操场集合，校长向我们讲说察绥前方英勇杀敌的事迹。南京初春仍很冷，鼻子都冻红了。校长说察绥前线冰天雪地，比我们这里不知冷多少倍，连尿都结了冰。可是战士们仍热血沸腾，在敌人的机枪前倒下一批又冲上来一批，大刀向侵略者的头上砍去。女校长越说越激昂，声泪俱下地在台上大声讲述，台下的孩子们唏嘘一片。一位老师站出来教大家唱“大刀向鬼子们头上砍去”战歌。一遍又一遍的高昂歌声响彻这座普通小学，震撼着我们这些儿童的心灵。就在这小操场里，我上了抗战的第一课。女校长挥动手臂高呼、我们含泪高歌救亡的情景时常出现在眼前。

接着，我感受到了社会的救亡怒吼。1936年暑假，我从南京去上海。父亲托京沪火车乘务员把我和弟弟带到上海。列车行进中，我和弟弟正在下棋，车厢里忽然响起了救亡歌声。车上什么人都有，有穿长袍马褂的，有穿短衣的，但似乎大家都在唱。我那时9岁，弟弟7岁，我们两人站在座椅上勇敢地唱起"大刀向鬼子们的头上砍去"。大家合唱"大刀向鬼子们的头上砍去"的声浪，一浪高过一浪，车厢里充满了抗战救亡的激情。

上海的抗敌救亡也很火热。献金台前人来人往川流不息，连黄包车夫都把刚拉的车钱全投入献金箱了。我母亲把结婚戒指从手上退下献给了前方战士。我感受到了我们已经到了民族生死存亡的关头，我听到了人们抗敌的怒吼，看到了救亡的热潮，我虽然还没有认识到也不可能认识到民族的同仇敌忾是不可战胜的，但民族情结开始在幼小的心灵中萌生了。

苦难进一步向我们袭来。七七事变后战火笼罩着南京、上海等大城市。祖父母带着我和弟弟，还有小叔回老家徐州暂避。我上课则在户部山小学四年级。台儿庄战役结束，徐州危在旦夕，举家又迁至农村亲戚家避难。那是微山湖畔的一个村庄，我在这个村庄里上了农村私塾。每天摇头晃脑朗诵《论语》、《孟子》。私塾老夫子很喜欢我，赠我字为"福如"。十岁的我有了名和字，名"东海"、字"福如"。不过我不喜欢这个字，一直不用它，也没和别人说起过，没人知道。

战火越烧越近。日寇疯狂地对徐州及其周围村庄进行轰炸。一天敌机又来轰炸扫射，来了许多架，来势很猛。祖母带着我和弟弟躲在村边的沟里。敌机似乎在搜索军队，在村子上空低飞盘旋，用机枪扫射，久久不离去。我和弟弟不知害怕，还在数飞机架数。祖母把头顶在沟沿上，向菩萨许愿：如果飞机过去，能保住这两个孩子的命，她就终生吃素。我的祖母从此果真一辈子吃素，兑现她保佑我们两个孩子平安的许愿。

战火逼近了徐州。祖父母带着我们和乡亲们朝相反的方向逃难。没想到日寇从黄山包抄过来，正和我们这些逃难的人撞上。我们被拘在村中一个大院子里。我和弟弟腰上系着的童子军皮带，在鬼子进村时被祖母偷偷扔进水塘里了。姑姑、婶婶们都早已用锅灰把脸抹得黑黑的，在脑后都结了一个假纂儿，用头巾把头蒙上打扮成老妇人。日本兵目光凶凶地巡视着，忽然把我的一个姑姑从人堆中揪出，一把抓下她的假纂儿，露出了长辫子。日本兵嗷嗷叫着把她往屋里拖，她拼命地挣扎。全院子的人“唰”地一下全跪下求饶。我也流着泪跪在人群中。正紧张时，集合号响了，日本兵纷纷跑去，这个日本兵也悻悻地走了。在我眼前晃动着的一个一个披着黄皮、带着风帽的日本兽兵的丑恶形象深刻地刻在我的脑海中。

徐州沦陷后，我们回到城里住下来。我在徐州少华街小学继续读五年级。看着日本兵骑着高头大马在街上横冲直撞，路人纷纷躲避，真让人感到了铁蹄下亡国奴的味道。路过日本兵驻地时，不论大人小孩都得向站岗的日本兵鞠躬。我上学的路要经过两个岗哨，为了不给日本人鞠躬，我每天都多走几条胡同绕过那两个岗哨。我不是怕他们，是厌恶他们。这也只是我这个孩子对日本人反抗的一种表示吧！

但是日本人并不让我们安生。当他们知道我祖父曾在教育部供职，就一定让他出来当督学。我父亲正在抗日，祖父是决不会当汉奸的。为了躲避日本人的纠缠，我们又举家迁回我的出生地北平。那时我家在妞妞房胡同的四合院被日本人侵占，全家临时寄居在府右街长清观中。1994 年我出差到成都，就近去拜谒了道教发源地青城山，在道教始祖张天师神位前跪拜了始祖。在天师洞见了全国道教协会会长傅元天。他请我喝茶。我说起我的智德老道的故事。他立刻拿出《太上玄门晚坛功课经》，果然查到了智字辈。我比他早了许多年，他忙将我称兄。我当年 67 岁，道龄也 60 多年了，也算我的一段轶事，补记于此。再说一点沧桑变化。长清观与毗邻的四存中学在新中国成立后被圈入中南海红墙内，变为中办的办公大楼了。对着长清观山门的是一条东西向的大胡同，即灵境胡同，胡同西头与西单大街衔接。大街路东第一个单位就是洁民小学，向南是基督教救世军，再往南是孔教大学。这三个单位在新中国成立后都没有了，变为中组部大楼。我家借居长清观后，我就在洁民小学读六年级。小学毕业后，我家迁回妞妞房旧居。我在大同中学开始读初中。中学生了，也有了自己的一点政治认识。我身居沦陷区，但政治上向往抗日的大后方，向往正在抗日的我的父亲。上海沦陷时父亲冒着枪林弹雨押运最后一批器材到达武汉，被升任国民政府军委会西南运输处副处长。处长是宋子良。武汉沦陷时，父亲又带着人员物资最后撤离。敌人的炮火不停地追逐着车队，到达重庆后，父亲被任命为泸州运输处处长，筹建重庆至昆明的公路运输局，接运从缅甸运来的军用物资。我的父亲把我的心与抗战联系起来了。但是我一个都市少年又能做什么呢？在北平奴化宣传的氛围中有一块寄托抗日情怀的绿洲，那就是基督教青年会和教会学校育英中学。我当时认为英美是帮助中国抗日的，是中国的盟友。这些地方寄托着我的抗日情感。基督教青年会位于金鱼胡同东口、米市大街路西一排大建筑内，那里有英文夜校。我每天晚上去读英文夜校，用标准伦敦音发言、背诵英文文选。我认为日语是奴化语言，学英语是爱国的。青年会的室内篮球我也常去玩。球场就是一条狭长的房间，从墙上运球，把球撞到墙上紧跑两步接着从墙上弹回的球，再把球运至栏下投球，很好玩。暑假我转学到育英中学，真正进入了另一个天地。学校不学日语，学英语，这是我政治上最重视的一点。学校按美国学校办，学习很自由，考历史时，老师在黑板上写“荣誉考试”。他就坐在一旁不监考。记得我在大同中学念初一时，考试时在同学帮助下做小抄系在袖筒里，当监考老师从我身边过去时，我赶忙把小抄从袖筒拽出来，老师一个猛转身抓住了我的小抄。这是我生平第一次作弊，也是唯一的一次。育英的老师不监考，有时故意站在教室门外脱离监考视线，也没有人作弊。我的自尊心陡然上升。除正课外，学校还设置了选修课，学生根据自己的兴趣选课，每周三次。初二时我选的是“法律常识"课，学校的法律顾问兼任教师。我初二时就懂得了自然人、法人、罗马法、英国习惯法等法学常识。初三时我选的是篮球课，组织了球队。当时正学习外国史，对木乃伊这个词感兴趣，球队就叫木乃伊队。这个木乃伊队一直存在下来，解放后升为国家队了。我是最初的队员。在沦陷区里，我能生活在这块绿洲中真是幸运的一段时光。

1941 年 12 月 8 日太平洋战争爆发，育英中学改为市立八中，英文课取消了，改为学日文，同学们就消极抵制，日文老师来上课时，讲台上给他放一只痰盂以示不满。这又有什么用呢？这时父亲来信让我设法去大后方读书，脱离沦陷区。于是寒假后我就离开北平到徐州老家等机会去大后方。之前我的母亲已经撤离上海到大后方和父亲会合了。上海沦陷后，父亲在军运前线工作。母亲带着两个妹妹留守在上海。父亲在泸州安定下来后，母亲脱离上海前来团聚。母亲一手牵着大女儿，怀里抱着小女儿，从上海乘船绕过日军封锁，漂洋过海到达法属越南的海防市，再多次换乘小火车、运货卡车、长途汽车，千辛万苦到达泸州。父母相聚时两人泪流满面，喜极而泣。

母亲是从海路进入国统区，我从陆路进入国统区也有一段跋涉。1942 年暑假后我离开了市立八中，离开了北平，前往老家徐州，寻找脱离沦陷区潜入抗日大后方的路子。祖父的曹姓表亲在徐州开布庄，每年春季通过关卡向国统区贩运布匹，可以带我进入国统区。1943 年初春，我化装成学徒跟布庄的人上路了。和我同行的有 4 人，我的堂叔苏从虞、父亲同事的两个子女叶炳贤和叶范贤，都是学生。我们从徐州坐火车到商丘，下火车后雇了一辆排子车，

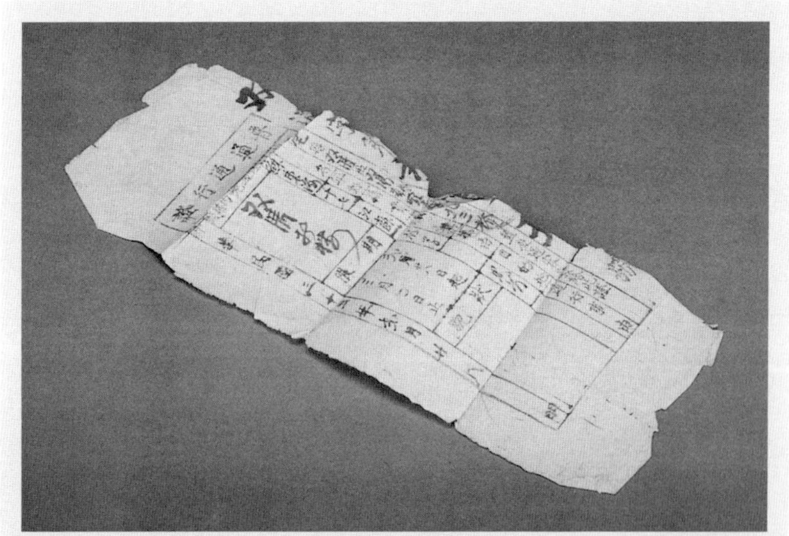

1943 年过封锁线时的路条

我们4人连同行李都在车上一路南下，日行夜宿经过安徽亳县到达界首。这里有一处日伪军的卡子，可以放行进入国统区。过卡子时问干什么的，答学徒。堂叔拿了一块肥皂给他们，他们一挥手，布庄的人说："快走！"我们就大步流星地奔走起来。在这里的双沟镇国统区的人给我们每人发了路条，上面写有入境时间、职业为学生。我们那时还没有国统区的概念，以为我们从沦陷区逃出来，到了抗日的大后方，到了心目中的圣地。我们从界首回过头来进入河南，向西北洛阳行进。沿途是黄泛区，赤地千里，又赶上1942年的河南的大灾荒，渺无人烟，一下雨路上全是泥浆，排子车走不了。一天我们困在一个小镇里，只好住小店等天晴再走。镇上只有一家饭铺，每天只蒸一屉馒头卖给过往行人。我们没有多少钱，每人每天一个馒头。在馒头铺前我们目睹惨剧，几个孩子围在馒头铺前不敢伸手，因为一个孩子饿极了抓起了馒头，被店主人打断了腿。他们只能从买者手中抢馒头。我们每人买一个揣在怀里逃回旅店。天晴后继续赶路，不知走了多少天才到了洛阳，上了西去的火车。火车要闯潼关，日军在黄河北岸对渡口炮火封锁，只有夜晚停止炮击，火车迅速闯关。到西安、宝鸡后，改乘货运汽车入川。所谓客车实际上就是大卡车，乘客每人坐在自己的行李上。山路崎岖，记不清走多少天了。广元是一个大站，茶馆、饭馆林立，很是热闹。成都未停留，直达泸州终点站。这时父亲已任泸州到昆明的川滇东路运输局局长，员工几千人，局本部设在贵州毕节，征用了海子街乡的大片土地，盖起了办公房屋和一座座家属宿舍，还有一座大礼堂。重庆和昆明各设一处办事处。川滇东路是一条很重要的军运路线，从缅甸运来的战时物资和生活物资多靠这条运输线。我为父亲的抗日贡献而自豪。与我同行的堂叔苏从虞，他的父亲是我的三祖父，一战时是赴法参战的华工，在工兵中服役，一战结束后在法国工兵学校进修，回国后在南京陆军大学任教。这时他也在毕节川滇东路工务局任职。堂叔来到毕节与亲人团聚。暑假期间，我和堂叔到重庆，他考入复旦大学银行系，我进入南开中学读初三。满以为就此可以安心读书了，实际上民族的苦难仍在继续着，我的生活没有平静下来。

第三章　政治上的迷乱
我的国家主义思想

我到沙坪坝南开中学报到时，还未开学，学生正陆续报到。第一天的傍晚，我正在大操场闲逛，猛然响起了嘹亮的军号声，原来开始降旗了。操场上活动的人，室内室外行动的人，都立即站立不动，仰视着徐徐降落的国旗。这种景象使我十分震动，我的国家意识、民族意识陡然升起。一种仪式，众人忠诚地去做，产生的凝聚力何等大啊！我真的有了一种国家的自豪感。重庆太热，我生了病。重庆办事处周处长安排便车送我回毕节疗养。这是一辆返程的卡车。我坐在司机旁边睡觉。山路崎岖 72 拐。那时刹车机油供应不足，用肥皂水代替刹车油。车到东青门的一拐弯处刹车失灵，冲出路面。幸亏下面有个斜坡，车翻滚几下停住了。我被从车内甩出来，人昏迷不醒了。父亲赶来把我送重庆医院抢救，请的名医检查，诊断为第 7 颈椎位移压迫左臂神经，幸好没有骨折。回家由公路局医生治疗。在家疗养期间，我读了当时出版的一些抗战文艺书，郭沫若、欧阳予倩、曹禺、茅盾、老舍等名家的名著。当时并不了解其意，看故事而已。期间还补习了英语。公路局里英美留学生很多，局秘书长余叔叔就是英国留学的，他的孩子余世愚和我同岁，我们俩一起学习英语，后来余世愚成了我的好朋友。1944 年 9 月暑假后我考入贵阳力行中学上了高一。不料开学不久，日寇攻占独山直逼贵阳，形势紧迫，学校停课解散。读书不成回到毕节家中。这时日军南下攻势猛烈，政府发出“十万青年十万军”的号召，热血青年纷纷报名从军卫国，和我一起从沦陷区来毕节的叶炳贤参加了青年军，远征缅甸阻挡日军南下。日本投降后，远征军开赴沈阳参加内战，叶炳贤开小差脱离了军队。我父亲让我到昆明继续读书，把我托付给公路局的昆明办事处主任郑独步叔叔照顾，他在云南大学还兼职教授，安排我在五华中学读高二，对我照顾无微不至。每周日到他家吃饭，努力改善我的生活。学校的伙食很差，早饭是一桶稀饭，一盘黄豆，8 个人围着一盘黄豆，用筷子夹不了一两粒。聪明的同学把沾着稀饭的筷子插入黄豆盘中一转就沾上了不少黄豆，大家如法炮制。午饭、晚饭更差，是汤泡饭。所以每星期去郑叔叔家吃饭是件大事。和我一块吃饭的还有云南大学郑叔叔的学生王梦周。五华中学在昆明是很有名的学校，老师阵容很强，著名的中国新文学大家王瑶那时就在五华中学教语文。我在学校很活跃，同学多为本地人，我算是见多识广的。学校课余活动很多，王瑶老师组织我们排抗战话剧《离离草》，分配我当游击队长。我不知怎么演游击队长，完全听王瑶老师摆布。每天晚饭后排戏，排到很晚，由男同学送女同学回家。唐继尧的孙女要我陪她。唐继尧是云南的大军阀，公馆有高大的围墙。我送她到大门口，她邀我进去，我转身就回学校了。学校也有一些社团活动，我不清楚。我想当领袖人物，就自发地组织了一个读书会，起名为“熔焰社”，同班七、八个同学参加，主要活动是讨论功课、锻炼身体、生活检讨，充满积极向上的年轻激情，像火一样，所以叫熔焰社。那时熔焰社没有政治内容。但是不久政治找来了。郑独步不仅是运输局昆明办事处主任、云南大学的教授，而且是民主同盟的成员、青年党昆明负责人。他给我一份请愿书让我签名。那个请愿书是由当时进步教授发起的（郑独步是发起人之一），征求五千人签名。请愿书内容很长，是要求国民党结束一党专政，成立联合政府。我觉得说的对就签了名，并把原文抄在笔记本上。我那时的政治认识主要是在家受父亲的影响，父亲那时是民主同盟的成员。他对国民党的腐败深有体会，在王昆仑带领下参加反蒋活动。他没有和我谈过共产党，所以我对共产党一无所知。有一天，有人在我的笔记本里放了一篇新华社通讯《评蒋介石讲演》。我看了，也不知这就是共产党的言论。一个月后，郑独步找我谈话介绍国共两党准备内战的情况，民主同盟反对内战，大多数人都拥护它。我当时很同意他的看法，觉得民主同盟是真正革命的。他又向我介绍民主同盟是由三党三派组成，青年党是其中主要领导。青年党的左舜生就是民盟的秘书长。这次谈话是我第一次听到青年党的名称。既然是民盟的领导当然是好的了。那时我政治上是何等的无知与轻信啊！青年党另一个负责人、园通小学校长杨怡士和我谈话。他告诉我青年党的宗旨是两大主张，一是国家主义，一是民主政治。中国现在严重的国难局面就是国民党一党专政造成的，所以要实行青年党提出的民主政治。青年党提出“国家至上”、“民族至上”的国家主义是最爱国的。他说，你是爱国青年，应该参加青年党。我对郑独步说，我不入青年党，我要加入民主同盟。郑还是要我先加入青年党，我也就同意加入了。不久郑通知我，因我不满18

岁，只能加入国家主义青年团。王梦周则加入了青年党。我当时很不高兴，觉得小看了我。我6月加入国家主义青年团，7月放暑假就回毕节了。父亲知道我加入了青年党很不同意，但也没有深责我。因为那时青年党还在民主同盟内，从反蒋刚刚向联蒋转变。后来68军给我做的历史结论也指出当时青年党还是民主同盟的一部分，其反动面目尚未暴露。这就减轻了我参加国家主义青年团的性质。虽然我参加青年党有受蒙蔽的方面，但我的参加也不是完全偶然的，而是有着必然性的一面，是有着接受国家主义思想的主观基础的。本来在战乱的苦难中凝结在我幼小心中的民族情结、爱国情结是十分纯真的，爱国的情结是天然的。但国家主义把我的民族情结、爱国情感引入了“国家至上”、“民族至上”的狭隘民族主义的错误理论之中。狭隘民族主义对激进的拥有民族情结的青年是有吸引力的，“军国民教育”就是日本军国主义的教育基础。陈天华、周恩来青少年时代都信仰过日本的军国民教育,甚至蔡元培于1903年创办“爱国学社”，后来改为“军国民教育会”。周恩来14岁时在沈阳小学做的作文就提出道德救国和实行军国民教育，直到19岁东渡日本后才抛弃了军国主义思想。他在日记中写道：“军国主义在二十世纪里是绝对不能存在了。我以前所想的‘军国’、‘贤人政治’这两种主义可以救中国的，现在想实在是大错了。”国家主义的理论是肤浅的，但它的狭隘民族主义对爱国激情的人是有吸引力的。我就是由此走上理论错误与政治错误的。由于它的理论肤浅，在思潮澎湃的时代，不久我就抛弃了它，转入了“中间路线”的宣传和活动中去了。

1945年暑假期间，传来日本投降喜讯，举国欢欣若狂。我开学后也无心上课。民主同盟的教授大声疾呼实行民主政治，反对发动内战。学校罢课游行。不料杨怡士让我不要参加游行，也不要反对游行。这是为什么？我感到了青年党在背离民主同盟。我和熔焰社的同学仍要参加罢课游行。这使我不仅在理论上，而且在政治上完全失掉了对青年党和国家主义的信任。

第四章　杂乱思想的终结
向马克思主义的归一／我的初恋

1945年秋季开学不久，我就离开了昆明，随父母迁居重庆，准备北上回京。那时父亲政治上已经有了重大发展。他在王昆仑叔叔带领下筹组了民主革命同盟（称小民革），作为中共南方局的外围组织，由董必武直接领导。南方局另一个外围组织东北抗日救国会，由地下党员阎宝航领导，也与父亲建立了联系，并派地下党员王昭晟协助父亲工作。那时“双十协定”刚签字，共产党准备参加联合政府。在中共准备参加政府名单中，铁道部长一职拟推荐父亲担任。随后国民党撕毁“双十协定”，联合政府告吹，这个名单也就没有拿出来。这些情况父亲一点都没有向我透露，我还以为父亲仍是民主同盟中的左派呢！地下党员王昭晟和我多次谈话，鉴于我的幼稚，也表示同意我的中间路线偏左的主张，所以我以为父亲就是民主同盟左派。但王昭晟让我脱离青年党。回北京后，他准备和我一块搞熔焰社，团结青年一块进步。1946 年暑假我回到北京，利用暑假把北京熔焰社搞起来。我弟弟苏南海和他的同学王其峰、张我忠等十几位同学为主组成了北平熔焰社。这时的熔焰社就是一般读书会。地下党员王昭晟原想把熔焰社置于共产党影响下，但回京不久，他就与东北救国会派来的另两位地下党员姚艮、赵明陪父亲去东北接收中长铁路去了。熔焰社失去了一次左转的机会。郑独步也想把北平熔焰社置于青年党领导之下，可那时我已从主观上离开了青年党，因为青年党已经投靠蒋介石。我拒绝了郑独步想控制熔焰社的企图，并向郑独步提出退出国家主义青年团的要求。郑看我主意已决，就停止了我和青年党的关系。事实上北京熔焰社并非青年党的外围组织。新中国成立后的政治运动中，有些人在政治驱使下总是想把熔焰社和青年党混为一体，从而造成我的亲人和朋友的坎坷。我的内疚使我痛心之至。

1946年暑假我买了一张高中毕业证书报考了辅仁大学，被哲学心理系录取了。辅仁大学是教会学校，一些课程由神父任教授，如“实验心理学”、“理则学”（逻辑学）等。有的课是英文教材，英语讲课。大一的学生英语听力不行，由助教现场翻译。当时在学习上我有一件幸事,我听过胡适讲哲学。那时胡适当北大校长,不讲课了。辅仁大学校长陈垣与胡适是好朋友，他邀胡适来辅仁讲一次哲学课。那天在辅仁大学礼堂胡适讲了他的《中国哲学史》(上)。那时能直接听胡适的课，现在在世的恐怕没几个人了。我在辅仁大学读完大一就转学北大哲学系读大二了。在辅仁大学读书期间，同班同学何延程（洪雪）和我关系比较好。他是地下党员，但我不知道。他约我一起研究新哲学。每星期三下午他到我家来讨论一些问题。那时我正想研究共产主义、研究共产党。我们讨论了新哲学的一些问题，对新哲学有了一些认识。但我的兴趣在于对共产主义的比较研究。在研究中我赞成了费边社会主义的理论。

费边社会主义是反对暴力革命、主张对社会逐步改良，最后达到共产主义。据此，我精心撰写了题为《共产主义的新路线》长篇论文，阐述了我自己的理论认识。在论文中我批判了列宁、斯大林的暴力革命论，提出实现共产主义的新路。我认为：“政治革命是根据社会革命而来的，必须社会革命成功，政治革命时机才到来，才能进行政治革命，否则必然失败，……我们必须采取和平方法完成新的工业革命，同时注意思想革命，生产高度发达后共产社会产生的条件才算具备。”我提出社会蜕变三阶段：第一步工业革命、第二步思想革命、第三步政治革命。我的结论是：“总之，一条是站在资本主义社会的外边打击资本主义社会，一条是与资本主义合作加速资本主义社会崩溃的过程。前者造成人类对立乃至毁灭，后者则是实现共产主义的新路。”我接受费边社会主义不是偶然的，也不是随意的。我不可能在思想上、理论上，从国家主义一步达到马克思主义。而费边社会主义的唯生产力论、反暴力论、和平长入社会主义的理论，正是适合我需要的理论过渡。但中国的暴力革命的成功，用不了多久就会推动我抛弃费边社会主义向马克思主义转变，就像我抛弃国家主义那样，实现了我的第二次的思想和理论的蜕变。

1946 年寒假期间，王梦周找到我。他那时在新民报当编辑，和在华北日报当编辑的孙复是好朋友，他们想办一个鼓吹中间路线的刊物，约我参加。我当时政治上仍是中间路线偏左，欣然同意参加。王梦周回老家卖了两亩地作经费。由王梦周当社长，孙复当总编辑，我当总经理。刊物起名为《我们的周刊》。我的论文《上倾论》、《共产主义的新路线》在这个刊物上发表。1947 年 5 月 4 日出版第 1 期，接着出版第 2 期。第 1 期还是卖出一些，第 2 期就没人买了，第 3

期印出就没有发行。短短三周内这个刊物就夭折了。刊物出版前，我曾以熔焰社的名义开了一次烛光晚会，呼朋唤友来了不少人。我的目的是显示我的实力，推销刊物。烛光晚会在郑独步家的客厅举行，不料郑家也是北京青年党党部所在地，给出席会的人带来了不小的政治麻烦，增加了我内心的负罪感。我父亲在沈阳看到我寄去的论文十分震动，和他身边的三位地下党员商量，决定暑假期间让我去沈阳，他们对我进行认真的帮助，让北京小民革成员许宝骙教授、九三学社袁翰青教授先做我的工作。两位教授建议我转学北大，可以更好地接近和参加学生运动。暑假开始我和弟弟就去沈阳，我将在那里得到脱胎换骨的转变。

这里我要追记一下我和我的妻子的初恋。她是我弟弟南海的同学王其峰的姐姐，芳名王玉聘。南海的同学多住在我家附近。1946年暑假期间，我回到北京，这些中学生常来我家和我聊天，她也参加，他们都是在沦陷区长大的中学生，外边的事情一点都不知道，都有兴趣听我谈八年抗战、天南海北的外部世界。她静静地坐旁边听我高谈阔论。她两个大眼睛，浅浅的酒窝，十分清秀美丽。她比他们显得气质上更高雅一些。这与她的学业基础有关，童年在蔡元培、钱玄同创办的孔德学校读书，以全校第一名的成绩毕业。中学在教会学校贝满女中念了 6 年，毕业时保送燕京大学。我是在她读高二时认识她的。那时她为了检验自己的“实力”，报考北大，竟被录取

1947 年夏在沈阳家中

了，但她未去，愿意老老实实读完高三，学得扎实一些。1947 年 6 月，一天我路过北池子大街，她正在路边和一位邻居说话，看见我过来，对我微微一笑。忽地我“心动”了。什么是“心动”，是强烈的爱意的萌动，是爱情的迸发。这是我真正的初恋。我出现“心动”是有基础的，不是一见钟情。从远里说，一年多的交往，我对她的人

晚年与妻子在家闲谈

格魅力和优雅风度很欣赏，但只是欣赏而和我的生活联系不上，因为我做不到；从近里说，我政治上的盲动，理论上的杂乱，在人生的第一站我就失败了。我需要彻底转变，从失败中走出来。在沈阳等待着我的是世界观的一场脱胎换骨的转变，站在我面前的她，淡泊名利、纯洁善良，对我的改造产生强烈的吸引力，我有了和她共度一生，沐浴在她的人格之中的强烈愿望。两天后，在院子的葡萄架下我吻了她。她没有拒绝，但她含羞地跑了。我们的初恋开始了。我们的爱情连绵至今，老而弥坚。

第五章 我的思想蜕变
进入革命行列／狱中点滴

1947 年暑假，我和弟弟南海来到沈阳。那时父亲任沈阳物资总局局长和东北“剿总”交通处长，负责军运。中共东北局社会部的三位党员协助父亲工作。一位是姚艮，安排他在沈阳火车站当站长（新中国成立后任中央公安部办公厅主任）；一位是赵明，安排他在交通处管军运（新中国成立后任公安部宣传部部长）；一位是王昭晟，在物资局工作（新中国成立后在公安部十局工作）。他们分别和我做了长谈，指出我在政治上、思想上的错误。他们对国际国内的政治形势、军事形势了如指掌，对马克思主义研究的精深令我折服，我深感自己政治上的无知、思想上的浅薄和幼稚。他们决定由赵明带我到工厂、矿山接近工人阶级，改造人生观。赵明以中苏日报记者名义带我深入工业区活动。两个月期间到过抚顺工业区和工人接触谈话，了解他们的生活。还到鞍山工业区、铁西工业区等。我有生以来第一次和产业工人亲密接触，在我眼里工人阶级变得有血有肉了，而共产党就是他们的先锋队。这就加强了我在理论上和立场上的转变。其间我参加过一次父亲和三位党员的小组会，赵明传达解放战争形势，很让人鼓舞。

两个月紧张的思想活动、实践活动改变了我的人生道路。我父亲和几位地下党员是我思想转轨的恩人。我之所以能从旧哲学摆脱出来迅速进入新哲学的思想轨道，是深切领会了马克思阐述的新旧思想界限的那条原理。马克思在《关于费尔巴哈的提纲》中著名的第十一条“以往的哲学家只是用不同的方式解释世界，而问题在于改变世界”。行动中的马克思主义就成了我一生中坚持不渝的思想方针。理论不是教条而是行动的指南，这是新哲学最根本的品格。在理论转变、思

1947 年夏，地下党员赵明带领我们在鞍钢体验工人生活

想转变中，一个思想扣子、一个理论扣子解开了，一通百通。我从旧哲学到新哲学的迅速转变就是从马克思的这个第十一条原理中达到了从量变到质变的飞跃。我充满了革命激情回到北京。本来赵明准备安排我在东北大学读书，做学运工作。但我考取了北大哲学系二年级，北大是学生运动的重镇，他们就同意我回北京了。我到北大后积极投入学生运动，当选了全校院系联合会哲学系二年级的代表。但是不久辅仁大学的张我忠告诉我，有人说我是青年党打着红旗反红旗。这对我是很大的打击，我向袁翰青教授谈了我的处境。他说，你的转变我知道，我来做做工作。过了几天，北京人社的张仲实（绰号朱大妈）找到我要我参加北京人社。我高兴地参加了北京人社，他们给我起的绰号"小妹"，在社内负责新哲学学习，参加"反对美国扶植日本大游行"，组织上让我起草《告军警书》，我写后交上去，也不知用了没有，总之我积极参加了各项活动，以求人们理解。

一天我在民主广场西墙理发室理发，旁边座位上一位同学盯着我看，我也盯着他。忽然他大叫一声"你是苏东海"，我也大叫一声"你是李群"。原来我们俩是南京莲花桥小学二年级的同班同桌同学。八年抗战天各一方，相见甚高兴。他现在念法律系二年级，参加进步社团法学会活动。他极力约我参加法学会，因为法学会现在想成立方法论组开展活动。方法论组实际上是研究新哲学。法学院支部委员金鸿选找我谈话，我如实地汇报了我的历史问题和转变过程。他说转过来就好，欢迎参加法学会方法论组。过了几天，他约我晚饭后一块散步。在民主广场，他、法学会的宁奎和我三人一块散步、聊天。广场散步的人很多，有些人和老金点头打招呼。后来老金告诉我，和他一块散步，别人就不误会我了。实际上这是组织安排我亮相的，我就更加靠近组织了。不久法学院支部书记孙立找我谈话，决定成立新哲学社，由我和金鸿选担任常委。新哲学社成立后，以米定·拉里察维基的《新哲学大纲》为课本，也有机会读到党的文件，如《目前形势和我们的任务》、任弼时《对晋绥干部的讲话》、整风文献等，学习并开展讨论。新哲学社的工作很快发展起来。在党对我的培养下，也由于工作需要，党组织决定吸收我为民主青年联盟（民联）成员。1948 年 5 月 30 日法学院支委金鸿选正式通知我党的这个决定，因此我参加革命工作的时间就以 1948 年 5 月 30 日算起。我和李群、项精英一个小组，由金鸿选领导。参加民联后，除经常的组织生活及完成党交给的任务外，能够学习一些党的文件，了解目前斗争形势和我们的任务，深感人民战争的强大力量。

由于战争的发展，东北流亡入关的学生日益增加。新哲学社的任务转为团结东北同学，使之融入北京的学运。我们在这方面做了不少工作。“七五”惨案发生后，我参加了“七九”示威的准备工作，并担任示威游行的纠察工作。队伍向李宗仁官邸行进途中，我沿途喊着“枪毙傅作义”的口号，十分兴奋。因为能不能喊出“枪毙傅作义”的口号，事先民联小组也参加讨论了。8月19日，傅作义公布黑名单，开始大逮捕。一部分党员和积极分子开始转移到解放区，我参加了一点掩护党员撤退的工作。学生自治会理事许建章躲避在我家，在我家住了一周，化装成商人。由于前门火车站查得紧，我护送他到东便门火车站，登车南下转入解放区。金鸿选也是在我家化装由我送他到东便门火车站南下的。金鸿选临走时交代我，过一段时间组织上会和你联系的，你们先聚集力量准备迎接解放。我和李群、项精英这个小组暂时失去党的领导，我们的活动没有停，但更谨慎了。我们吸收了二中的吴锡恒，华北学院的于定一等人组织读书会。李群在清华大学间接有党的关系，可以不时带来一些党的文件供我们阅读、讨论。我们聚集力量准备迎接解放。

1948年12月下旬的一天，深夜12点，傅作义“剿匪”第一突击队突然包围了我家，搜查了我的房间，只查出一些苏联小说，没有别的，就押着我到王府井警察局内一分局收监。天刚亮，我妹妹海珠找到玉聘，告诉她“大哥被捕了”。玉聘连忙赶到我的房间，察看花瓶里藏着的传阅的党的文件，还在，没被发现。又到厨房在碗柜的木夹层中抽出藏在这里的读书会成员名单。这个名单是等组织来接头时要交给组织的。名单也安然无恙。玉聘松了一口气。不论文件还是名单，如被搜出问题就大了。在内一分局“剿匪”突击队审讯我两次，那里没有刑具，只是逼我交代我的上级是谁。我挺住了没有交代任何人，也没有交代地下组织情况。那时北京已经被围，草草审讯了两次就定案为“匪嫌”，送到安定门内炮局监狱服刑。炮局有两座监狱，其中一座是陆军监狱，一座是政治犯监狱。我去的是政治犯监狱，对外称“青训队”，关押的都是“匪嫌”。一排一排的牢房，又隔成一小间一小间，每间十几平方米住十来个人，沙丁鱼一样地挤着。屋角有一尿桶，新来的人就住在尿桶旁，把门睡的位置最好。这间牢房把门睡的是中国大学学生会的桑常路，他问我是哪儿的，我说北大学生。他让我睡在他旁边，我这个新来的就没有睡在尿桶旁边。室内还有叶剑英的司机，卖香烟的小贩（实际是交通员），总之都是“匪嫌”。牢饭极差，一天两顿，每顿一个窝头、一点咸菜、半碗蒸窝头的蒸锅水。每天放风两次，只能走走，跑不动了。有的牢房唱起《囚徒歌》，各牢房随着唱起，我们的牢房也唱起来。狱卒也不管，大概是政治犯他们也管不了。1949 年 1 月 20 日北平和平解放签字前夕，解放军还没入城，监狱的特务们全跑了，管理人员把牢门打开，把我们全放了。赵明来看我，送我一本书，在扉页上写道：“东海，祝贺你。你经历了政治洗礼。”但我从来没有因经历政治洗礼而自豪过，在“左倾”的时期，被捕、被俘从来都是一个历史包袱，不是什么光彩的事情，一直到“文革”中还贴我大字报，让我交代是怎么从狗洞里爬出来的。幸亏 68 军党委对我作了“没有屈服变节行为,表现是好的”结论。可见人间自有公道在,令人欣慰。

这里我再补叙两件事。一件是去解放区的事。1948年夏，东北局社会部领导父亲这个小组的王特派员被捕，沈阳城防司令楚溪春告诉父亲小心身边的人，父亲立刻通知三个地下党员撤退。姚艮立即跳上一辆北去的火车逃离沈阳，赵明、王昭晟也立即转入解放区。父亲也通知我如他进入解放区，我也走，让我先和吴晗商量走的问题。我到清华找到吴晗，吴晗说等你父亲通知，我随时可以送你出去。事情有了变化，父亲到南京去疏通，政府免去了他在东北的职务，不再追究他用人不当的政治责任，并改任他为公路总局第八区局顾问。八区局设在北京，顾问是闲职。他也就回到北京开始参与迎接北平解放的地下工作，我也就没去解放区。另一件是入党的事。老金走后我们自己组织读书会，聚集力量，同时也主动找组织。李群在清华间接联系上党组织，可以拿到党内文件来传阅。二中的吴锡恒也与二中的地下党员吴先生联系上。吴先生很关心我们这批人，不断地通过吴锡恒了解我们的情况，想动用我们的力量。十二月初的星期一，吴锡恒通知我，吴先生要见我。具体时间和地点明天临时通知。吴锡恒说吴先生要和我们两人谈入党的事。不料当天晚上我就被捕了。我被捕后吴锡恒就在那次谈话后入了党，我失去了在地下入党的机会。这两件事，一件是去解放区，一件是地下入党，失之交臂。

我出狱后，未得到休息，华北学联主席谢邦定就让我赶快参加工作。那时解放军还未进城，城内到处是兵，很乱，迎接解放的工作很重。谢邦定派我到联络部工作。学联的联络部部长是齐椿寿，他分配我当中学联络组组长，联络各中学迎接解放一致行动。后来在学联的基础上成立北京市各界庆祝解放联合会（学庆联），学校方面仍由学联组织学庆联与各界统一行动。我被派到六区联络部担任指挥。入城式那天，六区主席团就设在前门箭楼上。我是主席团主席之一。主席团派我去迎接解放军先头部队，给他们带路。我顺着前门大街往南走，刚到珠市口就迎上了入城的先头部队。走在最前面的吉普车停了下来，我上前说明来意。警卫员说："司令员请你上车。"我上车后很兴奋，就问司令员："请问司令员贵姓？"他看着我笑着问："请问你贵姓？"我说我姓苏。司令员说我也姓苏。我就大声向两边欢迎的人群大喊："欢迎司令员！"警卫员连忙制止我："你瞎喊什么！"我以为暴露机密了，也许司令员根本不姓苏。很快到了箭楼，我引司令员上了箭楼。楼上首长很多。我看没有各界代表，也就退了出来。部队向东交民巷前进。我的心也跟着解放军走了。我毅然告别了书斋，走入解放军行列，奔向解放战争的最前线。

从 1945 年夏到 1947 年夏天，也就是从我 17 岁到 19 岁这短暂的时间里，我走了我人生最崎岖的一段思想旅程，从朴素的民族情结到狭隘的民族主义、国家主义，又抛弃了国家主义信仰了费边社会主义，在改良主义中短暂停留，最终达到了马克思主义的思想领域，实现了从各种杂乱思想中向马克思主义的归依。我的转变并不是从理论上开始的，我并没有刻苦地攻读马克思主义的理论，但是我牢牢地把握住了从行动中认识马克思主义。马克思主义是行动的指南，这是和一切旧哲学的分水岭，是马克思主义的思想灵魂。在行动中使用马克思主义，在行动中认识马克思主义，我称之为行动中的马克思主义。从此我开始了我的行动中的马克思主义的人生。

第六章　军旅十年

太原战役／面对生死关

1949 年 2 月我带着十几个大中学生参加了华北野战军。我之所以放弃了学业投入解放战争，并不是盲目的行动，而是有思想基础的。一方面我的行动中的马克思主义推动我走出书斋到革命实践的第一线去；另一方面我是怀抱着解放全中国、解放全人类的宏大心愿去赴汤蹈火的。后者多少带有一些个人英雄主义的心态，而没有到实践中去改造自己的思想准备。因之我在解放军这个大熔炉中脱胎换骨的改造比别人更长一些。为什么会去华北野战军，这里有一点曲折。学庆联完成任务解散时，齐椿寿安排大家去四野参军，或去南下工作团工作。一天，四野民运部长在北池子骑河楼清华同学会大会议室向准备参军的人介绍四野情况。他向我们大肆宣传四野装备如何好，甚至行军有车坐，不像华北野战军还得步行，等等。这使我大为恼火。我们参加解放军难道还贪图坐车吗？太小看人了。散会后我对伙伴们说，不去四野了，去艰苦的华北野战军。此前华北野战军的杨觉同志到联络部找过我，希望联络部动员学生参加华北野战军。现在我一怒之下就带着十几位同学参加了华北野战军 68 军。可见我那时是多么少年气盛。我的爱人王玉聘和我一起参军。她那时正在读大二。在燕京大学她参加了地下党领导的“团契”，后来又参加了北大新哲学社，她也有参军和我并肩战斗的愿望。双方老人希望我们先结婚后参军。那时我们一门心思去解放全中国，哪顾得上结婚，我们的决心是全国解放后再结婚。经过讨论决定先订婚，到部队后我对她的照应也方便一些。订婚仪式很别致。在我家院子里合个影。主婚人是双方父母，证婚人是恰巧来看望我父亲的民主人士周范文。介绍人有两个，一位是西单绸布店老板郭蕴辉，

1949 年，我和妻子订婚留影

此前他曾作为媒人陪我父亲去玉聘家求婚，所以可以算介绍人。另一位是请 68 军杨觉同志来当，以显示我们俩是革命伴侣。两家家人、同学等都参加合影。那时还没有婚姻法，但有一个很正式的订婚证书，算是合法夫妻了。合影后大家一起去北海划船作为余兴。这就是我们既简单又难忘的订婚。

2 月 18 日我们十几个人连蹦带跳地直奔北郊清河营 68 军政治部参了军。当时军里安排大学生都留在军部，中学生去师政治部。清华大学比城里早解放几个月，清华大学参军的王宏钧、刘清海、耿达在 203 师参军，现在也调到军里工作。我被分配到军宣传部教育科，王宏钧到宣传科，刘清海到敌工科。王迪、苑育新、陈萱（参加革命后，玉聘改名王迪，其峰改名王展，于定一改名于一）到新华支社。东北来的大学生戈军到民运部。军部为我们这些学生安排了几场报告会介绍部队。讲课的有师政治部主任白正纲、新华社 68 军支社社长孙铁等人。白正纲讲军队政治工作，孙铁讲思想改造，别的记不清了。孙铁讲话我有印象。他开口就说："知识有两种，一种是阶级斗争的知识，一种是生产的知识。"很有气势。我对他本人有一种尊重的感觉，听说他很早参加革命工作，原来当过铁匠，所以叫孙铁。铁匠是工人，令我肃然起敬。那时我很崇敬工人，认为工人与农民不同。工人是与大生产相联系的，而农民是和小生产联系在一起的。共产党就是工人阶级的先锋队，我是很概念的去认识人的。我所在的教育科科长潘可西是潘汉年的侄子，他是印刷工人出身。我敬佩他。那时我认人虽然很教条，但后来经历中，潘可西、孙铁两位老同志对我们这些青年学生是很大胆使用的，与农民出身的老干部有所不同。我感到工人与农民从气质上有所不同，也许这就是所谓阶级烙印吧！其实我错了，孙铁没有当过铁匠，他是农民出身的干部，我把工农干部区别开来是概念化的看人，盲目崇拜工人阶级。后来我进一步认识到那时中国还没有多少真正的血统工人，而更多的是破产农民进入工人队伍，他们还带有农民的气质。区分工人出身与农民出身的干部是没有多大意义的。这点认识是1951年我在总政理论教员研讨班时重访鞍钢时获得的。

入伍不久就开始了向太原进军的准备工作。一天，在大操场召开军直属队排以上干部动员大会，我们这些新参军的学生是排级见习干事，也参加了大会。大会由军参谋长宋学飞作动员报告。军首长是不称职务的，称代号。军长称1号，政委2号，副军长3号，副政委4号，参谋长5号，政治部主任6号；有时又倒过来军长称9号，参谋长仍是5号。动员大会就是由5号作大报告。那时大报告还沿袭延安时的模式：一国际，二国内，然后才说到任务。这样的大报告我还是第一次听到，真感到新旧军队不一样，感到真如毛主席说的八路军是有文化的军队。宋参谋长谈到本军的形势与任务时很具体。他对行军中注意事项一件一件向排长交代，最让我惊讶的是对战士的鞋的检查。要求排长亲自检查战士的鞋，太大太小了、跟脚不跟脚，如何检查鞋就讲了好一阵。我都有点听烦了，一个军首长管得这么细。后来我在行军时亲自体验到鞋跟脚不跟脚是行军中的大事，有一点不可脚苦头就大了。有一篇军事文学小品说到鞋。法国为了抵御德国的进攻修了马其诺防线，碉堡林立，以为可以高枕无忧了，放松了警惕。法国间谍得知德国偷袭的时间后赶回法国向大本营报告，中途鞋里进了一粒沙子，磨破了脚，一拐一拐地赶到大本营时，德军已经偷袭成功，马其诺防线崩溃。这就是鞋里一粒沙子影响战局的故事。战争中有时一个细节就影响战局。宋参谋长行军动员中反复强调检查战士的鞋，让我懂得了参谋长不光是制定作战计划的大事，而且深切了解作战中的细节以保障作战的实施。我开始感觉到军队的学问大了，解放军取得节节胜利绝非光靠雄才大略。

开始向太原进军时，规定每天行军 60 里，中途有一次大休息。这是正常速度，要是急行军每小时要 10 里以上。即使正常速度，还有多次小休息，我们这些学生已经累得抬不起腿来了，有些人脚底打泡了。我还好，鞋子跟脚，没有打泡。行军第二天，宣布了一项任命，任命我为连级干事。这在待遇上有很大区别。按规定营级干部每人配一匹马，有马褡子可以装行李和杂物，连级干部 4 人配一匹马，可以把背包放在马背上，徒手行军。我按连级待遇就不背背包了。这是我第一次亲身享受共产党、解放军待遇等级化的甜头。我把我的背包放在马背上，由于捆得不紧，过桑干河时，背包落到河里了。我是多么不会干活呦！当部队行军进入太原附近的新解放区时，村民在路边摆上茶水和吃的东西，追着把东西塞进战士的口袋，端着水碗追着给战士喝，那情景真如列宁说苏俄红军那样“人民不怕带枪的人了”。行军的最后一天，因为已经进入战区，加大了速度，中午大休息时已经疾走了60里，传来命令继续行军60里赶到泥屯镇军政治部驻地。大家提起精神来快速前进，天渐渐黑下来了，人也筋疲力尽了，前面不断传来“跟上”的命令。两条腿机械地向前运动，没有什么知觉了。天亮前终于到了泥屯镇。我一头扎进一堆柴火垛里呼呼大睡起来。太阳出来好久了，王迪、苑育新两人还没跟上来。部队有收容队，一定会将她俩收容的。大家到村口等待。中午了才见这两人疲惫地拖着两腿艰难地奔来。终于会合，欢呼不已。

解放战争时期，在农村工作必须经过“土改关”，在部队工作必须经过“生死关”。不打仗就没有过“生死关”的机会。解放太原大战在即，我面临着生死考验。临战前政治部人员全下部队帮助做临战政治工作。我和宣传部的一位老同志章展到前沿一个连队帮助工作。章展和我后来成了莫逆之交。他借了两本书给我看，一本是《不走正路的安德仑》，写一位青年离经叛道的革命生涯。另一本是法捷耶夫的《恐惧与无畏》，书中细致描写了红军战士从恐惧到无畏的战斗心理过程，对我的战斗思想准备帮助很大。章展和我下到前沿一个连队，我重点抓一个排的战前思想工作。给战士做思想工作也是给自己做思想工作。我下定了决心，生死置之度外，绝不做孬种。太原战役发起总攻的时间是 1949 年 4 月 21 日，与渡江战役同时发起总攻。出乎我意料的是，发起总攻前上级把我和章展调回到团指挥所位置，随团指前进。我立刻明白了考验我生死的时刻还没有到。总攻结束我又回到连队时十分震动，全连的班长和老战士大部分牺牲了，只剩下十几个老兵都提为班长，班里全是新解放的阎军士兵，战前鲜活的那些战士一个个都不在了。我顾不得怀念他们，赶紧整顿连队开展战后政治思想工作。没想到我军的政治思想工作的威力这么大，一场诉苦大会把阎军士兵的苦水都倒出来了，他们的立场真的迅速转变过来了。加上连队开展的军事民主、政治民主、经济民主三大民主活动，士兵作为人民军队的一员的自豪感和解放全中国的愿望高涨起来。这使我想起斯大林说的“知道为何而战的军队是不可战胜的”，确实如此，我的亲身经历印证了他的话。经过这初次的战争洗礼，我相信解放军一定能打败蒋介石，解放全中国，我深信不疑了。

第七章　军旅十年
军队政治教育 / 理论进修 / 军中婚礼

太原战役后，我军向大同方向前进，准备参加解放大西北的战役。途中传来新疆和平解放的消息。我军停止了西进，转向张家口方向前进。军部驻扎宣化，三个师分别驻在阳高、怀来、新保安一线，进入了战备整训阶段。在整训中我制定的部队教育计划，受到宣传部长刘传诗的赞赏。我在掌握全军政治教育和时事教育上做得也比较有成绩，一再受到他的表扬。刘部长本身是学生出身，早年参加山西牺盟会，是一位年轻的老干部，对知识分子敢于培养使用。我提到连级干事据说就是他的意见。抗美援朝时他调到总政组建敌工处，还借调我去帮助工作。他对我的知遇之恩我是不会忘记的。整训中有一项任务是助民生产。一天，我们政治部帮助老乡挖河泥积肥，把一条臭水沟的淤泥挖上河沿晒起来。腐烂的淤泥里什么都有，臭气冲天。我们干得都很起劲。中午炊事班送饭来了，改善伙食，吃油饼。我赶忙把手在臭水沟里涮一下，拿起油饼就着咸菜大口大

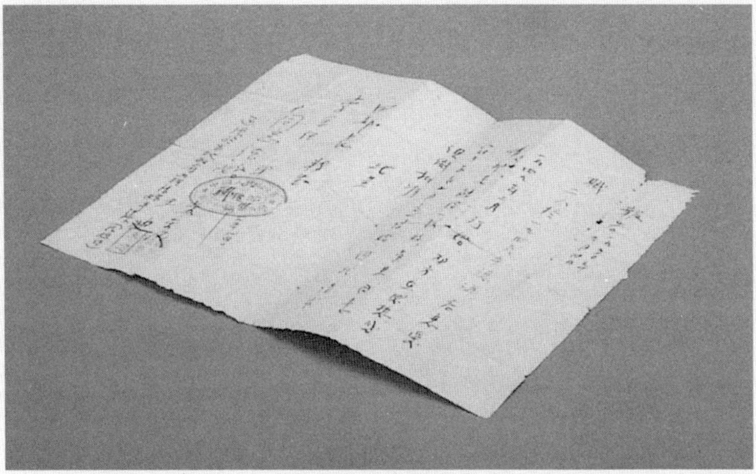

1950 年给军组织部写的结婚申请报告

口吃起来。我认为这才与农民打成一片，心中十分高兴。大家都不顾脸上、手上、身上的臭泥浆，享受着劳动后的美餐。我对农民的感情确实变了。

1950 年 9 月 4 日，军组织部何纪元部长找我谈话。他说，小苏你赶快结婚吧！我说，全国还没解放，我结什么婚。何部长说，进城后干部结婚年龄放宽到连级，现在来了通知又提高到营级。我还没发出通知，你赶紧结婚吧。我还要解释。他不容我说，就拿出一张纸递给我，让我马上写报告。我只好写了申请结婚的报告。他当即在纸上写了“同意结婚”，盖上军组织部公章。报告时间是 9 月 4 日，批准时间也是 9 月 4 日。婚礼在军政治部举行，还很隆重。军长、

1950 年，我和妻子的结婚照

政委都来了。他们送的礼物是一对带盖的搪瓷缸子。那时我们吃饭、喝水用的是一个小搪瓷碗，只有首长作大报告时才见过警卫员把这种带盖的茶杯放在桌上。我们婚礼的桌上放着送我们的这样一对茶杯，显得很耀眼。当司仪让我报告恋爱经过时，我一句话也说不出来，不知怎么说，说什么，呆在那里。好在大家兴趣不在我，大家纷纷要求新娘说。没想到玉聘真行，大大方方讲了恋爱经过，又回答了问题。最后军首长讲话，祝福一番也就礼成了。在旧社会结婚是奉父母之命，在部队里结婚是奉组织之命。那时生活简单实行供给制，几乎没有什么个人利益，个人利益溶入到集体利益中了。和平时期个人利益多了起来，人之间的利益矛盾也多了起来。从组织部分出来成立人事部专管人事，人与组织部日益疏远，这也是战争时期与和平时期个人与集体关系的不同发展。我时常怀念战时期人的关系的纯洁。

1950 年全国思想改造和理论学习形成热潮。华北军区抽调十几位有文化的团政委准备做全军中高级干部的理论教员，主要是攻读社会发展史和政治经济学。我军调的是白镜和我。白镜是团政委，我只是连级干事，经潘可西向军区政治部大力推荐，破格吸收了我。这些团政委虽然只有中学文化程度，那时在部队里已经算是知识分子了。新中国成立后全国曾做过一次普查，初中毕业就算知识分子，部队也参加了这次普查。即使按初中计算部队知识分子也太少，全国也不多。于是全国大办工农速成中学。所谓工农速成中学实际上是扫盲识字班，识两千字就算初中毕业。初中毕业也就算知识分子了。这种工农速成中学实际上害了工农干部，轻易算是有文化的干部了。苏联比我们做得好，战后工农干部真正老老实实学文化、学专业。赫鲁晓夫就是从工人学文化一直到正规的钢铁大学毕业。我们这个班的人文化还可以，列昂节夫的《政治经济学》能自学攻读下来。小组讨论时我几乎成了小辅导员了，大家学习有收获都很高兴。一天，军政委来北京开会，也住在大华饭店。白镜和我去汇报学习情况。他问我们有什么困难。我们说没钱买参考书。他让警卫员给我们拿点钱。警卫员从一个面口袋里抓了两大把银元给我们。我俩都喝了酒。一边喝酒吃肉一边议论红军打土豪分浮财时是不是也喝酒了。我也算分浮财的一点享受了吧！ 和平生活没过多久，抗美援朝战争开始了，将掀开我的国际战争的生活了。

第八章　军旅十年
赴朝作战／朝鲜战场上的敌军工作／
我的军事论文

1951 年春，一天，军机关及军直部队紧急集合，登上火车后才开始行军动员。原来部队是开往天津接 66 军防务。朝鲜战场形势逆转，美军直抵鸭绿江不远的楚山一带，66 军紧急入朝阻击了美军攻势，重创美军及土耳其旅。我军进驻天津准备入朝作战。军部驻扎在天津郊区北仓镇，紧张地进行战备工作。军政治部从天津又招了一批学生，还从上海复旦大学招了一批外语好的学生充实敌工科。清华来的刘清海、关俊哲和燕大来的我的妻子王迪也临时调敌工科，带这批学生。部队入朝前，进行了镇反运动，清理了内部。还紧张地进行了军事训练，实弹射击、手榴弹投掷等战斗技术，增强人员的实战能力。部队入朝前夕，我忽然接到总政调令，急调我到总政新设的敌工处帮助工作。我匆匆告别了即将入朝作战的战友和我难以分离的妻子,奔向北平。我志愿军入朝作战后,敌军工作开展不力。我军虽然有对敌工作经验，但对美帝为首的联合国军却碰到许多新问题，亟待对新情况进行研究，做出指导性的对策。敌工处处长刘川诗是原 68 军宣传部部长，我的老上级。他急调我就是为了研究情况、制定敌军工作的指导思想和工作原则。我查阅了各兵团送来的敌军工作报告和俘管队的工作报告，还参阅了敌工处监听敌台获得的情况。我认为我军确实面对着敌情和国内战争中十分不同的新问题。首先是我军指战员中普遍存在着在朝鲜开展敌军工作的可能性、必要性怀疑的问题；第二，对美军、李承晚军及参战各国士兵的思想情况不清楚，能否进行、如何进行瓦解敌心的宣传攻势；第三，俘虏政策执行不坚决、紧急情况下不执行政策的问题；第四，俘管队管理人员中教育不力，甚至出现崇美情绪等。经过反复研究，有针对性地制定了《关于敌军工作领导思想的几个问题》，上报总政批准执行。从理论上说，我军的正义性质和政治上的优势是我军开展敌军工作可能性的依据，但从实际工作上看还必须加强敌情的采集和敌军士兵心理状态的切实把握，才能有针对性的瓦解敌心。战争中一切问题都必须从实际出发才能真正解决问题。敌军工作也是如此。经过部队的锻炼，这时我已经不是书斋中的思维方式，而是在实践中思维。这使我更深刻地理解了恩格斯在《反杜林论》中阐述的从事实出发而不是从原则出发是唯物主义的第一原理的意义。在战争中学会战争，在战争中认识战争，这是我的在实践行动中的马克思主义的第一站。

1951 年 11 月我赴朝归队。那时金城阻击战已经结束，我军与朝鲜人民军并肩作战粉碎了敌军的秋季攻势。我妻子王迪参加了金城战役，她的回忆录《昨日纪实》中有一些描写。我入朝时部队已经移防中线开始战备训练，其间我参加了多次阵地反击战，经受了战争的考验和锻炼，对战时政治工作也做出了新的成绩。1953 年春，组织上就着手解决我的入党问题了。早在 1950 年 1 月部队建立共青团时，我就由地下党民联盟员资格直接转团，并担任了政治部团支部副书记（书记由党员担任），又经过“镇反”、“三反五反”等运动的考验。党小组会、支委会顺利通过了我的入党申请，正要召开支部大会通过时，组织上突然收到一封说我是“托派”的检举信，入党问题又搁置下来。待部队回国后查证根本无此事，无中生有地又一次推迟了我的入党时间。1952 年 3 月 10 日我的儿子立中在北京出生。我和妻子请父亲为他的大孙子起名。按家谱“常鸿从海立”，我是海字辈，我儿子应该是立字辈。叫立什么呢？我父亲抬头看见墙上挂的《中华人民共和国地图》，就叫立中吧！以后的孩子顺序排下来，我弟弟的大女儿就叫立华；我的女儿叫立和。生了儿子后妻子仍回朝鲜战地，孩子留在北京交给我母亲。我母亲身体不好，带不了孩子。同院的一位工人家属周兰双，是位家庭妇女没有工作，年轻能干，自己没有孩子，主动要求我母亲让她来照看孩子。她照看了我们的儿子，后来我们有了女儿也请她继续照看了。那时我们俩享受部队的供给制，生了孩子有保姆费，生一个孩子领 45 元的保姆费，两个孩子 90 元，在当时是一笔不少的收入。有的老同志多生孩子多领保姆费，变成小财主了。我母亲每月从总政领回保姆费全额交给周兰双。

1952 年美军发起夏季攻势。敌人利用空中优势，狂轰滥炸。我军则采取不断地阵地反击，积小胜为大胜。我参加了阵地反击战，有了一些战地经验。就在敌机的狂轰滥炸中，不幸我的内弟其峰牺牲了。其峰是我最亲密的小兄弟，他极富感情，他的参军是随我而来的。我心痛之至。1954 年于一调清华大学学习，行前我们两人去桃坡里给其峰扫墓，他的坟不见了，墓前写着志愿军烈士王展之墓的墓碑也不见了，朝鲜老乡告诉我们，他的墓已迁至志愿军烈士陵园了。我们心里稍微宽松了一点。其峰是 3 月 5 日牺牲的，玉聘 3 月 10 日生的立中。她在坐月子，我一直瞒着她。于一却冒冒失失地写信告诉了她，她痛哭不已。

我最亲密的两个小兄弟，一同奔赴解放战争前线，于一在太原战役中立功，其峰牺牲在朝鲜战场，两人都已不在人间了

1953年中朝军队发起猛烈的夏季攻势。我军203师进行了奇袭白虎团的著名战役。停战谈判谈谈停停，志愿军决定给美军重创以促进美军签字停战。记得那次战役我军调来了秘密武器苏军的“喀秋莎”。“喀秋莎”进入阵地一阵猛轰，美军战地立刻变成一片废墟，鸦雀无声。“喀秋莎”随即撤出。我随政治部主任进入美军阵地视察。我军战士正在打扫战场。美军防弹衣的碎片散落一地，我捡了两片，后又发现一个贝贝照相机。主任说你拿着吧,这就算批准给我了（后来捐赠给博物馆）。接着友军解放了平壤。7月27日美军被迫在板门店签了停战协定。我军进驻西海岸，接了平壤防务。这时祖国慰问团来朝鲜慰问。我岳父王温如是北京东城区人民代表，也是慰问团成员。遗憾的是他们分团未来西海岸。否则父慰问女、翁慰问婿，也算一段佳话了。

朝鲜停战后，我军继续留在西海岸一年才回国。其间部队进行整训，团以上干部学理论。我改任理论教员，管理全军团以上干部的理论学习。为了养成他们的学习习惯，检查他们的学习，我印发了“干部自学登记卡”，每天读几页书、收获如何，自己登记，每月一卡。团干部的登记卡交师领导看，师职干部的卡交军领导看。上级领导亲自检查阅读情况，大家很认真，效果还真不错。我自己也有时间坐下来研究一下军事理论问题。之前，1953年夏季阵地反击战时，团政委苏克曾约我合写一篇部队战斗力的论文，根据实战经验上升到理论，写出部队战斗力诸要素，由于战役开始而中断。停战后理论学习中，我有了时间研究一点问题。我根据《恩格斯军事论文集》中的若干论点，于1954年完成了我的第一篇军事论文《军队战斗力与武器装备的关系》。当时兵团有个刊物，徐孔是主编，兵团政治部主任是杜导正，我把稿子给了徐孔，因部队回国未及刊登。

我从1951年入朝到1955年4月回国，在朝鲜战地参加战斗和保卫和平，历时4年5个月，获得了朝鲜人民军颁发的两枚军功章。一枚是颁发给志愿军排以上干部每人都有的；另一枚是发给志愿军三等功以上的。我在志愿军政治工作上立了三等功，所以我多获得一枚军功章。1954年4月部队归国，我们登上回国的列车时，站台上挤满了送行的朝鲜人民，他们流着泪，叫喊着说些什么。列车徐徐启动，送行的人纷纷向火车抛来一团团纸条，挂在车上，越抻越长，连绵不断，寄托着他们不忘的情谊。我和我妻子与朝鲜人民结下了友谊。1976年我陪朝鲜平壤代表团参观周总理展览时，代表团团长和团员把我抱起来举得高高的。1989年朝鲜新闻代表团访华，专程到我家做客。他们回国后在朝鲜国家级大刊物《平壤》上发表了整版的通讯，并配发照片，报道来我家做客的情景。

我怎能忘记朝鲜这块热土。这里长眠着我的好兄弟其峰，还有众多的战友。朝鲜人民经历的苦难，战争中的情谊，也永远铭刻在我心中。

1989 年，朝鲜新闻代表团来家叙旧

第九章 军旅十年

告别朝鲜／历史结论／入党／十年的思想回顾

1955 年 4 月我军班师回国。没想到驻防到我的老家徐州。军部在徐州市，各师驻防在从徐州沿陇海路到连云港、临沂一带。驻连云港的守备 18 旅也归我军。徐州是我的老家，熟悉得很。我老家在云龙山下范增墓（俗称土山）旁边。我家后门正对着范增墓。年轻人都出去了，只见到几位老人。送他们每人一只高丽参，算是我衣锦还乡了。我军回国后，部队就进入了建设现代化国防军的新阶段。军事、政治、后勤全面学苏军。首先是建立军衔制。评军衔一攀比，矛盾全出来了。供给制是大锅饭，军衔等级分得很细，待遇的等级十分明细。比如大校与将军就大不同了，按苏军条例迎送将军都要有军乐队，比大校的动静大多了。和我一个科的王杰说“比一比气死你”。授予我中尉军衔我就大不满意（一年后升为上尉）。一天，我父亲路过徐州，在徐州停车十几分钟，我去站台见他，我带着中尉军衔向他敬礼。他看出我对军衔不满，连连说“不低不低”，宽慰我。其实对他的待遇也很不公平。刚解放时，在六国饭店，周总理亲自把父亲交给铁道部部长滕代远，交代说：苏从周同志是学铁道管理的，还是回铁道部吧。滕部长说：欢迎欢迎。但那时铁道部还是战时体制，称为军委铁道部，民主人士不好安排，先派我父亲任铁道部参事，闲差事。我父亲想干实事，后来安排他到教育局任副局长，因不是党员不能当正局长主持工作。父亲虽然同意任副职，但他是实干家，还是愉快地工作起来。他劝慰我“不低不低”。这时我已经把解放全中国、解放全人类的宏大愿望抛到九霄云外去了，变得鼠目寸光、斤斤计较，俗不可耐了。所幸我是一个工作狂，工作起来专心致志什么不快都忘记了，工作有成果比什么都快活。军队向现代化国防军建设中，提高士兵的政治素质、思想素质和文化素质至关重要。1955年秋总政治部士兵教育处两位大干事来我军调研士兵教育问题。我对士兵教育情况很熟悉，带他们搞了一些典型调查，深入连队一个多月，他们收获很大，曾有意调我到总政治部帮助工作。他们包里有一本油印的小册子引起我注意，他们借给我看。这是抗日时期延安留守兵团政治部翻印的1929年古田会议的文集，是总政一位老同志留存的。我借来仔细研究其中毛主席写的关于党内错误思想和士兵教育计划。使我十分惊讶的是，红军在战斗频繁的情况下竟如此重视士兵教育，列了十几项士兵教育课题，竟包括：

目前政治分析及红军之任务；土地革命方面；武器组织及其战术；三条纪律建设的理由；识字运动；苏俄红军；革命的目前阶段和它的前途；红军、白军的比较；共产党、国民党的比较；社会进化现象；卫生；游击区域的地理及政治、经济常识；革命歌。《古田会议决议案》进一步提出“所有各项应很艺术的编写课本,作为士兵教育的材料”。用这套教材进行红军士兵教育，士兵完全可以从一个贫苦农民成长为有觉悟的战士。这使我想起斯大林说过的“知道为何而战的军队是不可战胜的”。我还想起毛泽东说过的共产党的军队是有文化的军队。可是反观 1956 年我管理的士兵教育内容十分贫乏。士兵入伍服役三年，政治课时间有 1080 小时，除时事教育外，基本政治教育有 720 小时，从教材来看有军队性质、军人职责、国家性质、国家建设等课题，至于共产主义、苏联、美帝只有 5 小时，与红军时代课题比少得可怜。据此我撰写了《士兵教育现状及基础教育研究》这篇带有战略分析的文章。总政治部刊物《八一杂志》1956 年第 2 期全文发表，并加按语引起重视。我在军队十年中写的几篇军事论文并没有什么理论建树，但从根本上改变了我思想路线，从实际中来，上升到理论，再回到实践中去，可以说是我一生中第一次思想飞跃，实现了从书斋到行动中去的第一站。

回国后我的工作一直很顺利，军领导看重我的工作能力，经常越级使用我，甚至政治部的工作总结也让我起草，各部门总结中保密数字很多，我感到对我的充分信任，感动不已。1956 年我被评为政治部先进工作者，同年八月我顺利入了党，预备期一年。一拖再拖的入党解决了，但也不能松口气，一波又一波的政治运动使人的心弦绷得很紧。这时我已经是政治运动的老运动员了。入朝前的“镇反”、入朝后的“三反五反”、回国后的“反胡风集团”、“肃反”等我都顺利通过了。在“三反五反”运动中我还是打虎的积极分子。但我确实感到怎么能贪污这么多钱呢？怎么会有这么多“老虎”的疑问。但“老虎”自己承认中了资产阶级糖衣炮弹，按指标完成了打虎数。后来一落实没那么回事，本来在我心目中很严肃、很凝重的事，似乎成了儿戏，不知不觉中让人忘掉了自尊。“三反五反”后开展的增产节约运动我倒觉得很好、很有必要。当时学习文件中有一篇斯大林1926 年论节约的文章，文中说必须和机关中的挥霍、盗窃行为做斗争。他说，有些家伙潇洒放肆地盗窃、挥霍人民的财产，反被周围人称赞，简直是“快乐的”盗窃。当时我们机关的会计作检查时，开口便说“我是一个快乐的贼”，引起哄堂大笑。斯大林文章中有一句话至今令我不能忘怀，那就是对人民财产要“节省每一个铜板”。年纪大一点经历过增产节约运动的人，大概都会记得这个口号。我在 2001 年 3 月7 日和 2005 年 7 月 22 日两次在“东海杂谈”专栏中论增产节约，我写道：“节约是高尚的，如果花公家的钱能像花自己的钱那样认真，人的精神境界就高多了。”这是后话，扯远了。

“肃反”尚未结束，整风运动就开始了。军党委成立了整风办公室。办公室直接由军党委领导，军政治部组织处长金波调任整风办公室主任，我调任办公室秘书，掌握全军整风运动。开始鸣放后我就忙了起来。每个晚上要把各师大鸣大放的材料汇总起来，当晚上报济南军区整风办公室。不久就开始进行言论排队了。各师把有错误的言论报上来,军党委再研究确定上报鸣放言论。这时金波对我说，咱们得慎重点，整上去影响人家一辈子。我也有同感。党整风没什么错，谁也没想到整风鸣放不久就转入反右了。其实 6 月 8 日人民日报社论《这是为什么？》发表之前，军党委已经接到通知，我们已经开始“右派”摸底了。整风办公室改成了反右办公室，没有任命金波为反右办公室主任，只保留了我这个秘书。部队反右搞得很凶，因为指标是上级压下来的，我每天都要上报进度。斗争越来越紧，军政治部连保卫处副处长、青年处处长都打成了右派。我因为没有参加政治部的鸣放，支书说“便宜苏东海了”。反右告一阶段后，未参加鸣放的人员要补课，我也回政治部补课。我在整风反右办公室工作，深知哪些是言论陷阱，所以我检查时死守底线，只查个人主义，表现为“领导重视就拼命干”，思想根源是封建思想的“士为知己者死”。被认为不深刻，反复帮助也没有什么新认识。为了过关，我丑化自己，骂自己是“有奶便是娘”，是典型的资产阶级腐朽思想，遂得通过。从全国情况看，1958 年反右补课中又补上大批右派分子。

我侥幸躲过了这一劫，但党的转正问题却搁了下来。

接着我到社会主义教育运动干部培训班去办班。一天组织处干事张玉珂来找我补充右派分子奔放的材料，让我揭发新材料。我和奔放只是打篮球的关系，没什么可揭发的。我和张玉珂很熟，送走他时我说了一句“回去嘴下留情”，意思是说回去别说我不积极揭发，我没有什么可揭发的。不知怎么搞的，这句话变成了“苏东海为右派求情”，一下子我就离上纲上线不远了。“回去嘴下留情”也成了取消我转正的主要根据，这是后话。

1958 年秋天我患了痢疾，住进徐州郊区的解放军 88 医院消化科。当时正是大跃进，敢想敢干，部队开展诗歌等文艺创作活动。我写了一个剧本，写老大夫的保守和年轻大夫敢想敢干的斗争，消化科还排演了一番。我和消化科搞得很熟，他们送我到泰安三七疗养院疗养了一个月。我颈椎陈旧性骨折复发了，压迫左臂不能动。88 医院帮我转北京 301 医院诊治。301 医院骨科拍了片子，第 7 颈椎位移压迫神经，因是陈旧骨折，只好理疗，这需要离队时间较长。恰巧军政治部的文化处长李昭已转业到中央革命博物馆筹备处任党委办公室主任，忙于调人搭班子办展览，迎接国庆十周年。那时我对博物馆一无所知，我问革命博物馆是干什么的，他说是研究党史的。我以为博物馆是养老、养病的地方，我说我的颈椎病还戴着脖套，到这里干行吗？他说行行行，你来吧！他给军干部部部长齐鲁写了封信，鉴于我的病和夫妻两地分居的情况（我妻子王迪于1954年已转业到北京日报社），让齐鲁帮助解决我转业的问题。那时军首长都换了人，没人挽留我就批准我转业了。在战友的祝福下，我告别了军旅的十年，走上了人生新的征途。

军旅十年，我在战争中学战争、在战争中认识战争，在战争中获得的知识发挥在战争的实践中，真正改变了我的思想路线，实现了恩格斯所说的“从实际出发”的唯物主义原理。军旅十年，我真正体验了中国共产党的革命传统，从而在我之后的实践中得以继承它。军旅十年我没有浪费我的青春，而是焕发我的青春。我的青春无悔。

第二部分

第十章　走进博物馆

初识陈列工作／主持解放战争陈列工作／主持制作工作

当兵十年我一直穿军服，没有一件便服。部队驻防徐州后，青年军官都购置了便服出去跳舞。那时很多女孩子都喜欢嫁给军官，所以舞会很多。我对跳舞没有兴趣，对便服也没什么兴趣，主要是钱紧不能买，所以一直穿军服。实行军衔制后，供给制取消，保姆费没有了，需要我和妻子自己掏钱给保姆。我们那时是低薪制，工资很少。每月我只给自己留 19 元生活费，其余寄家用。19 元刚够吃饭和吸烟的钱。吸烟也只能吸最便宜的绿叶烟，像大前门、熊猫、飞马这些烟我都吸不起。也好，我的生活俭朴出了名。离队鉴定时，生活俭朴是我一大优点。我一生俭朴，节俭成了我的生活习惯。转业到地方不能老穿军服。妻子带我去买便服，东安市场西门内是一排排估衣摊，估衣很多。我们用我的转业安家费挑了一件八成新的毛哔叽中山服，40 元买下来，很可身，穿起来很神气，地方干部模样。1959 年 2 月，我穿着干部服，骑着家里一辆破自行车，从故宫东华门进去，在故宫里穿行至西华门武英殿，在中央革命博物馆筹备处报到。那时博物馆已经从全国调配了一大批党史研究者，有高级党校的高级党史专家、人民大学毕业的党史研究生，以及其他大学的党史研究者，还有部队来的干部。我被分配到“新民主主义时期”的“解放战争时期”组工作。解放战争时期是个大组，下面分国统区、解放区和解放战争三个小组。我是解放战争小组负责人，我这个组有军委总参的张希、浙江大学的倪望江等。大组长都是党史大

1959 年 2 月，我转业至革命博物馆，进入文博界

专家承担。兵强马壮干劲十足，一定要在国庆十周年前把陈列搞出来，向国庆十周年献礼。我为这个团体的工作热情所感染，立即融入这个团队中忘我地工作起来。但是博物馆陈列怎么搞大家都不知道，整个陈列部只有两个明白人，一个是陈列部主任谢炳志，她是唯一去过苏联专门考察苏联博物馆陈列的；另一位是她的助手沈庆林，沈 1953 年来筹备处，搞过展览，1956 年以征集科长身份出席全国博物馆代表大会，对馆里文物很清楚。1959 年的陈列就是在谢、沈两位指引下按苏联陈列模式开展工作。苏联博物馆陈列是按主题结构建立陈列体系的，我们根据中国情况按部分题、单元题、组题三级主题设置。拟定了三级主题题目，构成了陈列大纲。根据陈列大纲制定陈列计划。所谓陈列计划就是把文物展品和辅助展品引进陈列大纲之中，形成陈列主题及其展品的细目。有了陈列大纲和陈列计划，就开始了形式设计，形成陈列形式图和施工图，据此开始陈列制作和现场布置。这个流程是由内容到形式，由抽象到具体的过程。陈列大纲是思想阶段，陈列计划是思想与文物结合的博物馆专业化阶段，形式设计是陈列的美学阶段，制作与现场布置是立体陈列完成的阶段。但实际上并没有也不可能流水作业。文物不足需要突击征集和增加辅助展品，形式设计和制作施工都滞后了。领导小组急调在苏联学博物馆学的罗歌回来加强形式总体的领导，并成立制作办公室统管全馆制作，由徐副馆长挂帅，调我主抓陈列制作。我立即开展工作，按工种组成了木工组、小木工组、语录组等系统以及沙盘、模型、布景箱等大小不等的小组。我把各工种制作量分解到日工作量，每天晚饭后开“过关”会，完成日进度的过关，未完成的加在次日进度内。这样我就掌握了总进度和日进度。后来又从内容组调来有展览经验又熟悉内容的朱家谟，木工出身的王宝勤，文物局下放干部卢少忱帮助我把关。这些工种我都不熟悉，只有钻进去变外行为内行。我为了解木材情况，把各种木材的切片做成标本挂在墙上，熟悉其花纹、质地、用途。后来，我对人说，我研究博物馆是从木材开始的。木工组任务很重，大至陈列屏风、假墙、陈列家具，小至柜托、说明牌都是木工活。我曾去军事博物馆找贾若愚馆长，借调工兵连的木工帮助突击木工活，陈列制作任务从滞后逐渐赶上来了。1959 年 8 月我们陆续进驻天安门新馆，开始现场布置陈列。现场布置是一场大战，各方人马都聚集到陈列室，为把陈列从纸上谈兵到真正站立起来而奋战，人们在陈列现场忙碌着，入夜灯火通明。“十一”前完成了陈列施工，实现了向国庆十周年的献礼。但中央研究决定革命史陈列暂不开放，又经过二次重大的陈列修改，终于在 1961 年 7 月 1 日中国共产党成立 40 周年之际向社会开放。1959 年开始的革命史陈列大会战就此结束了。

1961 年 4 月，68 军政治部党支部致函革命博物馆党组织，该支部做出了取消我预备期的决定，理由是两条：一条是我的“士为知己者死”的思想和言论；一条是“为右派求情”。我认为这两条都不能成立。第一条是我的检讨，第二条歪曲原意强加于我。而且拖了多年不讨论转正，又不通知我参加会，我不在场，没有机会说明真相的情况下，做出支部决议，我不服，写了向军党委的申诉报告，要求军党委纠正支部的做法。陈列部党支部研究了我的问题，由支委罗歌和我谈话。罗歌传达了支部的意见，让我写一份入党申请书，在本馆重新入党。我感谢支部的关怀，但我是冤枉的，我如果重新入党,等于承认取消我预备期是正确的了。我不服,我继续向上申诉。我在部队十年，刀山火海都走过来了，不应落得如此下场。我相信一手不能遮天，总会还我公道的。

1961 年开馆后，全国调来参加陈列会战的人员，除留少数人之外，都返回原单位工作了。组织作了一些调整，人员也有些调动。我的工作，李昭同志要我去办公室当秘书科长，沈庆林副主任要我去旧民主当组长，接调回社科院的杜永镇的班。我倒是愿意去旧民主组，但后来杜永镇不走了，我也就没去成旧民主，仍在陈列部制作组当组长。开馆后，全馆进入总结阶段。陈列部为了认真做好 1959 年全馆大会战的陈列工作总结，先认真学习博物馆学作为总结的理论准备。谢炳志主任让我制定学习计划，掌握陈列部的博物馆理论学习。那时苏联博物馆学科学研究所编的《苏联博物馆学基础》中文本已出版，我认为这是一部经典性的著作，值得也必须精读。这部书影响了我们那一代人，至今我仍认为它是马克思主义博物馆学的经典之作。这部书的基础理论部分是苏联博物馆几十年实践的理论结晶；业务实践部分是几十年实践形成的操作指南。对我们这些刚刚有一点陈列实践的人的认识大有帮助。我以陈列部的名义制定了《“博物馆学”62年度学习计划及第一季度具体计划》，年度计划对学习目的、学习要求、重点比重、时间划分作了安排。第一季度的安排更具体。为了使学习深入进去，我还拟了一些思考题，如下：① 博物馆的性质？ ② 博物馆的类型？ ③ 博物馆的任务？ ④ 博物馆学的任务？ ⑤ 资产阶级对博物馆起源及本质的观点？ ⑥ 博物馆发展的几个阶段？ ⑦ 新旧博物馆的区别？ ⑧ 博物馆发展与科学发展的关系？ ⑨ 辅助材料和文物的关系？ ⑩ 全苏第一届博代会强调“博物馆表现的不是实物而是过程”是否正确？应如何认识？ ⑪ 博物馆特征的科学意义？ ⑫ 博物馆藏品的两大类别？ ⑬ 直观性和实物性的界限？ ⑭ 博物馆材料的五种类别？ ⑮ 文物的典型性？这个学习计划1962年1月24日印发给大家开始执行。在学习《苏联博物馆学》基础上，各组开始做陈列总结。我做的是三年来陈列制作工作总结。我并不是孤立地考虑制作问题，而是把制作放在陈列整体不可分割的一部分去思考。三年来我经历了陈列内容设计、形式设计、陈列制作三个环节的整体过程。我进入博物馆后立即投入了这个过程，有幸参加了国庆十周年革命史陈列的全馆大会战。这是一次难得的实践机会。坐下来回顾全过程，梳理我的思想认识时，我认为陈列工作是一个整体，把陈列工作割裂开来，形成流水作业式的工序化是不符合陈列特性的，争论谁服从谁更是错误的。陈列是一个整体不容分割是我最初的认识。当初为了调人员、调文物，中央提出“全国一盘棋”的号召，我想陈列工作也是一盘棋，不应走一步看一步。因此我认为早在总体策划时，内容、形式、制作就应该统筹考虑。内容设计时要考虑到形式和制作，形式和制作也要提前进入角色，进入得越早越主动。我在总结中列出了各工种的提前量。这些都是我对陈列工作最初的一些想法，但它留下了后来我对陈列工作认识的思想素材。我还对文物组合作了一些研究，积累了一些材料，但没有来得及形成文字。

第十一章　走进博物馆
对陈列工作最初的体验与思考 / 我的第一篇博物馆哲学论文

在学习《苏联博物馆学基础》的理论准备和三年实践经验的基础上，我开始做一点深度研究，在形而上学层面上研究陈列的规律。

1962年我完成《文物在陈列中的两重性》论文，这是我的第一篇博物馆哲学论文。我发现文物从藏品进入陈列领域变为展品后，它的属性发生了重大变化，而这种变化从基础上影响着陈列。具体地说，藏品变为展品后有三种变化。其一，文物历史性与现实性统一。文物的历史性在于文物是客观历史的参加者，它以自己的经历和自己的存在给观众提供历史事实，尽管是历史的碎片，但它是不容置疑的历史本身。而文物的现实作用在于以文物的历史真实性证明或表明陈列的现实观点，把反映历史片断的文物提到一定的思想高度，使陈列达到一定的教育作用。文物的经历是历史的，而文物在陈列中所体现的观点则是现实的。文物的历史内容和现实内容是不同的，不可代替的。文物的历史内容能唤起观众对历史的回顾和形象的想象，它是陈列中再现历史的物质基础。文物在陈列中的现实内容具有鲜明的倾向性，反映着陈列者的思想感情和一定的思想观点。文物固有的历史性和在陈列体系中的现实性，构成了文物在陈列中矛盾又统一的两重性。其二，文物在陈列中表现出了客观的与主观的两重性。文物是历史的遗产，是历史的化石，文物的存在及其包含的历史内容是客观的，不以人的意志为转移的，是不可更易的，但是在陈列中对文物的理解和对文物的使用一定程度上可以以陈列者的主观需要为转移。文物在陈列中有客观不可改变的一面，又有可以主观运用它的一面。文物的客观性是第一性的，使用它的主观能动性是第二性的，是第一性的伸延，但后者并不是文物外加的，而是固有内容的使用。从认识论上考察，陈列中文物的客观性与主观性的关系实际上又是存在与意识关系的一种表现。文物在陈列中既表现出历史存在的一面，又表现出主观需要的一面，具有了文物的客观性与主观性的对立统一的两重性。其三，文物是具体的、可感知的，它进入陈列后又成了陈列思想的物质基础，而陈列思想是抽象的，因此文物又获得了对思想表达的新属性。文物呈现给观众的第一重语言是感性的具体的知识，而它体现陈列思想的内容的部分是抽象的理性的知识，这是在陈列中获得的第二重语言，观众对陈列的理解就是从生动的直观到抽象的思维的过程。总起来看，在陈列体系中文物具有两类属性：第一类属性表现为文物的历史性、客观性、具体性；第二类属性表现为文物的现实性、主观性、抽象性。第一类属性是文物固有的，第二类属性是文物进入陈列体系后获得的。两类属性既是矛盾的又是统一的，前者是第一性的，后者是第二性的。区别陈列中文物的两类属性有理论的和实践的意义，有助于对陈列中历史与逻辑的关系、观点与材料的关系以及文物如何作用于观众等问题的进一步的探讨。1962 年夏天，我完成了《文物在陈列中的两重性》长篇论文的撰写。听说文物局正在筹建博物馆研究所，罗歌在抓这件事，我就把论文送罗歌审阅。罗歌对我的论文没有说什么，但也给文物局的人看了，因为没有地方发表也就搁置起来了。直至1986年我主编《中国博物馆》杂志时，才得以发表。

我的第一篇论文是在饥寒交迫中撰写的。怎么这样说呢？那时全国大饥荒也波及到了北京，政府号召干部自动减少粮食定量。我在部队是军官口粮，定量是35斤，转业到地方仍按35斤定量，这就显得我比较突出了，于是我主动减至27斤。我妻子王迪定量减至24斤。即使这样也保证不了按定量供应。我中午喝一碗稀饭，领一个窝窝头。喝完稀饭，把窝窝头拿回办公室，细细嚼慢慢咽，多熬一点时间，实际上处于半饥饿状态。"七千人大会"后，许多右派摘了帽，有人提醒我抓紧申诉我的问题。我给济南军区党委写了申诉报告，结果仍是石沉大海，无人搭理，我心真寒了。我就是在身心饥寒中写我的论文的，但进入理论探索后，什么事都忘记了，剩下的只有沐浴在理论中的快乐。

我初入博物馆就遇上陈列工作大会战，真是难得的机遇。四年来，我经历了陈列工作的全过程，在实际工作中，体验陈列工作，认识陈列工作，作了初步的理论概括和规律研究。之后的十年，我将进入保管工作领域，在那里我将更深入地理解博物馆。

第十二章　保管工作十年

深入认识、具体实践保管工作／参与制定规章制度

革命博物馆开馆后，全馆工作的重点逐步向保管工作转移。1963年陈列部谢炳志主任兼保管部主任，调陈列部干将夏立平任保管部副主任，万冈任保管部编目组组长，以加强保管工作的建设。还调我任保管部陈列保管组组长。我不知道调我任这个职务是为了加强保管工作，还是我在陈列部不好安排工作，我也不去细想，把工作开展起来就是了。我这个组，祖桂珍、侯银全两位保管员也是干将，我们把陈列保管工作从无到有建立起来。我们三人除轮流在陈列室巡逻观察观众动态外，集中力量建立了陈列文物方位图和方位卡，文物位置一目了然。又建立了陈列室文物清单，以明确保管责任。还建立温湿度逐日登记制度作为文物环境参数。文物进出陈列室建立了登记凭证，在陈列修改时文物大量进出陈列室，为了杜绝混乱，建立了《文物入陈、撤陈程序》形成制度。这些做法使陈列室形成了库房的伸延，大大提

高了陈列保管的地位。军博专门派人来学习。陈列保管工作走上正轨后，夏立平副主任调我到编目组开展工作。陈列保管组归何利民副主任管，他不放我，我只得仍兼陈列保管组组长。我到编目组夏主任给我的第一件大活就是清理、编制柳亚子遗物目录。柳亚子遗物有六千多件，奉周总理命拨交革博收藏。我接手前，万冈等同志已经作了初步清理。我的任务是分类整理，造出柳物清册。亚子遗物非常庞杂，涉及他一生活动的方方面面，很难分类。我梳理成 18 类，造成目录清册。最难办的是柳亚子诗词手稿。柳字龙飞凤舞是公认的天书，只有他的亲戚苏同倚大姐认识他的字。她已经把 5 千多首的诗词认出了 3 千多首，剩下的 1 千多首就落在我手中。在苏大姐的帮助下，我认全了剩下的 1 千多首手稿，编出了柳诗词手稿清目，我也成了认柳字的第二人了。柳亚子一生波澜壮阔，遗物无所不包，从中使我得知许多人和事，使我更具体地认识他那个时代。我的收获比我的付出多得多，我浸沉在文物中，每天都过得很充实。《柳亚子遗物清册》打印后报文物局审阅，文物局的批语对这项工作给以很高的评价，李兆炳馆长把我找去，当面表扬我的工作，算是我的成绩。我也有了清理文物藏品工作的最初的体验。

在文物鉴定方面，夏立平主任给我安排了一件大事，要我把馆藏太平天国的 400 多件文物集中鉴定。我把其中 102 件文物在一间大屋子里摊开，便于鉴定人员比较研究。请来在京的顶尖的太平史鉴定专家现场鉴定，像罗尔纲、谢兴尧、荣孟源等都多次来现场研究。同时还邀请了对纸质、织品等有经验的老师傅以及一些相关专家如沈从文等，来发表看法。这样做使得大部分文物的真伪可以确定下来。有些文物存疑，我继续鉴定。有21件重要文物，综合鉴定意见，写出了鉴定意见书存档。完成了馆藏太平天国400多件的鉴定任务，其中相当大的一部分是赝品，太平天国造假文物太多。罗尔纲告诉我，把假东西保存下来，做教材。他就收藏有好几柜的假文物。有一件插曲使我难忘。一天罗尔纲来看李秀成剑。我从库房提出宝剑走向接待室，一路走一路挥舞着剑，被一位老保管员喝住。他告诉我要双手捧着文物。当罗尔纲看见我捧着剑进来时，连忙肃立起来，双手接过宝剑轻轻放在桌上，聚精会神，凝视良久才告诉我他的鉴定意见。他对文物的那种敬重，双手捧着文物的那种虔诚，令我吃惊。因为这不只是持物的方法问题，更是对先人遗物的敬重，我深为感动。自此以后，我对文物有了敬重之心。

正当我在保管工作中渐入佳境之时，又受到了一次思想批判。事情是这样的，陈列保管组三人，每天有一人在陈列室值班，早上与陈列警卫一起开门，在陈列室检查有无异常情况，下午闭馆后再检查有无异常情况，共同关闭陈列室。每天早上班半小时，晚下班半小时，等于每天加班一小时。我决定8天补休一天。这事让支部知道了，把我叫去批判为资产阶级思想，别人都在义务劳动，你们加班一小时还要补休，是很错误的。我看领导没有要整我的意思，主要是教育我，我就做了深刻检查，拿共产主义义务劳动对比我的资产阶级思想，并立即停止补休制度。有检查，有整改措施，事情也就过去了。其实按劳付酬是社会主义的原则，有什么错？那时阶级斗争的弦就是这么紧绷着的，稍不留神就是资产阶级思想。

1965 年夏立平主任又给我安排了一项保管工作中的创新任务，建立藏品检索用的目录卡。过去藏品检索用的是目录文本。卡片目录不但检索方便而且可以建立不同角度的多套检索系统，扩大了检索的方法。那时是卡片化时代，不仅苏联，就是美国，博物馆也是用卡片检索，后来计算机时代到来才顶替了卡片。我们革命博物馆一直到 20 世纪 90 年代，研究人员还每人配备一个小卡片柜放在办公桌边。20 世纪 60 年代我接受建立藏品目录卡可以说是相当创新的任务。《苏联博物馆学基础》是我重点的参考书，苏联博物馆的藏品目录卡包括目录卡、分类卡、方位卡、专题卡、品名卡、单位卡、物主卡、地域卡共 8 套。除苏联经验外，我又向在美国博物馆工作多年的历史博物馆韩寿轩馆长请教美国博物馆的藏品目录卡的情况。韩馆长办公桌上就有卡片盒，他随手查用。为了更扩大自己的视野，我还去了北京图书馆、社科院图书馆了解图书分类卡的办法。甚至还去了协和医院的病案室参阅了他们的检索卡片。最后我制定了《革命博物馆藏品卡片目录系统》，包括 8 套目录卡：顺序卡（按总账流水账顺序）、来源卡、物名卡、人名卡、事件卡、单位卡、时期卡以及库藏卡。这 8 套卡片的设置是照顾了我馆使用习惯，查找起来很方便。每件藏品卡提供了藏品的基本信息。每件藏品卡印制 8 份，分别排入 8 套卡片中。这 8 套目录卡放入新开辟的目录室中，来查阅检索的人络绎不绝。我看到自己的工作成绩心中很是高兴，这是我花了心血的回报，更重要的是我对保管工作的科学性有了一点新的认识。知识产生力量，知识也产生快乐，我爱上了保管工作。我对保管工作的感情是从对文物的感情中产生的，我进入了文物的真善美的境界中去了，我不把文物看作物品，我真正地把文物看作文物了。我体验到、认识到一个文物保管员如果对文物没有感情不可能是个好的保管员，文物保管工作者要爱文物，这是最起码的职业条件。后来《中国文物报》发表了我写给年轻的博物馆同行们的一封信，我说：“要在博物馆持久工作下去是要有一种行业的吸引力才行。我是从亲近文物中奠定行业感情的。从亲近文物到传播文物越做越有味道。”我的博物馆职业感情就是这样建立起来的。

第十三章　保管工作十年
对保管工作最初的实践与思考／认识上的飞跃

“文化大革命”日益临近，文化部和博物馆都在向政治靠拢以求自保。我馆先是办焦裕禄展览，接着天安门举行声势浩大的“反美援越大会”声援越南，反对美帝侵略越南。我馆抓紧出了一套《美帝侵华罪行图片》，但力度不够。1965 年 5 月紧急抽调夏立平、崔景熙和我筹办“美帝侵华罪行展览”。由于馆藏美帝文物太少，必须边征集边扩大征集线索。先在中科院历史所、经济所、近代史所和北京图书馆、新华社图片部查寻材料扩大征集线索，有了初步准备后，于 5 月 16 日至 6 月 27 日赴华东、华南一带深入下去征集文物资料。在南京、上海、广东活动时，到南京图书馆的“东亚文库”、上海徐家汇藏书楼、广州中山图书馆以及相关机构扩大征集线索。又深入到上海公安局、宗教局，宁波统战部等处直接征集到不少文物，如 1899 年英美租界扩界与清政府认定的原图，英美烟草公司的广告牌，租界会审公堂的原版照片，美孚油、德士古油的各种招牌、商标，美孚油厂生产的各种煤油灯。在华东行政处车队征集到美孚油1加仑、5加仑油桶，美孚商与代销点定的合同。我在上海石油供应总站档案室找到一大批洋油涌入内地的照片：从油船到港口、牛车、马驮、人挑油桶运往内地，甚至穷乡僻壤都点起了煤油灯。点洋油比点豆油便宜，家家都有煤油灯。这批照片从洋油入侵一个侧面，反映了经济侵入无孔不入的细节。我从上海史建筹备处得知美孚油与上海一个商人签订了代理合同，这个中国代办现住在宁波。我立即前往宁波，在宁波统战部的协助下，与这位美孚油代办协商征集代理合同，他一口咬定没有合同。统战部同志认为即使有，他也不会拿出来，他怕追查为什么不早拿出来。宣传部的同志又陪我到乡下征集到了多种形式的美孚小油灯，还在教堂征集到了豪华的煤油吊灯。在广州我为了寻找当年出国华工的卖身契约，专程去了侨乡台山县，也没找到卖身契，无功而返。夏立平、崔景熙从广东社科院了解到一个重要线索。1836年比英国还要早的一艘美国运鸦片的船，在侵入淇澳岛时船长被击毙，埋在淇澳岛上并立了碑。由海军帮助把美国船长的墓碑启运到广州。这是美帝运鸦片的罪证。我与铁路联系，我护送这件石碑返京。这次为“美帝侵华罪行展览”新征集到700多件文物，又由我制定展览大纲，准备展出。但是由于“文化大革命”的到来，这个展览不了了之了。征集工作是很辛苦的，但也是很快乐的。

我还做过一段编目工作，做第二次国内战争的编目。这个时期文物很多，苏区钱币、邮票、课本等很有特色。光手抄的歌本带有简谱的就有几十本。我曾经想编一本苏区歌曲集交音乐出版社出版未果。从干校回来后，我还做了一段对外供应工作。我做了三套对外供应卡，第一套是可以对外供应的，第二套只供研究人员用，第三套是需部领导批准才可供应，建立这三套供应卡片，我都调阅了文物，区别了其等级，由此我又大量接触馆藏，收获很大。没想到对外供应工作还很忙，外单位来的人很多，我也交了不少朋友。这也算文物服务社会的工作吧。“文化大革命”时期我是在保管部度过的。1973 年我调回陈列部工作，参加筹办“批林批孔”，结束了我十年保管工作的实践。

20 世纪五六十年代我参加了陈列大会战，有幸做了那么多具体工作。20 世纪六七十年代我在保管部工作十年，有幸做了那么多具体工作，如此具体地体验了保管业务。我没有叹息地位的低下，我没有虚度宝贵的时光，我积累了丰富的业务经验，为我进一步研究博物馆积累了思想素材，为进一步研究博物馆打下了坚实的基础。

在保管工作的实践中，我对保管工作在博物馆中应有的地位和实际的作用的认识有了重大的变化。我在陈列部工作时，认为陈列工作是博物馆的中心，其他的工作都是围绕着陈列工作，为陈列工作服务的。我到保管部工作多年后，我逐渐认识到，保管工作并非只为陈列服务，保管工作本身也有其独立存在的目的和意义，或者说保管工作的存在有双重目的和双重意义。既要看到文物为使用而收藏的目的，也要看到为收藏而收藏的目的；既要看到文物为今天、明天以至子孙万代使用的目的，也要看到永远保存人类文化足迹不使消失的意义。但是人们容易看到保存文物的使用意义，而容易忽视、轻视为收藏而收藏的目的及其意义。因此我提出要重视为收藏而收藏的目的及其意义。我之所以强调收藏本身也是目的，是因为我亲身体验到保管工作的业务是一个相对独立的大系统。这个系统的存在比博物馆其他业务系统要早得多，成熟得多。不应把保管工作看作后勤工作。所以我提出保管工作的双重目的和双重意义的看法，在《东南文化》答记者问里发表了。但这只是我对保管工作进行理论探讨的开始，当时我思考得比较粗糙，甚至可以说我的双重目的的观点是一种折衷主义观点。但是我在保管工作十年中，亲近了文物，而亲近文物才是真正亲近了博物馆；认识保管工作才是真正认识博物馆的开始。可以说我对博物馆的深入研究就是从认识保管工作开始的。

第十四章　动荡十年
渭南社教／被迫造反／当上韶山战斗队头头

说到“文化大革命”就要先说说“四清运动”。我是参加第二批渭南社教的，第一批是长安社教。由于政治上的分歧，“四清”不久改为“社教”，即“23 条”。

集中力量打击走资派。能参加社教也是一种信任，有问题的人不能去搞社教。我一贯是被整的，现在去整人，对我来说是新鲜事，心情也比较平和。工作团在西安停留一天，我还跑几十里路去看王宝钏的寒窑。工作团在渭南整训，先轻装自己再去整别人。一天开全团大会进行纪律教育，会上推出一个与房东乱搞男女关系的社教干部作为典型批判。先让他交代，他说：“起先我们说家常话，后来……”下面一片喊声：“后来怎么啦？”“快说！”他说：“我们坐在一条板凳上了。”下面又是一片喊声：“再后来呢？”“快说！”我的政治工作经验告诉我，大会走偏了，连忙给主持会的领导递条子。

我写道：“不要在群众大会上追问细节。有副作用。”这时下面又吼声四起：“快说！”“坐一块以后呢？”他说：“我的手……”这时主持大会的领导断然宣布：“批判就到这里了。回去写个详细书面检讨。”随后宣布了队员纪律的几条要求，就散会了。散会后领导同志还交代“吃完晚饭后可以上街去浪一浪”。我们不知道为什么让我们去“浪一浪”。原来渭南话浪一浪就是逛一逛的意思，于是我们就放心地去浪一浪了。

集训结束后我被分配到一个生产队顶队，所谓顶队就是领导这个生产队的社教运动。进驻生产队后，第一件要考虑的是吃派饭问题。上谁家吃派饭？队干部是四清对象不能吃，劳动力多家里经济好一点的在那里吃饭一般是首选。我却另有考虑，我选了全村最贫苦的一个孤寡老太婆家里吃派饭，帮助她打扫卫生，吃饭多给一点粮票不占她的口粮。这引起了全村的议论，拉近了和群众的距离。对清查对象，如队长、副队长、会计等人，我也态度平和，不施加压力。他们交代贪污问题都是胡吹、乱报，以满足顶队求战果的心理。我一笔一笔查清，是多少就是多少，多报我也不信。例如队长交代他贪污几十斤莲菜（莲藕）的钱。我去产地核对，事实是卖莲菜的人给了三斤莲菜作样品，希望多买，结果没有买。贪污几十斤莲藕钱是没有的事。我抹掉贪污改为多吃多占。他们的交代也就逐渐接近事实了。我虽然战果不惊人，但最后退赔阶段时完成得最快。一天，我路过一家，看见一个女青年在烧火做饭，边烧火边看书，走进一看她在读毛主席著作。我鼓励她努力学习毛主席著作。这孩子很机灵，把毛主席语录带到田间，休息时给大家念，带动大家一起学。我整理了她的材料报上去，没想到她竟被评为渭南地区学习毛主席著作标兵。我带着她出席学毛著积极分子大会，她在大会上发了言。回村后，不仅她个人风光，全生产队都很风光。我在村里的威信更高了，工作更好做了。我们的工作临近结束时，总团通知在积极分子中发展党员，工作组大组长准备发展我入党。这时我馆办公室主任邱辛来了，一方面代表馆领导来慰问，一方面也是了解我们在运动中的表现。大队长告诉邱辛他们准备发展我入党，邱辛说，不行，他有问题。大队长只得作罢。群工部章祖荣就是在这次运动中入的党。

“文化大革命”来势很猛。我馆以群工部年轻同志为主体起来造反，夺了馆的领导权。造反派希望我能站出来揭批馆党委，做我的工作。有一位造反积极分子甚至要去徐州68军造反夺回我的党籍，我未同意，因为党籍问题要在党内按规定办，不是造反问题。有一天晚上，群工部、保管部的造反派约我开会，动员我造党委的反。在大家的劝说下，我终于不痛不痒地批了党委压制民主，没有什么像样的材料。我心有余悸，不敢往深里谈。群工部一位同志恨铁不成钢地说我“你还是四路环行啊”（当时四路电车全城环行）。不过大家还是鼓励我继续造反。保管部造反派成立了韶山战斗队，夺了部主任的权，推举我为韶山战斗队负责人，我也就掌握了保管部运动和业务的大权。

就在这时我的后院失火了。红卫兵抄了我的家，冲着我父亲来的。一群女学生气势汹汹地把我父母和我们夫妇四人围在院子里，批斗我父亲，说他是国民党。不管她们如何嚎叫，我父亲始终很沉着。他那时是北京市政协副主席、民革北京市副主委。他对这群女孩子们说，我是国民党革命委员会的副主席，国民党革命委员会是革国民党命的委员会。女孩子们没话可说了，喊了几句口号就走了，抄了两箱子的衣服也没拿走。这时街道也造反了。我孩子的保姆周兰双是造反派的头。她首先造我们家的反，在造反大会上，批我家是臭资产阶级，她伺候了臭资产阶级三代。我们的孩子是臭资产阶级第三代，让两个孩子离开她家，划清界限。14 岁的儿子带着 9 岁的女儿，中午就在街头买点吃的，晚上儿子蒸一锅饭等我们回来吃。我的母亲被勒令扫街，因年老有病改为扫院子。母亲不堪屈辱，病情加重，出现了黄疸。我雇了辆三轮车拉她到北京医院看病。一位老大夫接诊，老大夫看我穿着军棉衣，就问我她是你什么人，我说是我母亲。又问她是干什么的，我说是街道主任（新中国成立后我母亲确实当过好几年街道主任）。老大夫当即收留我母亲住院。不知是那时病人住院的少，还是她的肝病有传染性，医院安排母亲住进了一个小院的单间病房。母亲住进干净舒适的病房，很高兴。安心治疗了一段时间，一天突然肝动脉破裂，大出血，很快昏迷了。我赶到医院时她已去世。在北京医院的告别室，母亲静静地卧在花丛中，经过化妆，她光彩动人的美丽又呈现在亲人面前。我痛哭着，但内心是欣慰的，母亲最后的时日，是安详的。我要感谢北京医院的老大夫给了我母亲临终时日的尊严。

第十五章　动荡十年
遭批斗／进牛棚

保管部批斗的重点是夏立平副主任，主要的问题不在保管工作上，她对保管工作的建树是谁也抹煞不了的。她平常说话随便给人留下一些话柄。崔某某揭发她说大寨的话很要害。去南方征集文物时,她们两人在车上看江南风光,夏立平随口说了句“大寨有什么好，穷山恶水”。崔某某揭发了这句话，造反派一上纲，成了反对毛主席农业学大寨的最高指示，一时成为批夏的重磅炸弹。夏立平成了全馆批斗对象。在批斗大会上,各部门战斗队都踊跃批斗,我也跳上台，不顾事实，上纲上线猛批老夏。老夏是我在保管部工作的重要领导人，她对我有知遇之恩。我为了自保而把对我有知遇之恩的人往反革命罪行上打，我的灵魂扭曲到何等程度了，每念至此，不寒而栗。1967 年 4 月社论一出来，我就认定了要解放干部了，而造反派斗争正欢，不肯罢手。这时正在酝酿成立领导全馆的大联委。负责人找我谈话要我继续革命，批斗干部，我不同意，我主张解放干部，发生了矛盾。负责人警告我，继续革命就可以进大联委领导班子，否则就打倒我。我未屈服，造反派包括保管部的造反派对我早就不满意了，于是就开始了对我的行动。一天忽然走廊里贴满了我的大字报，批我的唯生产力论。不知造反派从那里搞到我上学时发表在《我们的周刊》的那篇写共产主义道路的文章，全文抄下来贴满了一墙。我自己都没有这篇文章了，于是我坐在地上，全文抄了下来。造反派接着抄了我的家。我妻子对冲进来的造反派说："你们冤枉好人了。"造反派对她说："你揭发苏东海，我们还称你同志。"造反派翻腾我们的书桌抽屉，没翻到我的什么东西，却别有用心地把我妻子的一些材料拿走了。他们走后，又在陈列室走廊召开我的批斗会。一位工人按着我的头，要搞喷气式，突然方孔木大吼一声"要文斗不要武斗"，大家也跟着喊，这位工人就松了手。我很平静地说了我过去的历史，大家也就散了。这时我已经不能和革命群众一起早请示、晚汇报了。他们早请示时，我就到院子里墙根下晒太阳，等他们请示完了我再回办公室。在晒太阳时我结交了一个小朋友，库房组长侯长荣 5 岁的儿子。他和我一起晒太阳、聊天。一天他走过来瞪大眼睛，充满恐惧地对我说："你是鸡猪。"我不懂什么是鸡猪。他又气愤地喊"你是鸡猪"，我才明白他说的是苏北方言"你是地主"。我很难过，我看到了他眼中的阶级仇恨，而他这个年龄应该是他一生中最天真的时候，可怜的孩子。

在工宣队进馆前，造反派的几个人把我抓起来，关在裱糊室旁一间屋里。我儿子知道后从家里抱出一床被子送到我被关的屋里。吃晚饭时，看我的人去吃饭，让我老实呆着。他们走后，我打开门从馆南门跑出，正赶上东交民巷发车的无轨电车，我跳上车，在南小街北口下车，给我妻子打电话，让她马上来和我一起去文化部见工宣队。她那时已到北京市委党校集中接受批判，请了假骑上自行车快速赶来和我会合。在工宣队值班室，我们向工宣队汇报了情况。值班人员立即电话通知我馆大联委负责人：放了苏东海，一切问题等工宣队进馆后解决；苏东海家属不是你们单位的，拿走她的材料全部退还。第二天我照常上班，没人关我了。我妻子也从馆里造反派手中要回她的材料。

工宣队进馆的当天晚上，我在走廊里看见一位工人师傅在关灯，隔一盏灯关一盏灯，灯火通明的走廊变暗了一些，但完全可以照明。我为此写了一张大字报，题目是《一盏灯》，我说这是工人阶级用实际行动给我们上了节约课。第二天一早贴出去，是工宣队进馆后见到的第一张大字报。据说当天晚上工宣队开会时，工宣队队长告诫队员要警惕糖衣炮弹。我心里明白这是说我呢。我确实是想讨好工宣队，不想工宣队警惕性这么高。几天后公布了住馆统一管理人员名单，分三个组：第一组似乎以走资派为主，第二组似乎是一般问题的人员，第三组似乎以严重问题为主的人员组成，分别住在三个大房间内，也就是牛棚了。我在第二组而且是组长，馆长李兆炳也在我这个组。全组在一起打地铺，我安排李馆长靠窗子睡以示照顾。每天早请示、晚汇报由我主持，我喊一句毛主席教导我们说，大家齐声朗诵预先指定的那段语录；我再喊毛主席教导我们说，大家再念一段语录，三呼之后就算请示完毕，晚汇报也是如此。除打扫全楼卫生外，大部分时间都是自己写交代材料，没有批斗倒也算清静。

可是我的家正在被拆散。在我进牛棚之前，我妻子因《北京日报》、《北京晚报》是“反党反社会主义的工具”，而被迫离开报社住进北京市委党校学习班。很快我16岁的儿子也不得不响应上山下乡的号召，到东北农村插队去了。我妻子也从党校下放到顺义农村插队接受贫下中农再教育去了。连我70岁的父亲也下放到河南息县干校去了。我的家已不成家了。过了一段时间，突然兴起的抓“516”分子运动新高潮，造反派头头纷纷落马。我们这些被关牛棚的人都解放了，我回到了残缺不全的家。

抓“516”与我无关，我成了逍遥派。一天早晨，我在路边看见工人造反派的一个小头头在买油饼。我问他“你出来了？”“出来了。”“你承认是516了？”“不承认能出来吃油饼吗！”“你真是516？”“没影的事，先承认了以后再说。”“516”分子就这样越打越多，无法收场，直至去了干校还没完。

妻子一直有病，又没干过农活，咬牙硬撑着和农民一起干活。我成了逍遥派，有了自由，也有了时间。我有时骑自行车到顺义去看看她，见她硬撑的样子，我很心痛。后来公社了解到她是个笔杆子，经常调她去公社写材料，她的处境好了些。我儿子冬天回京休假时，我带着儿女去顺义农村看望她。她很高兴地收工带我们到她的住处。房东大娘进来感叹地说：“多好的一家子！这闺女多俊，像个仙女。”中午我们去顺义县城吃了一顿团圆饭，那时只有一个小饭铺卖饺子。我们一家人边吃边谈。妻子有说有笑，把她在公社写材料时，文教书记告诉她的一个可笑的真人真事说给我们听：一对男女青年到公社申请结婚，填表时写下姓名、年龄，在性别栏内两人都填上“狗”。他俩同岁，都属狗。不知道性别是指男女之别。饭后回村，妻子的话就越来越少了，笑也越来越勉强了。团聚的时间如此短促，分别的时间又来得这么快。她站在村口路边目送她的亲人渐行渐远。我们走出很远了回头望她，她还不动地站在那儿，直到我们远得看不清她，她的身影还在那里不动。后来我才知道，她控制不住自己的悲痛，泪流满面，哭个不停，不敢立即回村，怕人看见她哭。

“文化大革命”不仅冲击了上层，而且祸及全社会。像我这样的普通家庭，母亲在“文革”初期就被折磨病故，活着的人也搞得妻离子散天各一方，妻子在顺义农村，儿子在东北农村，老父亲在河南铁道部干校，后来我到湖北五七干校，只剩下小女儿留在北京，因她哥哥已去农村插队被照顾留在北京上了技校。我们一家靠家书互报平安,家书都编了号唯恐遗失,真是“烽火连三月,家书抵万金”啊！更没料到，在我去干校前，房管所突然来通知我，要我们马上腾空我们自住的近百平米的三间大北房,搬到耳房去住。房产归房管所了，我们住耳房也要交房租。我父亲和祖父购买的三进四合院 29 间房就这样一间不剩地充公了。我妻子请假回来卖东西腾房。那时候都在下放卖东西，我父亲客厅里的几套大件才卖了八块钱，简直是白扔。以至我父亲后来从干校回来竟无立足之地，不得不由铁道部给他另为安排住房。“文化大革命”真是把我们搞得家破人亡了。

祸不单行。唐山大地震波及平津，我家北屋的山墙震塌下来。我和妻子急忙逃出耳房，蹲在东墙根。山墙的砖砸到耳房前小院，妻子的背和脚被掉下来的砖头砸中。主震停下来，她立即到附近的妇产医院包扎，幸无大碍。我们两人急忙骑自行车去西城看望我父亲，路过邮局，进去发了“平安”两字的电报给在东北的立中。立中正担心家里在地震时是否遭到破坏和不幸，看到了“平安”两字，松了口气说“真是一字值千金呀”。我们的国家真是不幸,天灾人祸，何时得了啊！

第十六章　动荡十年
干校生活 / 五好战士 / 湖底历险

1970 年，革命博物馆、历史博物馆的大部分人员在军宣队带领下到湖北咸宁文化部五七干校劳动改造，编为二大队 23 连。我对下放干校不大抵触，因为全馆大部分人员一齐下放，都是五七战士。但是回京几乎无望，大家心中都很不安。好在户口未迁，还有回京的一线希望。到干校后先是住在一个大仓库里，一边盖房一边下湖劳动。我们到达时，围湖造田工程已初见规模，围湖长堤已筑好，湖水已经排出，我们的任务就是在湖底挖沟排水造田。每天两腿淤泥,十分疲倦,但劳动真创造了奇迹。用我们的双手盖起了一排宿舍，湖滩大田禾苗茁壮，菜田的蔬菜开始供应，从湖南买回来的鸭子也已下蛋，生活稳定下来逐步改善。生产管理也加强了，成立了菜班专门种菜，成立了田管班管理大田，还安装了大功率的水泵，盖了水泵房，调一个电工师傅和我看水泵。我们两人轮流值班供水。看水泵这个美差事居然给了我，真是受宠若惊。我在田管班不但看水泵，还除虫施肥，什么都干，被干校二大队评为五好战士。1971年2月发的五好战士证书上写的是“苏东海同志在1970年，高举毛泽东思想伟大红旗，在光辉的五七道路上，活学活用毛泽东思想，努力改造世界观，成绩显著，评为五好战士”。老天有眼我成了标兵。就在这时我妻子调回报社，在毛著组当编辑。我儿子立中也从农村调到七〇油田当了工人。真是三喜临门。

干校有一部班车，每天早上从校部发车到咸宁城里，城里有澡堂子、饭馆，享受一番，下午4点班车返回干校。生活好起来了，也没有进行阶级斗争了。文化部的文化人们开始赋诗填词，歌颂干校生活了。我和宏钧夫妇假日去了岳阳访古，拜谒了岳阳楼，乘船过赤壁未能停留。我和史树青先生去了汀泗桥，走访了北伐中汀泗桥战役遗址。说起歌颂五七道路、歌颂干校生活，我也不落后。我不算文化人，也不会作诗，胡乱写了两首，不意校部编辑的《向阳湖诗选》居然也收进去了。

《泵房生活二首》：

读　书

向阳湖畔长流水，
碧流环绕泵房围，
水路纵横鱼迷路，
认真读书识真髓。

饮　苗

机声隆隆马达催，
出水汹涌白链飞。
沟渠纵横忙运水，
禾苗飞长粮成堆。

诗言志，我写读书是因为林彪事件发生后，军宣队要求我们认真读书识别真假马克思主义，并布置我们学《共产党宣言》。我在泵房比较清闲可以多读点书。林彪叛逃军宣队宣读了“571 工程”罪行材料，但是不管怎样解释，也是说不通的，事实在人们心中敲起了“文革”的丧钟。林彪事件后，中央抓解放干部，抓恢复工作。博物馆的干部也陆续从干校回北京，我是第二批回北京的。

在结束我的干校生活时，我补记一下我的向阳湖历险记。那是到干校第一年的事情。一个星期天，我去姚嘴电站吃鱼。姚嘴是个地名，在围湖大堤的北端。我们干校二大队在大堤的南端 452 高地上。姚嘴电站食堂对外开放，只要交全国粮票就可以在那里吃一顿饭。从我们住地去姚嘴要顺大堤往东走环形到北边姚嘴。那天一早我戴上草帽就出发了。星期天很自由，谁想去哪儿就去哪儿，不必打招呼。我上了大堤后，觉得顺大堤绕远路，不如从湖底向北直插过去快。那时湖底已经干枯，有的地方已经成稻田，也有小路，行进很快。有的地方还未开荒，快到姚嘴时前方有一条小沟，已干枯，上面有些枯树叶。我一脚踩上去，忽然向下沉，淤泥裹住我的腿，不过下沉得很慢，我意识到我陷入沼泽地中了。我一边用草帽托住身子，一边向前抓住沟边一根树根，引体向上，拔出两腿，伏在沟沿上喘息好一会才缓过劲来。我好不容易找到一条小溪，洗了一番。就戴上草帽，把裤子顶在草帽上，向姚嘴奔去。不一会就到了姚嘴，太阳很厉害，到姚嘴时裤子已经干了。穿上裤子，进入电站食堂，交了粮票，要了一条清蒸鱼，两碗米饭，一碗鱼汤，饱吃一顿。回来时不敢走湖底了，顺着大堤走，约30里才到驻地。没有人知道我去哪里了，如果在沼泽地沉下去，我的失踪，将永远是个谜。

干校二年多的生活，我的思想感情有了很大的变化与发展，以“九一三”事件为界，之前我的驯服工具思想与行为达到顶点，之后我的独立思考的思维开始有所觉醒，出现了驯服工具思想向独立思考的过渡。之前我拥护五七道路，实践五七道路，歌颂五七道路，我的驯服工具思想和行动使我自觉地、欣然地去做。例如让我看水泵，我专程去长沙买了《电工教程》、《水泵教程》，认真攻读，从什么是安培、什么是欧姆学起，记了一大本子笔记。其实一点用都没有，只是因为我已经形成干一行、爱一行、钻研一行的思想和行为的定式，而不管为什么组织让我这么干，即所谓只管低头拉车，不问道路方向。林彪事件使我抬起头来看五七干校、看五七道路，独立思考的良知回到我的头脑中了，敢于想一些不敢想的问题，所以我说这是我的思想转折点。这使我想起 1959 年的一次思想转折。1958 年大跃进、人民公社化道路我是紧跟的，为全国的意气风发所鼓舞。一直到 1959 年 4 月毛主席的一封信成为我从左到反左的转折点。毛主席 1959 年 4 月 29 日以个人名义向生产队以上各级同志写信呼吁降温、减速、唱低调。这封信也传达到我所在的党小组。我甚至还记得他在信的最后说："如果说我是右倾机会主义分子，不胜荣幸之至。"这封信使我很震动，由此我转向了反左。这当然是当时的认识，但事情总是物极必反的。后来，咸宁地区的一位文化干部李城外发起建立咸宁文化部干校纪念馆，到北京来找一些文化名人写回忆文章准备办刊物，也找过我。我因不是文化名人，而且对五七干校采取了批判立场，没有支持他。他又多次找我，他也需要反思的文章。我离开干校可以站得更高一点看五七干校、五七道路，那时我有了自己一定的看法。我认为把干部驱赶到干校，如同把知识青年驱赶到农村是"文革"的两大错误。学生不读书去种地，干部不工作去开荒，贻误不止几代人的大好时光，国家建设的大好时光。谁愿意去干校，我相信没有人愿意去，但在"政治挂帅"的时代又不得不去。

第十七章　动荡十年

“批水浒”／“批林批孔”／“四人帮”倒台／举国狂欢

林彪事件后，中央开始落实干部政策，恢复各项工作，国家开始有点起色。不久又传来毛主席指示“批水浒”。说起“批水浒”，要说一说与我有关的一件往事。20 世纪 60 年代初我在陈列保管组工作，比较清闲，我读了北京电视大学中文系的课程，补补我的文化。1965 年 7 月毕业，发了吴晗为校长的毕业证书。其间我对古典小说《水浒传》有了兴趣，撰写了长达 9000 字的大文章，评析宋江的文学形象，题为《宋江是农民起义事业中的异己分子——试析宋江的文学形象》，于 1965 年 1 月送光明日报“文学遗产专刊”。过了一段时间，“文学遗产”的章编辑通知我，稿子准备刊用。但不久“文学遗产”奉命停刊，我的稿子未来得及发表。这是一段往事，现在毛主席让“批水浒”，我的这篇稿子派上了用场。董谦副馆长看过我的旧稿，他向杨馆长建议让我给全馆讲一讲，作为“批水浒”的一项活动。于是革博、历博两馆干部听了我的“批水浒”报告。毛主席认为《水浒传》这本书好就好在写了投降，通过这个反面教材，使人民都知道投降派。我就是本着这个基调作的报告。第一部分我讲了《水浒传》的成书过程及版本情况。第二部分我讲了这支农民起义军从产生到发展壮大到变质投降溃灭的全过程，它的核心就是宋江如何把一支革命的农民武装变为地主武装的全过程。第三部分讲的是历史上的宋江。当我看到台下坐着史树青先生，我就没敢讲版本。让我讲《水浒传》，纯属偶然。其实发动批水浒上面是有所指的，我们并不了解而已。周总理在处理林彪事件中稳定了大局，在落实干部政策、恢复各项工作中，大得民心。1974 年 1 月 24~25 日的“批林批孔”大会就是动员批右的大会。馆领导派我和胡德平去参加这次大会。大会名义上是周总理主持，江青颐指气使地批评郭沫若，郭沫若站立回话，周总理也做检讨。“批林批孔”来势凶猛，我第一次见这么大的场面，甚是震动。散会后，我和德平到他家去核对笔记。德平家在遒子府里一个胡同里，北屋是耀邦居室，西屋是德平夫妇居室。对完笔记我就回馆了。馆领导听了我们的汇报，决定立即筹办“批林批孔”展览。王冶秋局长那时正被“四人帮”批为复旧，为了自保，他亲自来馆坐镇“批林批孔”展览的筹备。我也被调回陈列部参加展览工作。但是无论怎样努力办展也达不到上面的要求，因为这个展览的要害是批周公，最后还是由“四人帮”爪牙迟群在清华搞了个“批林批孔”展览，组织人去参观以造声势。

"文革"濒临绝境，上面权力斗争愈演愈烈，全国经济濒临崩溃，不得不启用邓小平进行整顿。整顿刚见成效，因危及"文化大革命"而又发起"批邓、反击右倾翻案风"新的斗争。无休止的斗争，人民厌倦极了。"四五"运动的爆发最终表达了人民群众对"文革"理论和实践的抛弃。

"文化大革命"结束后，我作为党史工作者，有必要也有兴趣对"文革"的这段历史进行比较深一点的历史研究。我的"文革"史研究，是从"文化大革命"的理论层面研究开始，我的第一篇论文题目就是《"文化大革命"的理论对群众的掌握》，发表在1985年《党史研究资料》第10期上。我的研究从"文化大革命"的理论层面切入，是我独特的视角，是有创新价值的。我的研究建立在两个基本认识上，也可以说是我研究的出发点。其一，"文化大革命"的出现是有前因后果的，它的历史上行阶段为它的发生准备了历史条件；它又为它的下行历史阶段准备了历史条件。"文化大革命"不是孤立的事件，也不是一段历史空白。历史有前进，有曲折甚至倒退，但最终还是前进的。否极泰来。其二，"文化大革命"有理论、有文化、有组织、有司令部，不是乌合之众。马克思的"理论一经掌握群众也会变成物质力量"的著名论点，是我研究"文化大革命"理论进程的理论根据。历史事件不仅证明了革命理论与革命群众的结合能够形成巨大的物质力量，实践也证明了"文化大革命"的错误理论与群众的结合也产生了巨大的物质力量。

我的这篇论文 1985 年发表后，引起党史界的关注和转载。这篇论文是我理性研究“文化大革命”的开端，但“宜粗不宜细”的精神下来后，我的研究中止了。

“文化大革命”结束了。“文化大革命”对每一个过来人而言都是一场噩梦，人们不会忘记也不应忘记这段痛史。1980 年 4 月我的孙子出生了，全家在商量给孩子起个什么名字。那时黑夜刚刚过去，朝霞正在升起，我们的国家苏醒了，人民苏醒了。“我们的孩子就叫苏醒吧！”“对，就叫苏醒。”全家一致同意。

我与孙子苏醒

第三部分

第十八章 十一届三中全会 春风吹进我家

粉碎“四人帮”后百废待举，各行各业都掀起拨乱反正的强烈愿望，而受政治迫害的千千万万的人们求解放的诉求尤为迫切。我就是在这时又向68军党委提出恢复党籍的申请。我在68军时的老上级、已任航天部政治部领导的孙铁同志，也写信给68军齐鲁政委，敦促解决我的党籍问题。齐鲁政委是我在68军时的干部部长，对我的情况很清楚，又派组织处韩治淮助理员到北京了解我转业后的表现，于1978年5月军党委做出了恢复我党籍的决定。军党委决定恢复我的党籍、按期转正，党龄从1956年入党算起。馆党委书记、杨馆长还让我补交了18年党费，以免反复。我接到这个决定真是热泪盈眶，从1960年5月取消我的预备期到1978年5月，我在党外18年，现在又回到党内了，真是恍若隔世。这时我没有怨恨只有感激。

回到陈列部后，一方面做陈列工作，一方面继续我的党史研究。我关注十一届三中全会，全会做出停止阶级斗争为纲、以经济建设为中心的决定。以经济建设为中心是划时代的转变，但经济建设是解放生产力，它的前提是人的解放，没有人的解放，谁去解放生产力。我开始整理、研究平反冤假错案史料，撰写了《十一届三中全会以来重大冤假错案平反概述》史料性论文。发表在 1982 年第六期《党史研究资料》上。我从三中全会决定撤销有关“反击右倾翻案风”错误开始到 1980 年十一届五中全会做出为刘少奇平反恢复名誉为止，查阅了中央红头文件、部委文件、报刊消息等史料，概述了中央直接推动的 14 件大案：“反击右倾翻案风”案，天安门事件，六十一人“叛徒集团”案，彭德怀案，陶铸案，“彭罗陆杨反党集团”案，罗瑞卿案，陆定一案，“习仲勋反党集团”案，“谭政反党集团”案，杨、余、傅事件，杨尚昆案及中央办公厅问题，“胡风反革命集团”案，刘少奇案。中央和地方还以举行平反昭雪大会、追悼大会、在报刊发表文章的方式为大批同志平反昭雪、恢复名誉，其中由中央直接主持的有：张际春、徐海东、吴芝圃、刘长胜、张霖之、王世英、南汉宸、刘裕民、廖鲁言、徐子荣、胡锡奎、刘锡五、王其梅、刘仁、蒯伯赞、高崇民、田汉、张闻天、徐冰、张经武、吴溉之、邹大鹏、伍云甫、邓拓、章汉夫、冯雪峰、李立三、贾拓夫等。在中央一级报刊刊登平反消息的有“三家村反党集团”冤案、内蒙古三大冤案（“乌兰夫反党集团”、“内蒙古二月逆流”、新内人党）、甘肃白银公司错案、上海地下党案件、“二流堂”案件、云南“沙甸事件”、1958年全总“整风会议”错案、吴晗袁震冤案、张志新冤案等。由于我的这一工作做得比较早，一些刊物得以转载，为一般研究者提供了有据可查的史料。

改革开放的春风吹进了千家万户，春天也降临我家。“文革”带给我家的痛苦一扫而光，确确实实地感受到春风拂面。先说我的老父，84岁高龄终于入党了。1984年5月11日铁道部教育局支部通过了他的入党申请，5月29日中共铁道部党委批准他入党。他从抗日战争后期开始追随党，一生不渝，始终以党外布尔什维克自励。为了庆祝老父的入党，时任丰台区委书记的妹夫杜审微在丰台新建的侨园饭店设宴欢聚。父亲非常高兴，我们在座的四对儿女都是党员，他入了党就实现了他“满堂红”的愿望。父亲那时任民革中央常委、北京市政协副主席、北京市民革副主委、铁道部教育委员会顾问。他的入党，《团结报》和《北京政协报》都做了重点报道。父亲说：“实现了满堂红，我是新党员……”大家说你是老革命。确实，在我们家庭中，父亲参加革命最早，贡献最大。我们的家庭对党的感情是深厚的，世代相传的。春风也吹到我的小家庭里。妻子王迪的事业有了新的发展，她一辈子从事新闻实践，现在发展到新闻理论研究领域。新闻、法学泰斗张友渔恢复工作后，需要找一位有理论研究能力的老新闻工作者帮助他整理和研究他的新闻学理论。报社推荐了我妻子。我妻子扎扎实实地从旧报刊中找到了不少张友渔的轶文，编辑出版了《张友渔新闻学论文集》、《张友渔社论选》、《张友渔通讯杂文选》、《报人生涯三十年》四本书。张友渔很看重她的研究能力。她撰写了《张友渔传》，张友渔亲自找薄一波给她写序。这本书获北京市党史著作二等奖，《北京晚报》予以连载。她一时成为张友渔研究的重量级人物，被中国社科院聘为《张友渔文集》编委会编委。同时她为中央编写的《当代中国的新闻事业》撰写了北京市新闻事业的章节；为《当代中国的北京》撰写了新闻事业的章节。她的理论能力使我吃惊。她是新闻报道的快手、强手，我是知道的，但没想到她在理论上是这样出手不凡，我刮目相看了。她在理论发展的同时，还在北京日报上创办了需要大量史料支撑的历史专栏“历史上的今天”，获全国好新闻一等奖。“历史上的今天”这个词语以后在报刊和广播等媒体流行起来了。改革开放的春风催动了妻子意气风发地施展出她的才华。

说到我的儿子立中、儿媳左平，他们也是在改革开放中苦尽甘来。立中在扶余油田（七〇油田）工人中出类拔萃，通过自学，成为工人中的理论辅导员，联系实际讲《矛盾论》、《实践论》。在油田的北京知青回京探亲时，有时到我家来聚聚。我们全家都注意到其中一个叫左平的女孩，她显然是这群孩子中的佼佼者，朴实，自然，不矫揉造作，

1985 年，父亲终于入党，实现了他的全家党员的愿望，这是“满堂红”留影

不张扬，给我们留下了极好的印象。女儿立和对我说，要是哥哥能和左平结婚多好啊！事实如立和所愿，两个孩子果然相爱了，谈婚论嫁了，到北京来结婚。我和妻子赶紧去拜访亲家商量婚事。那时结婚的风气很俭朴，经济困难也没条件大办。就在翠华楼摆了两桌酒席两家欢聚一下。为接新娘的车，我到前门汽车总站租车，那里只有一辆小面包车可租。当天立和坐着小面包车去接嫂子就当作花轿了。最难办的是新房，“文革”中我家被挤在小小的耳房里，没法当洞房。天无绝人之路。这时我父亲接到通知，全国政协开三天会，他去住宾馆。他的卧室就给他孙子当洞房了。他们婚后在扶余油田又当了几年工人，赶上知青开始返城，我先托人调他们到华北油田研究院工作以工代干。他们上进心切，双双考进石油职工大学。为支持他俩上学，孙子苏醒就来北京跟我们一起了。这时我家已从小耳房搬到馆里分给的楼房了。苏醒和奶奶一间屋，睡一个床。我和妻子都忙，我还常出差，孙子上学前班，多由妻子接送，只要有时间我也很愿意接送。能和孙子多接触就有快乐。吃完晚饭后，是我和孙子玩耍的机会。每当我看新闻联播时，我总把腿搭在面前的凳子上，苏醒马上爬上我的腿，来回地挪动，说是“过独木桥”。有时我趴在地上，苏醒骑在我的背上当马骑。照顾孙子虽辛苦一些，但享受着天伦之乐不觉其苦。妻子于星期天或晚上去张友渔家研究工作，也带着孙子去。张友渔喜欢这孩子，插空和孩子聊几句。苏醒竟和这位大学问家聊起了《水浒》，大谈从小人书上看来的故事，张老听得笑出了声。有天苏醒病了发烧想吃黄瓜。那时的冬天没有黄瓜，东单菜市场都没有。听说西皇城根有，我赶紧骑车去买了回来。我去王光美家找材料，老阿姨拿一支熊猫冰棍给我吃。那时只知道红豆冰棍，没见过这么好吃好看的熊猫冰棍。我问老阿姨在哪买的。她说北京没有，天津生产的。每天火车运来一箱，在西四牌楼十字路口的冷饮店卖。我出了王光美家就骑车去了西四买了熊猫冰棍。苏醒很喜欢，舍不得一下子吃完，慢慢地舔。苏醒上小学了，妻子给他买了一个小折叠桌和小凳子，每天回家做功课。妻子问他："你觉得幸福吗？"他说："没有您幸福。""为什么？""您没有考试。"他已经用脑子思索问题了，应试教育让他从小就尝到了苦头。他很懂事，我妻子幼年丧母，心灵伤害很深，一到秋天就有点忧郁。一天他在放学回家的路上，发现奶奶有点沉闷，问清楚了原因，就哄奶奶说：秋天是收获的季节，有落叶也很美丽。妻子感动得几乎落泪。有次我们俩带他到市场闲逛。那时儿童玩具正时兴变形金刚，在卖变形金刚的摊位前，我们停住了。一打听价钱，比较贵。苏醒马上说："我不要！我不要！"拉着爷爷奶奶就走。多少年来一想起这事，妻子心里就不平静，很感动，很难过。苏醒和奶奶的感情一直很深，现在每天上班很忙，只能周末来看看，经常在下班回家路上和奶奶通个电话。

女儿立和最幸运。她技校毕业后，在北京电冰箱厂当了两年车工，原以为这辈子也不过就是个工人了。十一届三中全会后恢复高考，她有幸考上了北京师范学院生物系，成为恢复高考后的第一批大学生。大学毕业后，她又有幸在舅舅（妻子的哥哥在新中国成立前留学美国，以后是美国的大学终身教授）帮助下立即赴美在麻省州立大学留学。这个大学的报纸用整版的篇幅报道了麻省州立大学有了第一位从中国大陆来的女留学生。她获得博士学位后，又有幸在哈佛大学医学院参加制作新药的研究工作，为她今后一生从事新药研究工作奠下基础。她还有一幸，和她结婚的也是从北京去留学的青年，叫林伯工。巧的是我们和伯工的父母原来就认识，是很谈得来的好朋友，彼此知根知底。对他们的儿子我们也有基本的了解。从立和的多次来信中更进一步了解他，我们认为伯工是立和可以终身依靠、白头偕老的人，我们对他放心。林家是大家族，在美国的家人很多。立和、伯工结婚时，林家为他俩举办了隆重的婚礼。我对妻子说，立和真正是幸运儿。

说到我自己感受尤深，不仅政治上得到解放，而且思想自由度、工作创造力的发挥都开始得以上升，在生活待遇上的改变感受更深刻。1980 年开始在 22 个领域职称试点，文博工作也是试点单位。当时套用科研单位的职称系列，分研究员、副研究员、实习研究员等。1981 年文物局评委会评出 13 个副研究员和一批实习研究员，没有评正研究员。我是第一批副研究员。当时副研究员享受高级知识分子待遇，可以每天喝半磅牛奶。我拿着人事处的介绍信到东直门外牛奶总厂订了半磅牛奶。每天早上送奶工把半磅牛奶送到我家。高知出差可以住单间、坐软卧。我从杭州开完党史学会年会坐火车去贵州，第一次坐软卧。软卧里只有我和贵州省农业厅厅长两人。那时在我眼里厅长就是大官了。在软卧里我和厅长平起平坐，觉得自己的身份不凡了。不久我在汕头开完周恩来研究会后，应邀去江西、浙江两省党史办。我在江西坐上火车，软卧无人，我正好睡觉。半夜里我突然被惊醒，软卧里搬进来装着鸡鸭的大笼子，我屋里也搬进好几笼鸡鸭。原来贩运鸡鸭的人花了钱就坐上了软卧，他的鸡鸭也进了软卧。我在软卧里与鸡鸭为伍，才真正体验了市场经济的厉害。有钱什么都能办得到，何况软卧乎。

1981 年全国试点单位评完职称后就停下来进行总结。文博系统也停下来进行总结，国家文物局根据文博单位情况，参照美国博物馆职称系列，制定了文博职称系列，分为研究馆员、副研究馆员、馆员、实习馆员四级。1986 年恢复职称评定工作。1987 年文博系统评出了第一批研究馆员，我从副研究员晋升为研究馆员。之后我就担任了国家文物局职称评委会评委，开始为全国文博系统评高级职称，直至 2005 年才退出评委职务。1991 年国务院推出突出贡献者特殊津贴制度，1992 年我开始享受国务院特殊津贴，直至今天仍在享受。就在 1986 年我被评为正研时，我妻子也被报社评为正高职称，她是《北京日报》第一批第一名被评为高级记者的（相当于正研）。夫妻同时被评为正高，也算是改革春风吹绿了我的家庭吧！但愿春天常在。

第十九章　拨乱反正
我对“坏事变好事”的批判

十一届三中全会后，在拨乱反正的过程中，我认为一些为害甚烈的错误观点和错误命题应该加以清理。1980年9月我的老朋友、《北京晚报》总编辑王纪纲约我为“百家言”栏目写一点短论。我写了几篇，第一篇的题目是《“坏事变好事”辩》，于9月22日登出。我认为多年来不能正视错误，用坏事变好事的说法掩盖错误，使人不去正视错误。既然坏事能够变成好事，那犯错误又怕什么，甚至犯了错误能够促使工作改进，因此倒成了好事。这是对错误的一种遁词，一种诡辩，在拨乱反正中应该从理论上重新审视坏事变好事这个命题。我指出，多年来人们往往是把坏事和对待坏事的处理不加区别，混为一谈，这是不对的。事情的好坏是一对矛盾，它决定这件事是好事还是坏事；对坏事的处理，它决定的是这件事情的后果的好坏。坏事就是坏事，把坏事处理好也不能改变坏事本身是坏事。我从理论上指出，好坏是一对矛盾，可以互相转化，坏的方面战胜了好的方面就叫坏事，反之就叫好事。但是一事物总有它的质变的规定性，矛盾斗争，总有一个结局。这个结局是好事就是好事，是坏事就是坏事。如果事情有了结局，成了坏事那怎么变为好事？错误就是错误，怎么能变成功劳？把坏事与处理坏事的结果混为一谈，这是偷换了概念。这种诡辩，流行了不止十年八载，错误没见变成好事，却越犯越大，不知伊于胡底。

我的拨乱反正的第二篇短文，题目是《“矫枉必须过正”辩》。很久以来就有一种错误观点为“过分”张目，就是所谓“矫枉必须过正”，认为不过正就不能矫枉，因此“过正”好得很。用这观点指导革命和建设能不乱套吗？十年内乱搞到了何等荒谬的程度，党和人民深受其苦，没有多少人承认它“好得很”。但是清除“矫枉必须过正”观点的影响，还必须在拨乱反正中加以辨析。人们往往以为过正不过是分寸问题，其实不然，事情搞得过了，性质就起了变化。尽管是真理，但超过了一步就成了谬误。列宁说得好：“只要再多走一小步，仿佛是同一方向的一小步，真理就会变成谬误。”人们时常是在不知不觉中走出了过分的一小步，从而背离了真理。有些人并没有认识到“恰如其分”的重要性。他们只知道事物有质的规定性，不知道事物还有量的规定性。质的规定性破坏了事物就起质变，量的规定性破坏了也会引起事物的质变。事物存在的界限就是质和量的统一。超过了这个界限的一步，事物就不成其为这个事物了。可见事物的质固然重要，事物的量也不可掉以轻心。恰如其分的掌握事物的质和量的规定性，事物就能在正确的轨道上发展。事情搞过分了，破坏了质和量的统一就出现了偏差和错误，影响了事物的正确发展，因此应该看到恰如其分地正确地掌握事情的分寸并不是次要的。不要以为大方向正确就不会出偏差，办好事就不会出坏结果。事情的荒谬往往就在不知不觉中搞过了头，生活中这种事情多得很，何况以革命的名义号召“矫枉必须过正”呢。现在是不是应该多提倡科学态度，把事情办得恰如其分，恰到好处，使事物更加合乎规律的向前发展。让我们不要再去歌颂过分，努力提倡恰如其分吧。

我的第一篇短文发表后即遭到批判，连累纪纲也受到了批评。其他几篇只好搁浅。我的《“坏事变好事”辩》刚发表没几天,《人民日报》就发了鲁言的批判文章，说我不懂辩证法，坏事变好事是辩证法的命题云云。我认为笔名鲁言的这个人不懂形式逻辑，他把“A 是A”搞成了“A 是 AB”，违背了形式逻辑最重要的同一律，把“A 是AB”说是辩证法，是诡辩，既不懂形式逻辑，也不懂辩证法。我的拨乱反正的理论讨论遭迎头一棒也就搁置下来了。还好，改革开放之初，放一放还未上纲。

第二十章　正本清源
我对党史的认识及探索／川大讲课／我的当代历史哲学论文《把握当代史研究的特征》发表

“文化大革命”中，历史学是重灾区，历史已经变成了争权夺利的工具。三中全会后在拨乱反正中对历史的堕落已经不是拨乱的问题，而是正本清源重构历史价值的问题，因此史学界兴起了史学改革的热议。我所在的党史界也在热议之中。当时我认为党史改革要加强宏观研究，在加强微观研究的基础上加强宏观的探索，以提高党史研究的质量。我对当时党史界掀起的抢救活材料运动是赞同的，但我认为在抢救亲历者“史实资源”的同时也应加强亲历者的反思、经验教训的总结。我对党史改革的一些初步认识，写了《加强党史的宏观与微观研究》短论发表在 1981 年 10 月 23 日《北京日报》理论版上。在 20 世纪 80 年代，我在党史研究中探索新路子，产生了《论 1927 年》、《论 1930 年》和《论 1958 年》三篇代表作。我将在后面单辟一章回顾我深化党史研究的过程，这里先搁一搁。

史学界的热议史学改革也吸引着我，我密切关注史学界的讨论，在我头脑中也产生了史学改革的一些认识和想法，写出了《关于史学改革的管见》的论文。我认为在改革开放的时代主题中，史学改革面临着的主要课题是提高史学的思维能力、史学的认识能力，最终提高在现实生活中的发言权。我认为史学改革首先要从三个方面有所突破。第一，在史学现实性上要有所突破。如果史学研究只在少数小圈子里进行，或者只研究少数有兴趣的问题，而不去解决当代问题，我们的四化建设还要不要历史反思，还要不要历史指导，史学家服务社会、发挥社会职能应作为学术道德来看待。在现实中发挥史学家应有的职能，是史学改革中的方向。第二，在史学研究的多样性上要有所突破。黎澍在《光明日报》上发表了一系列史学观点的论述，引起很大震动。我认为有一点非常重要，那就是突破了对历史单一化的认识，出现了对历史多样化的看法。所以我认为多角度、多方向的去认识历史，可以更接近真实。黎澍挑起的争论，实际上是向单一化的挑战，是史学改革的一个突破。第三，在史学研究的整体性上要有所突破。历史是一个复杂的长过程，截取一小段就可以研究得很精细。但历史的规律是一个长过程中呈现出来的，我们的传统史学对历史长过程的研究、对国家、对世界的整体研究是比较薄弱的。在史学改革中要在整体研究上有所突破，有所前进。

1986年10月四川大学史学系的朋友约我去成都给川大同学讲讲史学改革的信息。我在川大以《关于史学改革的管见》和《1930年李立三、周恩来、毛泽东比较研究》两个专题讲座讲了三个晚上，梯形大教室场场爆满，人们还是很关心史学改革的。讲座结束后，川大要送我去九寨沟游览，省文化厅博物馆处要派人带我去峨眉山。我选择了去峨眉山。陪我去峨眉山的是博物馆处小苏。他是成都地质学院毕业的，一路上给我讲了国外地质公园的情况，对我很有启发。当时大众旅游还没有兴起，游人很少。我们在山顶住了一夜，第二天下山时，也没碰到什么游人，却碰到了一群猴子，围着我们转，还要翻我们的挎包。小苏连忙把我们的包翻给群猴看，里面没有吃的，猴子们四散跑走了。下山后我回头仰望群山，用不了多久，大众旅游涌来，寂静的山谷不会寂静了。

20世纪90年代，研究社会主义时期中共党史和研究中华人民共和国史开始兴起，但是许多研究者并没有把握住当代史研究的特性，没有解决好当代人研究当代史的角度和方法。我有感于此写了《把握当代史研究的特性》的论文。这是一篇较早从方法论方面探讨当代史研究的论文，是我的一篇力作，发表在《党史研究资料》1991年第9期上。当代史是历史的一部分，具有历史的共性，但它又是历史的一个特殊部分，有自己的特性。什么是当代史的特性呢？我认为从历史的客观进程来看，当代史是历史的“进行时”，而不是“完成时”；从治史人的主观方面来看，治史人是在历史的实践之中而不是在实践之外。因为当代史存在着主客观两方面的特性，就产生了研究当代史是如何正确把握这两方面特性的问题。我的论文就是从三方面对当代史的把握做的探讨。第一，研究当代史要采取历史角度和历史形式。当代史是以当代社会为研究的客体，当代社会正处于历史的“进行时”中，因此首先碰到的大问题就是历史与现实的关系。研究已经过去了的那些时代的历史是研究历史中的现实，而研究当代史就是研究现实中的历史，这是一种很大的区别。十一届三中全会后，当代史研究者深入实际研究经济改革、政治改革中的问题中出现了历史研究与现实研究混淆的问题。我认为历史研究者研究现实应有自己的角度。什么是历史学研究的角度呢？我借用李大钊的史学观点加以说明。李大钊从 1920 年起对新史观发表了一系列新史学观点，其中多次谈到历史角度问题。他介绍马克思的观点是：人类的社会，按时间的，纵起来看是历史；按平面的，横起来看是社会。纵着考察社会是历史学，横着考察社会是经济学、社会学。如果掌握好纵看的历史角度，我们就可以避免过分沉湎于其他学科的“疆域”之中。同时还要注意把握好历史形式。历史学是对社会存在的历史现象的科学反映，是用历史形式反映历史现象。我认为历史形式就是科学地反映存在于社会现象中的按时间顺序依次发生的事实。在当代史研究中把握历史角度和历史形式是至关重要的。第二，研究当代史要有整体观念和发展观念。历史是人类社会连绵不断的发展过程，是一条无穷尽的长河，这个全过程是历史学所要研究的完整的客体，树立历史的整体观念有利于理解当代史的地位和特性。当代史是进行中的历史，它还没有形成时代的段落，因此加强整体性研究有利于克服观察的局限性。从历史的整体来看，当代史还有一个特点，就是当代史比任何时代的历史都更接近未来。当代史处于承前启后的历史链条中，因此当代史研究特别需要加强历史发展的总体研究发挥历史学家的历史洞察力，更直接地运用历史智慧服务现实、指导现实。在当代史发展的过程中，会出现一些历史的自然段落，如“文革”等。但对当代历史的自然段落的研究不同于古代史中已经结束，其中的断代部分也是已经结束了的朝代的历史，而当代的历史段落只是历史进行中的一个环节。它本身的内涵也还没有被人完全认识，因此研究当代历史的段落要着眼于发展，历史段落是可以多种概括的。还应看到两个历史段落之间的发展是以一个否定另一个方式彼此联系着的，但是只强调否定，不看联系是不全面、不科学的。否定就包含着继承。因此要研究一个段落向另一个段落前进的历史事件，不管历史是怎样前进，一个历史段落总是从前一段落接受历史条件，又为自己的下行阶段创造条件。历史就是这样连接着的。历史前进有曲折，但没有中断，没有空白。第三，研究当代史要坚持客观性和科学性。在历史研究中坚持客观性是马克思主义史学的固有要求。这对当代史的研究尤为重要。因为前人的历史毕竟是在研究者的实践之外，而当代史研究者本人就在历史实践之中。研究、撰写历史著作是人的主观活动，不可避免地带各种主观成分。在当代史研究中坚持客观性最困难的是感情因素的把握。在社会历史研究中，不能像自然历史研究那样完全排除人的感情和意志的因素。在这里对历史与感情作进一步的分析。历史是人创造的，人是有感情的，在叙述历史时包含着人的感情共鸣和感情倾向是很自然的，但从另一方面看，历史是客观进程,不是由感情驱动的。历史本身是无情的,撰史人有情，因此撰史人陈述历史时的情感实际上是客观历史的附加物，是撰史者陈述中的主观部分。把情感从历史的陈述中区别出来，有利于人们正确认识历史。历史研究不排除感情色彩，但应排除感情输入。当代史的科学性也很重要，当代人研究当代史不能停留在感性认识上，必须实现向理性的飞跃，才能达到科学认识的水平。当代史研究中还要注意不要把个人实践和社会实践混同起来，要把历史研究的视野扩大到整个社会实践上来，才能够科学地把握历史，只有立足社会实践的历史陈述才能达到严格意义上的历史的科学形象。我的这篇《把握当代史研究的特性》论文是一篇当代史研究方法的专著，是 20 世纪 80 年代我的历史哲学力作。我认为至今仍是有价值的。

第二十一章　首次出国办展
南斯拉夫观感

十一届三中全会后，中国共产党首先与南斯拉夫党恢复了党际关系，开展了活动，互换展览就是其中的一项。由中国革命博物馆筹办的“中国共产党 60 周年”展览定于 1981 年 10 月在南斯拉夫展出；南斯拉夫共产党中央档案局筹办的“铁托——思想、言论和事业”展览定于 1982 年 10 月在中国展出。董谦副馆长通知我，赴南展览由我筹办并负责在南展出。我接到这个任务很高兴，因为在社会主义国家中我最想去看的就是南斯拉夫。我知道铁托是反法西斯战争中的英雄，战后他又与斯大林对着干，抛弃了斯大林专制统治那一套，走出了南斯拉夫民主自治的新道路。听说南斯拉夫的经济情况是社会主义国家中比较好的。一位诗人从西德走到东欧几个社会主义国家，有一番比较。他说西德是个大城市，经济繁荣；从西德到南斯拉夫，如同从大城市走进省城；从南斯拉夫走进罗马尼亚，如同走进县城；至于阿尔巴尼亚，那就是农村了。南斯拉夫干得怎么样我很想去看看。筹办这个出国展览倒好办，但随展翻译难找。塞尔维亚语是小语种，好不容易在中国国际广播电台塞尔维亚组调来一位塞语翻译，她姓张，名字忘记了，就称她张小姐吧。她对南斯拉夫情况很熟悉，对我和周士琦同志的工作和生活帮助很大。她告诉我们外交部出国人员服务部可以不用票买到日用品。我在那里买了一套不要布票的睡衣。其实服务部里也是空落落的，没什么可买的，物资贫乏到极点。她还告诉我们南斯拉夫的服务是收小费的，可以多买点小盒万金油，代替小费很受欢迎。我们住的宾馆打扫房间的清洁工也要小费。我们每天走后都在床上或桌上放一盒万金油当小费。展览的安装布置很顺利。南斯拉夫的美工在老周指挥下认真细致，只是下班铃一响，撂下活掉头就走，一分钟也不多干，至于加班加点更谈不到。好在如期完工。开幕那天，南共中央分管意识形态的常委在大使陪同下参观展览。由我讲解，常委看得很仔细，不时和我聊几句。他的出席表明了南方很重视这次展览，很强调中南两党关系的恢复。不料这时出了一个情况，南斯拉夫出版了一本西藏画册，其中有达赖的一些镜头。中国外交部提出了抗议，南方道歉了。为了表示友好，把我们这个随展组升格为随展团，由南外交部中国科科长出面宴请了我们，我捞了个团长当当，这也是我的一件逸事。新华社驻南首席记者拿我开玩笑，不断地喊我团长，我们两人成了朋友。他如饥似渴地听我说国内那些小道消息；我如饥似渴地听他讲南斯拉夫的情况。他说南斯拉夫的言论比较自由，随意批评政府,甚至领导人,负面消息很多。当时同行间流行的俏皮话，说“南斯拉夫如果像说的那么糟，那就糟了；中国如果像说得那么好，那就好了”。他认为南斯拉夫的民主自治，地方权力太大，经济富了地方，穷了中央。我说毛主席《论十大关系》提出了中央和地方两个积极性的问题，实际上中国也没解决好。交谈中我们对南斯拉夫的经济改革并不看好。但那时我们还没有认识到经济失控导致联邦的解体。不过贝尔格莱德的市场比北京繁荣多了。我自己去了几次最大的百货商店，商品很丰富。我买了好几个大小不等的磅秤带回国,有的一直用到现在。首席记者还带我去看自由市场,农产品、手工产品、工艺品，很有逛头。我们曾几次路过东正教大教堂，在市中心，没来得及看，但可以想知宗教的地位。我们是在宾馆吃包饭。南斯拉夫人胃口真大，每顿饭我都剩下很多。陪同的人以为不合我口味，把厨师叫来，说“外宾不爱吃，你问问想吃什么”。说实话我就想吃点热汤面，我说我想吃面条。厨师说好办。一会儿端上来一盆煮熟了的通心粉，上面浇满了奶油。厨师说这是意大利面条很好吃的。我硬着头皮吃了,连说好吃,又从口袋里掏出万金油给他。档案局安排我们参观萨瓦河口的卡列梅格丹古城堡。参观后就在城堡内的法国大餐厅宴请我们。这是我第一次吃法国大餐。先喝了开胃酒，之后每上一道菜换一种葡萄酒。酒配菜，不知不觉酒也喝了，菜也吃了，吃了两个钟头，真是一种饮食文化。接着去南斯拉夫革命博物馆考察、座谈。我们约的上午9点到达，提前4分钟到了。我们硬是站在门口等了4分钟，9点正才按门铃。我感觉时间观念也是一种文明。这个馆和我们革博差不多，都是照搬苏联革命博物馆的体系。不同的是体制上不分收藏、科研，而是一条龙下来，一人担当。这样的好处是人与物密切接触。但大馆藏品多了就不行了。这是体制上的矛盾，至今仍是我思考的问题。南斯拉夫人民博物馆，我感到这是一座典型的传统博物馆，显示出了它的藏品和展示的高水平。展品的说明牌上有馆章，我印象很深。星期日陪同我们的莫尔卡带我们去参观南斯拉夫现代艺术博物馆。这个博物馆位于新贝尔格莱德，行走间路遇一位老人背着小女孩。走近认出老人就是给我们展览剪彩的南共中央常委，星期天他带小孙女来看现代艺术展。小孙女走不动了，他就背着她走。他也认出了我们，寒暄了几句，他背着小孙女继续向现代艺术馆走去。望着这一老一小的背影，我心潮澎湃，感慨不已。我们坐在多瑙河与萨瓦河汇流处的岸边休息。多瑙河和萨瓦河，她们的名字早已如雷贯耳，现在我们真的坐在她们身边了。看着从脚下流过去的河水，我真切地感受到她们的存在，我记住了这条河流。莫尔卡的住处离这里不远，她邀请我们去坐坐。她住在地下室，但很宽敞，布置得也很宜人。她是波黑人。她拿出一罐家乡的蜜制红果招待我们。听说南斯拉夫的生活待遇是按年限的，10年以上工龄可以分到一套居室，15年以上的可以买到小汽车，20年工龄的可以在郊区建别墅。所谓别墅就是几块木板搭建的小木房。莫尔卡工作不到10年，所以住在地下室。负责我们这次展出的档案局宣传处长，热情地准备家宴招待我们。他住二室一厅，和女友同居。晚宴就是他女友做的，吃得很饱。当我们告辞时，他打电话叫出租车，我们一出门车已经等在门口了，真方便。两个礼拜很快过去了，我们告别了好客的南斯拉夫朋友，登上了回国的飞机。不料人不留人天留人，飞机起飞不久遇上大风雪，迫降在瑞士机场。航空公司为乘客租了豪华宾馆的房间过夜，还准备了晚饭。我们坐在大餐厅一边吃饭一边听歌女唱歌。一曲结束后，我正要鼓掌，翻译张小姐赶忙制止了我。她说你一鼓掌歌女就会过来对着你唱，这要收费的。我抬头看大家都在埋头吃饭，歌女也就迅速下去了。真是旅游在外处处是学问。第二天上午我们继续登上飞机，平安地回到祖国北京。南斯拉夫之行我最大的收获是身临其境地看到了南斯拉夫的改革，人民获得了实惠，但经济已呈尾大不掉之势。我们的改革还要探索自己的路。

1982年9月，南斯拉夫回访的“铁托——思想、言论和事业”展览在革博展出，胡乔木出席开幕式。南斯拉夫档案局派出一位副局长和一位研究员随展，我全程陪同，带他们去上海、杭州游览。在上海逛城隍庙时，他们买了许多绸缎，有给妻子的，有给亲朋好友的，浸沉在亲情中，勾起了他们对亲人的思念。在杭州游了西湖，在玉泉观鱼，在虎跑里饮龙井茶。他们归心似箭了。我给馆里打电话未找到人，就给报社打电话找到妻子，让她第二天早晨给外宾买两张返程机票。不想第二天早上妻子突然胃出血，需马上去医院急诊。她怕耽误外宾活动，毅然决定先去买机票。那时打不着出租车，她从家走到东四民航大楼，因失血很多心慌腿软，随时有虚脱的危险。她咬牙坚持着，总算买到了票，打电话给馆里来取票，就走动不了了，坐在了民航大楼门前地上。馆里来人接过机票把她送到北京医院。医院马上收留她住院抢救。白天病还算稳定,到晚上严重了，又吐血又拉血。医院报病危。家中无人，报社总编辑王立行、秘书长王相赶到医院代替家属签字。当晚我陪外宾回到北京，荣光接站安排我们住进机场附近的宾馆。外宾休息去了，准备明天不进城直接从机场飞回国。这时宾馆通知我，门外有《北京日报》的汽车司机找我。我见到司机才知道我妻子病危了，报社派车来接我立即赶往医院。我忙把给外宾送行的事宜交给荣光，坐上车往医院赶。在车上我非常焦急，催司机快开，实际上车子已经是飞速疾驰了。人在无助时，往往迷信会抬头。我测了个字“王”，一拆，土上面有一道杠，已经入土了。我更害怕了。车进了医院我飞奔去病房，见到床上的妻子,她冲我一笑。天呀,她还活着！我心里一块石头落了地。危险还没过去，报社又给在华北油田研究院的儿子拍了电报，第二天儿子立中也赶来了。报社不少同志来医院看她，有人以为这可能是对她最后的告别了。半个月后，她出院了，马上就去上班，先去见总编辑王立行和秘书长王相。这两人一见她没事似的不禁惊讶得很。王立行说“人很脆弱，人又很坚强”。

一年过去了，一天，我收到南斯拉夫档案局副局长给我的信，他告诉我和他一起来华的那位研究员患了癌症，已经晚期。为了说一些高兴的事，以减轻他的病痛，希望我这位异国朋友写一封充满快乐回忆的使他快乐的信。不久他逝世了，但他读到了我写给他的使他快乐的远方来信。

第二十二章　周恩来研究

从悲情到理性／筹办纪念周恩来展览／我对周恩来的家庭教育和学校教育的认识

1976年1月8日周总理逝世，举国哀悼。我馆同志聚集在序幕厅悼念周总理，大家哭成一团，说不出话来。回到办公室，我还在哭，我不仅哭忠良之死，也在哭国家前途茫茫，我们向何处去啊？杨馆长让通史陈列部布置一个悼念周总理的展览。天安门广场悼念活动一浪高过一浪，馆里决定正式筹办纪念周恩来展览，仍由通史部负责，通史陈列部主任林宗华借调我来主持筹办。筹办周展使我有机会结识各方面人士，特别是结识邓大姐秘书赵炜。通过她得到邓大姐对周展的指导，甚至我们配合展览出的《纪念周恩来总理文物选刊》，每期都送邓大姐审阅。从 1977 年 1 月 8 日总理逝世周年开始，共出了 33 期，文物出版社还出了合订本。但是中央未批准周展正式开放，只让内部参观。不过 1997 年的周恩来展，仍是以歌颂、怀念为基调。那时各行各业都在出版怀念总理对本行业的领导，出版物堆满了我的书架。据我粗略的统计已经超过了一千万字。世界上有哪位伟人像他这样留下了这么多的口碑史料和纪念文字？像这样一位伟大人物，我们光是纪念是不够的，应该加强对他的研究，从感性到理性更深入一步去认识他。我开始走出悲情，向理性认识周恩来前进。我陆续在《光明日报》、《人民日报》、《解放军报》发表一些史实研究和事件研究的文章。1981 年《周恩来选集》出版前夕，我撰写了《周恩来挽救大革命失败的战略构思——读周恩来选集、迅速出师讨伐蒋介石》这篇论文。我认为周恩来在这封函电中提出的“东下讨蒋”的重大战略思想是非常英明的并有充分的战略根据，是具有扭转大局的巨大可能性。周恩来的《迅速出师讨伐蒋介石》的电文，分析了当时的政治、军事形势，认为是对蒋进行军事讨伐最有利的战机，抓住这一战机，迅速果断地对蒋采取军事行动，底定东南是不成问题的。后来的历史证明了周恩来的战略分析是符合实际的，是挽救大革命失败的唯一方案，但是被党中央否定了。此后，周恩来在谈到这段历史时还极为他的这一战略构思未能实现而惋惜。我在我的论文中叙述并评价了他的战略构思，叙述并评价了他的战略分析和政治、军事形势分析，高度评价了在大革命失败的紧急关头，迅速抛弃了对蒋介石的幻想、犹豫和妥协，提出了武装反对蒋介石的思想，体现了年轻的无产阶级革命家的政治魄力和军事才能。《光明日报》在 1981 年 1 月 6 日发布《周恩来选集》出版消息时，在理论版头条发表了我这篇论文，产生了重要影响。此前，我曾把这篇论文送请党史老专家叶蠖生先生请教。叶老完全同意我的观点，并建议我们两人联名就东下与北上之争再写一篇文章进一步加以阐述。我们讨论了几个下午，由我执笔写了《读周恩来“迅速出师讨伐蒋介石”建议书——兼论东下与北上之争》。这篇合作论文比我在《光明日报》的论文晚两天，于 1 月 8 日在《人民日报》理论版发表。由此引发了党史界对 1927 年东下与北上之争的讨论。我在这两篇论文中解释出了周恩来东下反帝、武装反蒋的两大思想，前此并没有人作如是评价，我的评价可以说是一种创见，也可以说是我对周恩来 研究从悲情到理性的发轫。

在拨乱反正中，革命博物馆决定筹办周恩来纪念展览、刘少奇纪念展览和朱德纪念展览。那时军博正在筹办毛泽东纪念展览。毛刘周朱四位伟人的纪念展览同时展开。我馆的周恩来纪念展览由马俊海、李慧庄和我主持。刘少奇展览由我主持。朱德展览由罗歌主持。刘少奇展览配合 1980 年 5 月刘少奇平反大会同时展出。我付出了很大精力研究刘少奇，我在后面将另辟一章专记此事。周恩来纪念展览是在 1977 年悼念周恩来的展览的基础上，由展示周恩来生平的大型陈列发展起来的，是在我们研究的基础上，大量征集文物的基础上发展起来的。我自己对周恩来的研究也是和陈列研究和新材料的研究结合起来的，我的研究不是书斋中的研究，是有的放矢的研究，是从怀念、歌颂中走向理性的研究。在研究中突破了我自己的认识，从而深化了我的研究。我对他的童年有新的看法。周恩来一直在说，活到老、学到老、改造到老，一直在批判他的家庭出身。其实这是违心的，或者说是为了迎合某种政治需要。其实周恩来童年受到了良好的家庭教育。能受到良好的家庭教育是人一生中最幸福的开端，世界上很多伟人都受到良好的家庭教育，周恩来就是其中的幸运者。他的继母是一位知识女性，才学出众。她有文学、戏曲、绘画的知识和修养。她 15 岁就能赋诗填词了。周恩来赴日求学时还带着她母亲的亲笔诗本。她对周恩来的家教是很专注的。周恩来的外祖父当过县长，家中藏书很多，为周恩来提供了大量阅读的环境和条件。他的表舅是革新派人物，带头剪掉辫子，他的新思想影响着周恩来。这些令人羡慕的特殊条件，使他的一生有了一个良好的开端。他的小学时期，12 岁到 14 岁是在东北度过的。辛亥革命时，他是全小学第一个剪辫子的小学生。他与一般儿童相比，过早地接触了社会、接触了时政，出现了政治思想上的一种早熟的现象。这是他处在特殊环境中形成的。首先他读书的小学是废科举后开辟的新式学堂，既读经书也有“新学”，课程包括修身、国文、算术、历史、地理、格致、英文、图画、唱歌、体操，这么多的课程在全国恐怕是少有的。教师也有维新派的，史地老师高戈武是反满的维新派，是周恩来的政治启蒙者。第二，他亲临了日俄战争在沈阳的旧战场。两个侵略者在中国土地上打起来，还立了纪念碑。周恩来目睹山河破碎，悲愤地唱起了《何日醒》，立志为“中华之崛起而读书”。第三，他目睹民族危亡、山河破碎，官方的《盛京日报》他看得很仔细，在报上做批注。他对新兴起的议会批评激烈，他在作文中告诫老师、校长“勿投身政界党会，谋利营私”。他的革新救国提出道德救国和效法日本实行军国民教育两大主张。凡此种种形成了周恩来小学时期政治上的早熟。但如果说他已经达到了民主主义和爱国主义的高度那就过了，实际上他具有的是民族情结、民族主义思想，这对一个仅 14 岁的孩子来讲已经很了不起了。

我认为周恩来早年有三大幸运。第一幸运就是他能受到异常优良的家庭教育，童年就得到多方面的文化熏陶；第二幸运就是北上沈阳，能亲眼目睹破碎的山河，幼小的心灵受到强烈的政治震撼，开始了政治启蒙；第三幸运是受到最好的学校教育，新建的沈阳东关模范小学是当时难得的一座新式学堂，而天津南开学校则是完全仿照美国教育思想和教育制度创办的最先进的一座中学。周恩来在南开中学这个学术自由、思想自由的环境中大量吸纳着各种知识，迅速提高了他的知与行的水平。这三大幸运集于他一身，使得他在人生的起步时奠定了一般人难以具有的优势，一生中享用不尽。细致地研究一位伟人的童年、少年时代的文化背景，是深入研究这位伟人早期思想形成不可或缺的课题。南开中学时期是周恩来长知识、长思想基础的时期。南开中学学制四年，近代科学知识的课程很完备。主课有国文、英文、数学（包括代数、几何、三角），次课有物理、化学、中国史地、西洋史地、博物、法制、簿记、体操等。学校还有大批实验室，学生要动手去做。这样的知识结构当时在国内恐怕是凤毛麟角了。学校考试很严格，因此学业基础是扎实的。中国共产党的早期领导人中，周恩来的近代科学知识比较扎实，这要归功于南开中学严格的基础教育。当时他的数学成绩突出，他的笔算速度全校优秀，他的心算比同学的笔算还快。南开同学录中说他“长于数学，往往于教授外自出新法，捷算赛速两列前茅”。这种数学素养他一生享用不尽。南开学校很重视英语课，除国文、中国史地课外，都用英文课本。他的中外史地课学得很扎实，在作文中纵论古今中外，十分得心应手。他对外国历史大略、地理环境知之颇详，从他的作文看，一个中学生胸襟之广阔，令人吃惊。南开的第一大优势就是多方培养学生的实践能力，这是贯彻美国流行的实验主义教育思想，重视学生的知行统一。学生自由、自发地开展各种活动，增长才干，联络感情。周恩来身兼数职，除主持敬业乐群会会务外，还担任校风报总经理、演说会副会长、国文学会干事、江浙同乡会会长、新剧团布景部长等，很活跃，工作做得有声有色，在全校崭露头角。他的人品与才学全校闻名，以至校董严修想把女儿配给他，但为他所婉拒。他的文艺天赋得到发挥，他饰演的角色倾倒全座。新剧是当时社会改革的先锋。周恩来热衷于新剧是他进步的社会实践的一部分。他写的《吾校新剧观》系统阐述了新剧在欧洲的起源、发展及派别，并对国内新剧的各流派作了评述。周恩来有艺术天赋，一生与艺术结缘。我曾想写一篇《艺术周恩来》，可惜我缺乏艺术细胞，这个题目，我可望不可及。周恩来在南开读书时期是他对古今中外各种知识、各种学说大吸收时期。他对《史记》攻读得比较认真，节衣缩食买了一套粉连纸精印本，随时翻阅。他对梁启超的《饮冰室全集》读得很细，他的许多世界知识来源于此。总之，南开中学时期，他的德智体群全面发展，知识结构先进，思想兼容并蓄，在中学打下了一个难能可贵的基础。这时他已从民族主义发展到了民主主义，但还没有超越民主主义，他的道德救国思想更加成熟，而且言行一致，洁身自好。他一生中始终保持着很高的道德水准，这是十分可贵的。

第二十三章　周恩来研究

我对周恩来东渡求学的研究

我在深化周恩来研究中，始终贯彻两个坚持。其一，坚持从事实出发。恩格斯在《反杜林论》中指出："原则不是研究的出发点而是它的最终结果。这是对事物的唯一唯物主义观点。"恩格斯的不从原则出发而是从事实出发的认识论原理，这些年一直指导着我的研究，因此对周恩来的深入研究也要从事实中得出结论。事情是怎样就从怎样研究起，离开了事实去塑造一个领袖，是没有价值的。离开了事实用原则去套，去评论人和事是不会得出有意义的结论的。其二，坚持历史唯物主义的方法。历史主义的研究就是把事物放在历史发展中去研究它，唯物主义的研究就是把事物放在社会历史中去研究它。周恩来的成长、他的思想演变是个过程，而且是反复的过程，曲折的过程，因此要用发展的观点去认识它、研究它。对人物的研究要放在他所在的社会历史环境中去认识他。即使出类拔萃的人物也不能摆脱环境，超越历史，或走得太远。比如整个社会刚刚接触到各种社会主义思潮，说某人已经划清了马克思主义与无政府主义的界限，那是不可能的。总之在研究中不要拔高他，这不是历史唯物主义。历史唯物主义是我比较早就接受的马克思主义的方法论，我一直自觉地坚持它，是我做研究工作的根本方法。对周恩来的研究也是如此。

周恩来东渡日本求学失败是他的一段痛史，他一生避谈此事。他逝世后，有些文章把周恩来赴日求学说成是寻求真理、开始接触马克思主义等等，与事实相距甚远。我对这段史实下了点功夫，从事实出发，对他这段历史以 16 字概括："盲目东渡，求学失败，惆怅返国，另谋他图。"为什么说是盲目东渡？当时的南开中学毕业生都是要升大学继续学业的，赴美留学是他们的目标。按赴美留学的程序是先考入清华大学，清华大学是赴美留学的预备学校。周恩来当时曾与李福井同学来北京，不知为什么周没有进入清华大学。他给赴美留学的冯文潜的信中就有"怅登津门,万里征帆翘羡子"之句，但他赴美留学的心思并没有终止。一直到 1921 年 7 月 30 日他自英国伦敦寄给他表兄陈式周的信中还说："弟在此计划拟入大学读三四年，然后再赴美国读书一年。"此前 1 月 25 日写给资助他求学的校董严修的信中还认为留法不如留美，可见他一直想赴美留学。在不得已的情况下他只好考虑赴日留学了。在日本有官费生可考，赴日路费又少，他的同学已有 12 人到日本留学，因此他借了点路费直奔日本。他的赴日求学并非升大学的既定目标，而是迫于经济，权且赴日。实际上他是在语言准备、经济准备都缺如的情况下奔赴日本，所以我说他是盲目东渡。当然他决定赴日也充满了救国济世的激情，写下“大江歌罢掉头东，邃密群科济世穷”的诗句，怎奈语言、经济准备不足，他的雄心壮志难以实现。为什么说他求学失败，他首先要补习日文、日语，次年春天报考东京高等师范，3 月发榜未考取。夏季考试，他把目标定高了，报考第一高等学校，因日语考糟了又未考上。第二年 1919 年是否第三次参加考试，还是未参加考试，现在还弄不清楚。但可以肯定的是，1919 年 4 月他从神户搭船回国了，结束了东渡求学的生活。

为什么说他惆怅返国呢？他在日本虽然阅读了不少杂志、书刊，他概括为“对新思潮尤所切望”。他在日记中给自己立了三条追求新的目标：“第一想要想比现在还新的思想，第二做要做现在最新的事情，第三学要学离现在最近的学问。”他当时读了《新青年》第三卷，遂立志追求新学问。他的新学问就是他日记里写着的“排孔、独身、文学革命诸主义”。当时的青年追求“新”字是普遍的心理，并不是特指某种学说。周恩来从日本杂志中读到过无政府主义的、基尔特社会主义的、新村主义等文章，这些对他来说都是新思想。在政治上，他这时才开始放弃道德救国、军国民主义两大主张。而十月革命的信息已经传入日本，日本的“米骚动”已经席卷全国，也未引起他的共鸣。我认为，他在日期间，虽然开阔了他的眼界，获得了一些新的信息，但在他的思想上并没有产生很大的影响，从整体上看还谈不到把马克思主义当作希望。把他在《雨中岚山》诗中的“模糊中偶然见着一点光明”的“光明”解读为马克思主义更是牵强附会了，从以后他的思想演变中就可以明白这一点了。在日本这两年他是处于贫困和不断的挫折之中，他的心情十分苦闷，思想零乱，与南开时的意气风发、才华横溢判若两人。当他求学失败返回中国时，友人给他送行，他重录东渡前夕所作的《大江歌罢掉头东》诗并作附记：“右诗乃吾十九岁东渡时所作，浪荡年余，忽又以落第返国图他兴……醉罢书此，留为再别纪念，兼志吾意志不坚之过，以自督耳。”周恩来惆怅返国的心情跃然纸上，不必我多说了。“另谋他图”是什么意思？有人说他为了回国参加五四运动，这当然不符合实际，他回国是在五四运动爆发之前。又有人说南开学校开办大学部，他回国就读。这种动机也有可能，在日本求学失败，回国读大学也顺理成章。我认为还有一个动机是可能的，那就是回国谋职以解家庭燃眉之急。在日本时叔父去世，家中典卖一空，求贷无门。生父在北京谋生，冬无御寒之衣。伯父一家分居两地生活困难。他在日记中写道:“越想越难受，恨不能即时回国，为家里处置这些事情。”他曾想暑假回国谋事挣钱以解家困。所以我认为他确有回国谋职以解家困的考虑。他回国后曾去哈尔滨东华学校。不知又基于什么考虑，最终谢绝了邓洁民校长的邀请而返回天津了。

我用“盲目东渡、求学失败、惆怅返国、另谋他图”十六字概括他的日本之行，并不是说他在日本一无所获，但总的说来，他的日本之行是一个很大的挫折，是以求学失败在日本不能立足而告终的。他自己用“浪荡年余”自况，这虽然是一种自我批评，但事实就是事实,说出事实并无损于周恩来。歌颂不是研究,鞭笞不是研究，研究是科学活动不是文学活动。我对周恩来的研究，是把周恩来作为一个客体，理性地去研究他，从而更接近真实的他。

第二十四章　周恩来研究
试析周恩来在五四运动中的思想

1919 年 4 月周恩来由日本回国，投入了火热的政治斗争之中，成为天津学生运动中的重要领袖，接受了他一生中最初的政治洗礼。从

1919年4月回国至1920年11月赴欧，这一年多的时间里，他经历了哪些事情，我先概述一下，然后就几个关键问题进行一点分析研究。

天津早期五四运动他未参加，到东北去了。6月天津五四运动深入开展，他接到学生联合会会长马骏的来信，于6月回到天津，筹办《天津学生联合会会报》。7月12日在《南开日刊》上发表了周恩来写的《天津学生联合会会报》办报宗旨。7月21日《会报》正式创刊发行。8月该报为山东惨案发表一系列时评，痛斥军阀政府。8月下旬京津两地代表赴京请愿抗议，周恩来参加了，受到很大震动。

9月成立觉悟社。那时男女学生会联合办公已是创举，现在又联合组社，这是反封建的大胆举动，以致有些教授特从北京来津看看。

10月参与组织双十节市民大会和罢课斗争。

11月福州学生抵制日货，日本暴徒打伤学生，造成福州惨案。天津召开十万人国民大会，当场焚烧日货。周恩来参加。

1920年1月《觉悟》第1期出版。

1月29日学生赴直隶公署请愿，被武装镇压。周恩来等人被警察厅逮捕。4月2日至3日马骏、周恩来等被捕学生绝食，要求开庭公审。

4月7日警察厅把周恩来等21名学生代表移送天津地方检察厅看守所。

5月10日狱中全体代表决议每周一、三、五开演讲会，由难友分别介绍世界新思潮。

7月6日至8日天津地方审判庭公开审理周恩来等“妨害安全及骚扰罪”，7月17日释放被拘代表。周恩来被南开大学开除。

10月8日经南开学校创办人严修推荐和资助，周恩来赴英留学考察。11月7日由津启程赴英。

现就几个关键问题，进行一点分析研究。

（一）《天津学生联合会会报》

有些文章说这个会报是五四运动的一面红旗，是运动中的一面鲜艳旗帜。邓大姐在审查“纪念周恩来”展览时说，《会报》比《觉悟》要好，可以多宣传一点《会报》。从思想上，运动导向上看《会报》确实比《觉悟》要好得多，应该宣传其在当时的战斗作用。不过研究周恩来的思想状况时还是要看当时他的思想定位。他是《会报》的主编，报纸的言论基本上都是他写的。我们可以据此研究周恩来当时的思想实况。这里就几个问题作点分析。

1. 会报的刊头

会报的刊头用了一段英文揭示刊物的宗旨：

DEMOCRACY：A GOVERNMENT FOR THE PEOPLE BY THE PEOPLE AND OF THE PEOPLE

OUR MOTTO

民主：一个民有民治民享的政府

——我们的箴言

在这段英文的两旁配有两句加框的中文:“本‘革新’同‘革心’的精神为主旨”、“本民主主义发表一切主张”。

在当时在刊头上标明宗旨或配英文的做法很流行。如著名的《新潮》杂志就用了RENAISSANCE(文艺复兴)作为副题。周恩来在《会报》刊头上的中英文字，正反映了他的思想状况。有人写文章说这段话如何好，把英文译成“建立一个为人民、依靠人民和属于人民的政府”，这样一译成了无产阶级口号了。其实这是一个资产阶级民主的口号，是美国独立宣言的灵魂，传统译为“民有、民治、民享”，周恩来把它作为《会报》的宗旨，反映了美国民主在他心中的地位。他在南开长期受美国式教育，崇拜美国民主比较深，这也是他思想转变慢的一个原因。这个刊头值得我们注意的另一点是它标出的“革新”和“革心”两大主旨，即改革社会和改革自己，这份报纸不但指导当前斗争，而且指导社会的改造。这比一般学生会报更深地指导社会舆论。

2. 周恩来的言论

《天津学生联合会会报》及时地报道了各地反日斗争的动向和消息，言论多是周恩来执笔，他写的时论、时评矛头始终指向日本和反动政府，具有非常犀利的笔锋和战斗风格。他揭露天津警察厅长杨以德谄媚日本、谄媚安福系头子的丑行的时评，遭到制止印刷的迫害。他的战斗性时评一时成为各地战斗的旗帜。但是我要指出，他的这些时评中，也表现出了他政治上的某些不成熟。他一再集中火力猛攻安福系，甚至发表《讨安福系的办法》这样部署性的内容，都是不策略的。因为这样就为研究系帮了大忙，特别是质问《益世报》那几篇文章，更是直接介入了军阀之间的是非，更是不智的。学生是纯洁的，谁亲日就反谁。但政客是玩弄阴谋利用学运的。周恩来虽然政治上早熟，但毕竟是不成熟的。

《会报》除消息和时评，还刊登了不少抨击封建腐朽、宗派家庭罪恶和其他丑恶社会现象的文章，反映出了报纸揭示的“革新”和“革心”的宗旨。从这份报纸上看，我们可以比较有把握地说，周恩来这时的思想是资产阶级民主主义的，是具有强烈的爱国主义战斗激情的，是抨击黑暗改造社会的急先锋。

（二）北京八月请愿斗争

1919年8月发生济南惨案，天津学生代表由马骏率领赴京请愿，随后周恩来又率人赴京支援斗争。反动政府出动大批军警把学生从中华门驱赶到天安门，当晚要抓学生领袖马骏。学生保卫马骏，展开了争夺战。女学生尤其英勇，挡在前面与军警搏斗。最后马骏自己走出来，被捕。在这气势汹汹的群众斗争中最能激发革命激情。五四运动在爱国主义旗帜下，在群众斗争中迅速转向社会主义，这是五四运动和一般爱国主义运动不同的地方，它导致了一个新时期的到来。八月请愿斗争对周恩来的思想转变，如他自己回忆所说“于我也非常有帮助”，但距离他从民主主义转到社会主义，还有很长一段思想历程。

（三）觉悟社

八月斗争胜利归来途中，在男女学生代表中酝酿成立了觉悟社。对觉悟社的评价有些是不恰当的，如说它是当前最早的一批革命团体之一，有的甚至与马克思主义研究会并列。邓大姐则不是这样评价的。她在审查“纪念周恩来”展览时对我们说:“那时是百家争鸣，各种思潮都有，我们也是受无政府主义思想影响的。”觉悟社这个团体确实不能评价太高。首先“觉悟”这个词就是一个很空洞、很杂乱的概念。什么是“觉悟”？周恩来在《觉悟》的宣言中写道:“‘觉悟’的声音，在二十世纪新思潮中蓬勃得很厉害，凡是不合于现代进化的军国主义、资产阶级、党阀、官僚、男女不平等界限、顽固思想、旧道德、旧伦常全认为应该铲除应该改革的。有了这种觉悟，人人会想向‘觉悟’方面走。”看来“觉悟”打倒的不仅有封建的，也有资产阶级的。那么,到底“觉悟”这个词在五四运动时是什么意思呢?后来我读了茅盾的回忆文章才比较清楚了。1945 年 5 月 4 日茅盾在重庆《大公报》上发表文章谈五四，其中谈到“觉悟”的涵义。他写道:“二十多年前有一个青年人因人家说他‘不觉悟’气得三天没有吃饭。‘不觉悟’算是最不名誉的一件事。谈恋爱都是要看对方是不是觉悟了的。年轻人见面就要考问彼此的人生观，这在当时是一种风气，在那时觉悟不觉悟如同黑白一样分明。”我想当年的觉悟就如同今天的改革开放，说谁思想僵化谁也会不高兴的。“觉悟”概念很杂乱，怎样做才算有觉悟，大家集体讨论，理出 15 种不觉悟的表现，如惰性太深、眼光太浅等等；另有 15 种觉悟，如革新精神、奋斗精神等等。觉悟社不要领袖，不要姓名，以数字代名，抓阄定号。邓颖超抓到 1 号，定名逸豪，周恩来是 5 号，定名伍豪。《觉悟》杂志作者署名都是代号，刊物用大量篇幅介绍了工读主义。觉悟社重视自己“革心”，经常开检讨会。总体来说，觉悟社就是一个进步的团体，是一群青年怀着改造社会、改造自己的良好愿望结合在一起的有志青年群体。随着时代的进步，其中有一半社员加入了共产党。由于这个团体浓厚的无政府主义色彩，在周恩来思想中渗入了更多的复杂因素。这时周恩来的头脑里掺杂着民主主义、无政府主义、社会主义等等所谓新思潮，还处在大吸收状态之中。

（四）狱中斗争

1920 年 1 月，日帝与反动军阀勾结，直接交涉山东问题。爱国学生又奋起反对直接交涉，在天津学生的请愿中，周恩来等各界代表 21 人被捕。周恩来等在天津警察厅拘留两个半月，又转至检察厅拘押了三个半月，于 7 月 17 日释放。在半年的狱中斗争中周恩来的思想又向马克思主义靠近了一步。他们不是刑事犯，又经过绝食斗争，在狱中开展了各种活动，可以读书、演讲，甚至学外语（周恩来教日语）。在演讲会上介绍各种学说。时子周讲世界工业革命史、世界政治革命史，马骏讲安那其主义，周恩来讲马克思主义。据周恩来的《检厅日录》所记他的演讲内容，5 月 28 日讲马克思学说、历史上经济的变迁、马克思传记；5 月 31 日讲马克思学说、唯物主义；6 月 2 日讲马克思学说、唯物史观的总论、阶级竞争史；6 月 4 日讲马克思学说、经济论中余工余值说；6 月 7 日讲马克思学说、经济论中的《资本论》、《资本集中说》。据我研究，周恩来狱中讲马克思主义是来自李大钊的介绍文章。李大钊在 1919 年《新青年》第 6 卷第 5~6 号上系统介绍了马克思主义，周恩来在狱中讲的内容和顺序与之是完全一样的。实事求是地说，周恩来是学了李大钊的文章并转述给狱中的朋友。这对周恩来来说是对马克思主义的系统学习而不是零碎地了解马克思主义。虽然不应说他在宣传马克思主义，但也可以说他比较认真地学习了马克思主义，从而向马克思主义接近了一步。他后来谈自己思想转变时说“我的思想是颤动于狱中”。他以后的行动说明了他这时还是在选择的道路上。周恩来早期思想研究暂时说到这里，先叙述几件我的有关活动。

1979 年中央文献研究室开始建立，曾任周总理办公室主任的李琦同志担任主任，他调曾任总理办公室秘书的陈楚平大姐来研究室。那时我正在筹建“纪念周恩来”大型陈列，和陈楚平大姐有一些接触，她想调我去文献研究室协助她组建“周组”，但馆领导不放我，未调成。不料陈楚平大姐突然患急性胰腺炎，不幸去世。我失去了研究周恩来的一位知音。后来，“周组”的同志一直和我保持联系，维系了我和“周组”的友情。1984年我受聘在北大国际政治系党史研究生班讲授《周恩来生平研究》讲座。那时我很忙，从1985年1月开始，断断续续讲到1986年该班研究生毕业结束，只讲到旅欧前，所以我的讲稿改为《周恩来早期思想研究》收入我的论文集。讲座开始时我向研究生讲了我的研究方法，谈了两点，一是坚持从事实出发的唯物主义思想路线，二是坚持历史唯物主义的基本方法。我还交代了宣传有纪律，研究不必对口径。外国留学生思想很活跃，也有看法。例如有一位非洲留学生提问“周恩来早期有没有调和思想”，我回答：“当然有，不过他不是庸俗的调和，而是有原则的推进不同的认识，后来就发展到对立的统一。”我用他的南开作文支持我的看法。文献研究室一位领导说，苏东海在北大净瞎说。1987年11月11日至15日召开了周恩来年谱审读会，邀请了全国研究者去参加，我也在其中。会议开始发言时，因我对周恩来早期思想研究着力较多，让我第一个发言。我如实地汇报了我对周恩来早期思想的认识，语惊四座，特别是东渡求学失败的十六字概括，几乎颠覆了那些积极的看法。我的话音刚落，权威人士廖盖隆立即发言：“请苏东海同志原谅，我有不同意见。”但是他也同意学生联合会报宗旨译为“民有、民治、民享”。其他的人对我的认识没有表态。后来，“周组”的一位同志说，“苏东海是理性研究周恩来的第一人”。

第二十五章　周恩来研究
周恩来完成了向马克思主义的转变／周恩来入党时间考

周恩来从 1920 年 12 月抵欧洲至 1924 年 7 月离欧回国，在欧洲四年既没有勤工也没有俭学，没有入哪个学校，他先为《天津益世报》写旅欧通讯，在英法德等国采访考察，先后向报社发回通讯报道 54 篇，成为自由职业者，后来由于转向马克思主义，入党后成为职业革命家。因此他与一般留法勤工俭学学生是不同的。过去我只知道他是严修资助或严修为他谋得赴英的助学金而去英国的，所以和赴法勤工俭学不是一回事。1980 年左右从南方发现了两封他在英国和法国写给他表哥陈世周的信，其中详细述说了他的打算及思想，是非常珍贵的第一手材料。信中写道：“弟在此计划拟入大学读三四年，然后再往美读书一年，而以暑中之暇至大陆游览……学费当以官费与译书两事期之，若均不行者或赴法勤工耳。”信中谈到仍想赴美深造，引起我深思，他念念不忘赴美可见美国情结之深。五四运动举起的民主与科学两面大旗，但是民主指的什么，人的想法各不相同。周恩来在《天津学生联合会会报》刊头上标出“民有、民治、民享”就是他心目中的美国民主。陈独秀心目中的民主是法国民主，而周恩来心目中的民主则是美国民主，直至到英国留学时仍是如此。虽然后来他一直没提过他早期的美国情结，但我认为事实上是存在的。他不提有政治考虑，但我们研究他不能不提。他在信中还谈了不少他的思想观点，写道：“弟之思想在今日本未大定，且既来欧洲猎取学术，初入异邦，更不能有所自持，有所论列。主要意旨唯在求学以谋自立，虔心考虑以求了解彼邦社会真相暨解决诸道，而思以应用至于吾民族间者。至若一定主义因非今日以弟之浅学所敢认定者也。”可以肯定他这时尚未认定一种主义而在考察比较之中。在革命的道路问题上，他说“取俄取美，弟系无成见，但以为与其各走极端，莫若待其中和以导国人”，周恩来此时是主张稳健与暴力的中和。像这样反映他思想认识的亲笔信件是最真实的。他为《天津益世报》写的54篇旅欧通信，也是认识他思想发展的真实文件。他从1921年2月1日《伦敦通信》开始，一年期间为《天津益世报》写了54篇报道，这些报道十分深入地、深刻地反映了以欧洲为中心的世界舞台，他以政治研究者的高度去评介各种重大事件并有预测，其知识的广度和深度以及报道的速度很难想象是二十三岁的青年所能达到的。这些报道文章不光是他生活的经济来源，而且是他政治思想成熟起来的重要途径。他通过对社会的、政治舞台的深入采访考察，对若干重大问题有了成熟的见解。在比较中，逐步找到了根本出路，认定了马克思主义。他对战后欧洲的政治危机和经济危机有多篇报道。他对列强政治上的纵横捭阖、战争赔偿和领土瓜分的动向及其发展趋势都有相当的报道。他对中法借款阴谋的揭露和斗争的报道十分有力。由于他调查的充分，揭露了借款的许多内幕，留法各界的会上由他介绍调查结果推动了群众斗争。他又写报道声援斗争，使这场斗争有声有色，被称为第二次五四运动。他对留法勤工俭学生的斗争，有连续的、长篇的报道予以声援。这时他已从自由职业者进入到政治斗争的行列里了。更值得注意的是他的"欧洲通信"中有一部分带有研究性质,如 1922 年 2 月 6 日《天津益世报》上的《劳动世界之新变动》是一篇向国内系统介绍社会主义在欧洲的发展、各国共产党情况、第三国际情况的研究文章。这篇文章在《益世报》连载了四天。他对英国矿工罢工的连续报道，使他有机会深入工人生活和工人运动。他对俄国灾荒的报道可以看出他的立场相当明确地倾向捍卫俄国，揭露帝国主义诽谤。他入党转向职业革命家后，他的"欧洲通信"就停笔了。周恩来在欧洲不仅身临资本主义的社会实际，而且有机会直接阅读各种社会主义的书刊，进行充分的比较研究，已知的他当时读了英文版的《共产党宣言》、《社会主义从空想到科学的发展》、《法兰西内战》、《家庭、私有制和国家的起源》等马克思经典著作。他读得很认真。我们现在看到保存下来的他当年读的《卡尔·马克思的生平与教导》一书中还有他划的着重线。他还订阅了法共机关报《人道报》、英共机关报《共产党人》，还有《共产党人评论》、《劳动月刊》等。他给国内友人来信中，对无政府主义、法国工团主义、英国基尔特主义等思潮和团体进行了批判，他最终认定了共产主义。1922 年 3 月他给觉悟社朋友谌小岑、李毅韬的信中写道："我认清 C.ism（共产主义）确实比你们晚，一来因为天性富于调和性，二来我求真的心又极盛，所以直迟到去年秋后才定妥的目标。……我认定的主义一定是不变了并且很坚定地要为他宣传奔走。"据此，我们可以找到一条线来划定他认定共产主义的信仰和以之为终身奋斗目标的时间，即 1921 年秋后。至于他入党时间的计算，比较复杂。1921 年 3 月张申府、刘清扬介绍他加入共产主义小组。这件事周恩来曾承认他们是他的入党介绍人。但这时他的思想还没有完全转变，很难说他参与了 1921 年 7 月党的创建。1922 年 5 月他参与了筹组旅欧少共，之后由团员转为党员。我认为他组织入党在先、思想入党在后。这在建党初期是很普遍的现象，并非他一人。他思想转变比较慢而且反复，从他给朋友的信上的自述中可以归纳几点。第一，周恩来在理论上是认真的，他摆脱英美民主主义思想花了相当长时间。在理论上还是来欧洲后，反复比较各种主义才实现了理论上的转变。他向觉悟社的朋友说他思想转变慢的原因是求真的心极盛。第二，在实践上有长时间的游移。他在暴力与改良之间经过了长时间思考和比较，才认定了中国革命之路的。第三，他的思想方法在相当长时间内是以调和思维为主导的，总想在理论上和实践上走出一条中和的道路来，一直到在国内、在欧洲经历着革命风暴的不断袭击后才走上革命批判的思维道路上来。从调和思维走上革命思维对他来说不能不说是艰难的飞跃。周恩来思想转变的复杂艰巨性，并非周恩来所特有，中国早期激进民主主义者大多如此。陈独秀、毛泽东、恽代英等皆如此，这里不展开说了。我们研究一位伟人早期的思想，一定要把他放在他所在的那个时代中去认识，离开了时空条件，是不会摸到这位伟人的思想脉搏的。这是我研究周恩来时紧紧抓住不放的方法。

第二十六章 周恩来研究
大革命时期的周恩来／
主编《纪念周恩来》图册

我对周恩来研究的不断深入是与筹办“纪念周恩来”大型展览密切相关的。这个大展览是在他逝世一周年展出的“纪念周恩来总理”的基础上，不断征集到新的文物，不断加深对于周恩来的研究的基础上，扩充到1986年末的大型展览。许多珍贵文物都是这时入藏的，如《旅日日记》、《警厅拘留记》、《检厅日录》等。许多研究成果也是这时得到深化的。这个大型展览可以说是我呕心沥血创作的，其中有一些成功的文物组合，表达他逝世的文物组合专柜是我设计的。展览的结束部分，都是颇有令人回味的创意，这里不展开了。同时编辑出版了《纪念周恩来》大型图录。我在图录的前言里，写下了我对他一生的崇敬。录如下：

“在中国现代史上，周恩来的生平是其中最有光彩的篇章之一。

“在旧中国，他为中国人民的解放事业，在艰难曲折的道路上，不屈不挠地奋斗了三十年。在革命处于低潮的那些黑暗时刻，他是中国革命的中流砥柱；在革命走向胜利的征途上，留下他不朽的足迹。

“新中国成立后，他肩负政府总理重担一直到逝世。又整整为人民服务了二十六年，在这四分之一的世纪里，为把社会主义革命和建设推向前进，他献出了全部的才智和心力，即使身处逆境，一时一刻也没有离开人民。在那曲折前进的年月里，中国如果没有他，是不可想象的。

“在国际舞台上，周恩来是一颗巨星。他为世界的和平和反帝反霸事业做出的贡献是举世公认的。他的外交风度和斗争艺术，就连敌人也不能不为之折服。他在国际事务中的广泛活动和巨大影响，赢得了许多国家领导人的敬重和世界人民的爱戴。

“他高尚的情操，完美的品德和渊博的知识，都为人们所熟知。周恩来是中华民族的骄傲。

“在他逝世十周年前夕，以这本纪念图集，献给人民永不忘怀的这位伟大人物。”

纪念展览盛况空前，一票难求，纪念图册洛阳纸贵，人民没有忘记人民的好总理。

在筹办周恩来纪念展览，广泛征集他的文物时，外交部章文晋副部长想到了 1930 年他在德国留学时，从德共机关报《红旗报》上曾读到周恩来写的报道中国革命胜利的文章，题目是《写在中华苏维埃第一次代表大会召开之前》，署名“晨光”。周恩来这篇国际报道展现了中国革命巨大高涨的图景，给正在革命高潮中的德国工人以很大鼓舞。但是这篇报道没有传回国内，成了一篇佚文。章文晋想起这篇报道，就托西德驻华大使魏克德代为寻找。大使找到后将这份报纸的复印件送给章文晋。由外交部西欧司胡本跃司长译为中文。章文晋将复印件及中译文送给革命博物馆。之后我又请当年也在德国的成仿吾鉴定和校译。这是周恩来的一篇非常重要的佚文，是一篇具有史料价值的文献，是研究 1930 年的中国革命、1930 年的周恩来的思想物证。我正在研究和撰写《1930 年李立三、周恩来、毛泽东比较研究》的论文，对他从 1930 年 2 月起草中央 70 号文件发动立三路线，到 7 月在苏联提出农民游击战和土地革命为主的言论的突然转变的思想原因，我总认为缺少思想转变的中介过程。他的这篇报道正解决了这个中介环节。这篇国际报道从两方面提供了他掌握的大量革命史实和他的新主张。第一，提供了六大以后中国革命发展的新材料。当时周恩来实际上是党中央的主要负责人，掌握着中国革命全局的信息。文章对中国土地革命斗争的介绍，从南方到北方，从苏区到白区，勾画出全国斗争的图景。北方农民的斗争，人们知之甚少，而此文则有较多的反映。文章对建立苏维埃区域政权的概况做了完整的反映，对工农红军的介绍也很具体，几支重要红军的领导人、武器装备、部队战斗力等都做了介绍。革命博物馆收藏了一张周恩来记录全国工农武装状况的小卡片，密密麻麻地记着各种数据。我分析可能是去共产国际汇报时随身携带的。文中反映全国兵变的数字、规模，在一般党史研究中都很少说到。红军每逢八月一日和十月革命节，苏区的劳动者和红军都游行庆祝。过去我只知道纪念八一建军节是1933年中华苏维埃共和国临时中央政府颁布的，这里告诉我们，在此之前的几年中八月一日已经成为革命纪念日了。关于中华苏维埃代表大会改在苏区举行的一套新设想，发展了他的思想。第二，文中提出“农民游击战和土地底革命是今日中国革命的主要特征”，这是一个重要的新观点、新认识。这是六大以后近两年的实践中得出的新的极端重要的结论。这表明了他摆脱了“立三路线”、摆脱了城市中心论、向工农武装革命的转变。我分析这是他出国后在德国逗留期间准备向共产国际述职时写的报道。此前共产国际和中国共产党的传统认识都是以城市为革命中心的，以这篇文章为起点，他的思想和言论坚定而明确地转向了以农村为中心。1930 年 7 月 16 日他在共产国际政治委员会上作的《中国革命新高潮的特点与目前党的中心任务》以及随后向斯大林介绍的中国革命情况，都体现了他的新观点。这时共产国际也改变了革命的新方向。7 月 23 日发出的《关于中国问题的决议案》也说："中国革命的核心是土地问题，……建立富有战斗力的、政治上坚定的红军，乃是一项头等的任务。"这一转变发生在当年 4 月周恩来在德国的国际报道之后，我认为这是周恩来的新观点在共产国际产生了影响，这就更加说明了这篇国际报道的历史价值。通过这篇佚文，我进一步认识到，在瞬息万变的革命高潮中，领导人的思想变化往往起伏很大。这种起伏变化看起来很突然，实际上并不偶然，是有思想轨迹可寻的。有时一件重要史料的出现，就使事情看得很清楚了。这篇佚文承前启后的价值就在于此。中央文献研究室主编的《党的文献》1993 年第 4 期上发表了周恩来这篇佚文，同时配发了我写的《读周恩来的一篇佚文——1930 年周恩来在德国发表的一篇国际报道》。

20 世纪 70 年代，在周恩来研究中一直未弄清他是何时从法国回到广州的，对此众说纷纭。我在征集文物时，看到欢送周恩来回国的照片上的日期和他到香港时写给团中央的信，从两件物证上确定了周恩来回到广州的时间。我写了考证文章发表在《光明日报》和《党史研究资料》1980年第1期上，并为《周恩来年谱》所采用。

1984年11月，广东党史学会在汕头召开了“周恩来在湘汕革命活动学术讨论会”，我应邀出席。我那时认为研究界对周恩来早期活动评价不够高，不知是因为怕影响对别人的宣传，还是对周恩来大革命时期的活动研究不够？所以我要在这次会上谈谈我的看法。我谈了两条意见。第一，要对周恩来在军队政治工作、地方政权建设给予更充分的评价。在党的领导人中，周恩来是取得实战中军队政治工作经验的第一人，对他在黄埔军校的工作，在东征中的政治工作的贡献和经验应给予更充分的评价。他在担任东江各属行政委员主持惠、潮、梅地区的行政工作中，建设地方政权高举国民革命旗帜，国民党没有做到的，在这个地区做到了。这也是中国共产党人主持一个地方政权的开端，应该对周恩来在地方政权建设中做出的贡献、取得的经验给予更充分的评价。第二，要对蒋介石、何应钦在东征中的战争贡献给予更充分的评价。我的两点发言，引起与会研究者的高度重视，特别是第二点，以为我在贯彻什么新精神。其实我什么都不是，更没有资格说什么新精神，我只是说了我的观点。当然我也不是毫无根据。此前不久，黄埔同学会的那些老人来馆参观，我陪同其中一位老人。休息时，一边喝茶，一边聊天，他告诉我，他去了一趟加拿大，去会见何应钦。他告诉何，中共有意邀何回来看看。这实际是统战活动，但也给了我启发，因此我想到如果我们能肯定他在东征中的军事贡献，也许他会有旧地重游的想法。我这是想配合一下统战，不过我在党史研究中对何应钦也有一些新看法，并非如主流宣传的那样。扯远了，不说了。

1988 年 3 月，在北京举行了周恩来九十诞辰学术讨论会，我出席会议的论文是《试析周恩来思想风格》；1993 年 2 月，在绍兴举行的周恩来九十五诞辰学术讨论会，我的论文是《周恩来的开放意识》。这两篇论文都是我研究周恩来思想特征的理论成果。前者影响大一些，北京会议结束后，我又应邀出席在天津南开大学举行的周恩来国际研讨会，并应邀在大会上宣读《试析周恩来思想风格》论文，引起国际研究者的注意。我认为一个伟人的个性来自他思维的个性。思维个性是杰出人物个人风格的核心。思想平庸的人不会产生个性思维，只有那种富有思想创造力的人才会产生自己的思想特色，在行动中闪耀着特殊的思想光辉。周恩来就是这种有特殊风格的杰出人物。他善于从对立中推进到统一，善于把复杂的矛盾转化为合力前进；他善于团结一切可以团结的力量。他对坚持中国共产党的统一、坚持中华人民共和国的统一、坚持世界进步事业的统一，有着特殊的历史功勋。他是维系党的团结、维系人民的团结、推进历史前进的巨手。在那些面临分裂的紧急关头，历史需要这样的伟人，也造就了这样的伟人，形成了他不同凡响的求同思维的思想风格。我在这篇论文中梳理出他的求同思维的形成、生长和运用的过程，用事实勾画出了他的思想风格和思维特征。周恩来求同思维中有一种异彩，这就是他的求同思维和求同行动中注入的真诚感情。周恩来是有个性的伟大政治家而不是实用主义的政客。他的马克思主义的人道主义的精神渗透在他一生的言行之中。在“左倾”幼稚病折磨人的那些岁月里，周恩来求同风格的感情成分是一种异彩，它温暖人的心，照亮人的路。

我对周恩来的理性研究前前后后进行了十六七年。多年后，在革博的一次座谈会上，“周组”的一位同志走过来对我说：“您不研究周恩来，是周恩来研究的一大损失。”我想他不是奉承我，因为他没有必要奉承我。我可以写一本《周恩来思想传略》。可惜我那时太忙没有时间，现在有时间又太老了，写不动了。留得一点遗憾未尝不好。

第二十七章 刘少奇研究

筹办刘少奇纪念展览／主编《纪念刘少奇》图册

刘少奇是我景仰的党的一位领导人，他的《论共产党员的修养》

和《论党》是我思想入党的教科书。他是毛泽东的思想和行动在理论上坚定的支持者，以至官至国家主席，党内一线主持工作，在七千人大会上他勇于承担了党的错误的历史责任，作了天灾人祸的检讨。会后又带领全党调整国民经济，国计民生有所复苏，因而大得人心。在“文革”中被打成“党内最大的走资本主义道路的当权派”，加以许多污蔑之词，迫害致死。据说在中南海批斗时，他手中举着《宪法》。他对王光美说“好在历史是人民写的”。粉碎“四人帮”后，在平反冤假错案中他是最后一位被平反的党的领袖。1980 年 5 月 17 日刘少奇追悼大会在人民大会堂隆重举行。“纪念刘少奇”大型展览同时在革命博物馆展出。之前我已受命主持为刘少奇平反昭雪的展览和大型图册的编辑工作了。我努力研究刘少奇生平、努力征集文物，得到许多单位的帮助，尤其是王光美同志解答了许多问题，提供了许多征集线索。刘少奇专案组的材料是必须进一步接触的，那时专案组的档案已经由中纪委接管。经中纪委批准，我去看了档案和红卫兵交的大量材料，这里我要说到一张照片。刘少奇去世于河南开封，对他的逝世，河南监管方面向中央专案组有一份报告，并附了一张刘少奇逝世时的遗容照片，刘少奇的遗体平放在一块木板上，身体覆盖着一条白布床单，露出的头部已经理了发、刮了胡子，面部还算干净。这张证明刘少奇已经去世的照片，给我们留下了难以言说的痛楚。我向中纪委写了报告，要征集这张照片在展览中使用，中纪委王鹤寿书记亲自批示同意。在展览中我亲自设计了“刘少奇之死”专柜，以一张照片、一个骨灰盒两件文物，极简单地展示了这位伟人的逝世，引发了参观者的痛楚之情。这张照片广为传播,连香港出的刘少奇图册都用了。为了平反昭雪,我在《纪念刘少奇》大型图册的前言中写下了我对他一生的杰出贡献的颂扬。录如下：

“刘少奇是中国共产党和中华人民共和国的一位杰出领袖，是中国现代史上的一位伟大人物。

“他从学生时代就献身革命。他为中国人民的解放事业和社会主义建设事业不屈不挠，英勇奋斗了一生。

“在从事中国民主革命的二十八年，他领导中国工人运动经历了风雷激荡的大革命时期，又经历了革命低潮的艰难岁月。他领导党的城市地下工作，在长期白色恐怖下艰苦地集聚革命力量。他在抗日战争中，身临华北和中原敌后，领导游击战争。皖南事变发生后，他临危受命，重回新四军，巩固和发展了华中抗日根据地。1942年底他回到延安，参与党中央的领导工作，在许多重大战略决策中，做出了积极贡献。他是一位充满斗争经验的革命实践家。

“他又是一位马克思主义理论家，他善于把实践经验提到理论高度。他善于以理论指导实践，反对教条主义，始终坚持理论与实践的统一。他的理论观点和思想原则是革命经验的结晶。阅读他的著作会引人进入历史的沉思。

“他对党的建设的理论有特殊的贡献。他的名著《论共产党员的修养》，教育了不止一代共产党人。他在《论党》这部伟大著作中，对毛泽东思想作了完整的概括和系统的叙述，他在民主革命时期和社会主义时期发表的关于党的建设的一系列著作，是党的宝贵的精神财富。

“新中国成立后，他在党和国家的领导岗位上，兢兢业业地为人民服务，殚精竭虑地探索中国社会主义建设的道路，他不居功，不诿过，对工作中的失误，敢于揭露，勇于纠正。

“他任中华人民共和国主席崇高职务达十年之久，直至逝世。在‘“文化大革命”’中，他面对残酷迫害，始终保持着国家主席的尊严。他一生尊重人民，他最后说出的‘好在历史是人民写的’遗言，表达了一位共产党员的心声。

“人民不会忘记这位为人民奋斗终生的伟大的马克思主义者。”

第四部分

第二十八章　生活改善

我有了自己的不动产

马克思主义认为生产、消费是社会存在和社会发展的经济基础，是第一位的。其他都是它的上层建筑和意识形态。我是一个马克思主义者，我是在马克思主义的这一原理上考虑问题的。20 世纪 90 年代我开始反思文物博物馆工作的价值和地位问题，我进入了对之理性的思考。这里先不谈，后面专题谈。“文革”后我对经济是基础有了一些新的认识和体会。我认识到了生活的意义。不断改善人的生活是人的最基本的追求。我作为一个普通人，我感觉到吃和住是两个大项,没有钱也要设法改善,有了钱还要首先花在这两项上。“文革”时以阶级斗争为纲，生活享受被斥为腐朽资产阶级。“文革”后以经济建设为中心，经济有了起色，生活才有了起色。记得粉碎“四人帮”时，举国欢腾，举杯庆贺。我和妻子带着女儿立和去“吃馆子”以示庆贺。我们高兴地直奔东安市场北门二楼森隆饭庄。客人不多,邻桌的人看了我们一眼说:“老九也出来吃饭了。”所谓“老九”是“文革”中把知识分子与地富反坏右并列称为“臭老九”。他们看“老九”也“吃馆子”了，不知他们是高兴还是不高兴。那时我们都在单位吃食堂，只有礼拜天在家里改善一下。我礼拜六下班后直奔王府井浦五房买点肉食。立和爱吃叉烧肉，买一块钱的让他们娘儿俩吃,给我自己买个酱鸭头吃。酱鸭很贵,鸭头便宜。不要小看鸭头，足够啃一阵的。鸭子的脑仁可以补脑，眼珠可以明目，鸭头皮很有滋味，因为酱味入了头皮。三人吃得很满意，不次于“下馆子”。

饮食不断改进，是生活生改善的基本内容之一，居住条件的改善是更重要的。我们居住的耳房，没有做饭的地方，一个蜂窝煤小炉子放在屋檐下，下雨就搬到屋里。后来街道统一布置买煤气罐，屋檐下放不了了，北京日报社来人在小院南墙根下盖了个小厨房。唐山地震后家家都搭防震棚。立和所在的北京电冰箱厂发给每个工人一批木材搭抗震棚。我借了一辆平板三轮车去拉木材。木材虽然粗细不等但都比较长，我在前头扛，立和在后头扛，一根一根装上了车。我在前头握着车把往前走，立和在后头推，走出冰箱厂大门，往北走到东直门，再往西到沙滩，往南就到家了。路很长，走得很累，但很高兴。木材比较多，我们不想简单地盖个防震棚，准备盖个小房改善居住条件。我又和四海到广安门建材厂拉了一车石灰膏。

石灰膏非常沉，到家我已气喘吁吁。又买了安窗户的玻璃，妻子捡来不少砖头。备好料就请馆里的工人师傅来帮忙盖房了。请了瓦工、木工五六个工人同事来盖房。都是熟人也不必客气，但是中午饭总得吃好。我别出心裁地设计午餐，骑车到地安门路西的天津狗不理包子铺买了几屉包子，又提着一个可装五斤酒的大玻璃瓶子到南池子南口酒店灌了一大瓶啤酒，有大盘猪头肉和拍黄瓜下酒。他们吃得很香，很高兴。第二天中午，我去东四路南“都一处”烧麦店买了几屉烧麦，他们吃得更起劲了，因为没吃过烧麦。第三天中午他们说还吃狗不理吧。三天小屋就盖起来了，很漂亮，玻璃窗很明亮。小屋和耳房相通，不另开门，占了小院的一半，不显得拥挤。我搬进了小屋，改善了我们三人的居住条件，但南墙根的小厨房的地方变成新盖小屋的一部分，厨房没有了。儿子立中回京探亲来了，和叔叔的小儿子建海利用盖小屋剩下的材料在西墙根窗台前盖了个新厨房，有门有窗也很漂亮，我们很满足了。人啊，这么容易满足。过去的这些年是为满足阶级斗争的需要而生存，现在可以为满足自己的需要而生存了，即使微小的改善也会很快乐。

在拨乱反正中，知识分子的地位大大提高了，胡耀邦带头给社科院的知识分子盖宿舍楼，首先改善知识分子的居住条件。国家文物局闻风而动，为文博界高级专家盖“高知楼”。我当时也被列入分房名单，盼着“高知楼”早日建成。高知楼建在五路居一个小区内。

当运来大洗澡盆堆在小区内，居民都称羡不已。不料好事多磨，知识分子的春天很快过去了，官本位又回升了。“高知楼”盖好后，不叫“高知楼”了，改为高干高知楼。高干挤进来分房，僧多粥少，争得厉害，加之主持分房的都是老和尚，有职有权，新设了一些分房条件，其中有一条是分新房必须交旧房，我就被这一条卡住了。我住的房是我父亲的房，我无权交出这旧房，盖房时分房有我，分房时没有我了。我据理力争，还找政协帮助来了公函，证明我住的是父亲的房，我是无房户。我闹得厉害，为了安抚我，馆里决定在前三门的宿舍楼给我一套三居室，也不要我交房了。我和妻子与孩子们一商量，认为前三门地点好，虽然比五路

唐山地震波及我家

居宿舍楼小了许多，也不计较了，退一步也就心安理得了。我们就是这样容易满足啊！说实在的，从平房搬到设备齐全的单元楼也是一大改善了。三居室最大的一间作客厅，我的客人多，有时还有外地来访者，没有接待的地方不行，客厅是必须有的，最大的这间作客厅兼起居室，也是多功能厅吧！剩下的两个居室，我和妻子各一间，各人有自己的卧室兼书房，晚上看书写东西各干各的，互不干扰。中间的过道比较窄,够不上过厅,但放一张桌子吃饭还绰绰有余。分配定当就该开始买家具了。我和妻子结婚时没有洞房，在老乡阁楼的仓库里过的新婚之夜。婚后几十年没有自己的房子。现在有了自己的房子，而且自己设计自己布置自己的房子，我们两人喜气洋洋，就像给自己布置新房似的，心中是甜蜜的。

不久，儿子和儿媳上大学，孙子来和我们一起生活了，成了快乐的三口之家。再不久，北京日报社鉴于我们身边无子女，而我们的儿子按政策是应该回北京的，就主动把我儿子儿媳调来北京。立中、左平结束了在外漂泊十几年的生活，终于回家了。我们从新分配了居住方案，我和妻子住进客厅那一大间，用书桌书橱隔成两小间，各人还各有自己工作的小天地。妻子原来住的那间居室布置成一个小客厅。就在这个小客厅里，我们还接待了朝鲜新闻代表团来家拜访。我原来居住的那间，立中三口挤在双层床上住下来。虽然拥挤，但和儿孙生活在一起也是快活的。我们这一家亲情很浓，一直到现在，儿孙都有了自己的家，已经是四世同堂了，不住在一起了，每周六固定团聚一次，一周中还数次电话问候。女儿立和每周六早晨必定打来越洋电话，亲情绵绵。毕竟是住得太挤了，虽然我没有向单位谈这个问题，馆领导黄高谦不但是我的上级，而且是我的好朋友，一向看重我，很有情义，他为了缓解我居住的拥挤，也为了弥补五路居高知楼没给我房的欠缺，用新街口宿舍的两居室与前三门我家隔壁的一居室交换，把这一居室的单元房补给了我。我变成了拥有一套三居室和一套一居室的住房。两套房屋相邻，十分方便。后来儿子一家搬走，我和妻子住两套房十分宽敞了。人生有此居室也就可以了。我并不追求住房多大，更不追求豪华，我只求舒适。接着锦上添花的事又来了，2000 年房管部门出台一项新举措。为了缓解房屋管理的压力，将一部分国家管理的公房卖给职工。我住的前三门的公房也卖给我了。按成本价卖，这批高楼是 1979 年建成的，那时房价很低，再加上有工龄优惠，我和妻子都是新中国成立前参加工作，工龄很长，占了很大便宜，折合下来两套房只花了二万三千多元。别人说简直就是白给。我拿到房产证后仔细端详，这就相当旧社会的房契，是私产的凭证。房屋属于不动产受法律保护。不过旧社会的房产是包括地基和建筑物的，而我们的房产不包括地基，因为土地还是国有的。不管这些了，重要的是我有了自己的不动产，何况只花二万多买了两套房子。知足吧！

第二十九章 社教工作
我对博物馆教育的战略思考/博物馆教育学构想

博物馆社会教育是博物馆收藏、科研、教育三大功能之一，也是我研究博物馆的重点之一。20 世纪 80 年代我逐渐形成了对社会教育的基本看法及关于其发展的战略构思。我的思想是在一些学术活动中逐渐成熟起来的。1988 年 6 月，中国博物馆学会社会教育专业委员会在京举行成立大会，我应邀在大会上作了《文化的碰撞与博物馆教育的职能》的讲话。为什么先谈文化的碰撞呢？因为博物馆现象是文化现象的一部分，文化的碰撞不能不影响博物馆的思考。那时改革开放正在开展，外来文化的进入与本土文化产生的碰撞，新文化与传统文化的碰撞日益激烈。《河殇》的问世引起热议，我当时的看法是《河殇》立意是好的，是为改革开放鸣锣开道的，不摆脱历史因袭的包袱，改革难以前进。但另一方面新事物是孕育于旧事物之中的，新文化的诞生不是在废墟上建立起来的。对传统文化的虚无主义与至上主义都是认识上的片面性。关于中外文化的碰撞问题，我认为中国博物馆有自己的历史，有自己的传统，有自己的现实，因此在外来文化涌入的时候既要理解外国也要理解自己。只有理解自己才能更好地吸收外来的有益的东西，这就是我们创建有中国特色的博物馆的前提。接着我谈了中国博物馆教育的历史及其特殊的价值。我的这篇讲话在国家文物局的《文物工作》1988年第6期上刊登，被广泛引用。

1989年3月国际博协亚太地区大会在北京召开，我在会上进一步发表了我对博物馆教育的战略思考。会议有4个主旨报告，其中澳大利亚的唐纳德·麦克迈克尔做的《博物馆教育问题》报告，提出了“博物馆社会教育”的概念。我代表中国作了《博物馆在中国》的主旨报告。会议讨论的重点是博物馆教育。在讨论中我发表了关于博物馆教育不要趋同学校教育的观点。我指出：“博物馆是学校第二课堂的说法需要分析。博物馆教育虽然是学校教育的伸延，但应该有自己的特性，否则成为学校教育的附庸，……要把博物馆教育变成其他教育不能代替的教育，使其有特殊的存在价值。”我的这一观点在讨论中被称为“非课堂教育”，引起重视。鹤田还专门找我详谈。我的博物馆教育在大教育系统中独树一帜的思想是我的博物馆教育战略的基础观点之一，我在研究中一直贯彻它。

1984年国家文物局要编一本《博物馆群众教育工作》教程，由马自树副局长担任编委会主任，王宜、王继红任副主任，齐吉祥、刘学伦担任正副主编，抽调全国部分群工部主任撰写。1991年初稿完成后在全国群工部主任培训班上试讲，获得好评。1992年在辽宁绥中召开了审稿、定稿会，准备正式出版，发全国使用。我应邀参加了定稿会议，受马局长委托最后把关定稿。期间我对博物馆教育谈了一些看法，这些看法写进我为这本书写的序言中。在序言中我除了评介本书外，还写了我对博物馆教育的两点基本看法。第一，我认为中国历来重视博物馆教育，中国有自己的博物馆教育传统，有自己丰富的先进经验，我们应该加强研究认真继承。我写道："中国博物馆的群众教育工作，虽然曾受到苏联博物馆教育的理论和实践的影响，但中国也有自己的创作和自己的经验。中国博物馆对集体观众的组织和联系的经验，对流动展览深入基层发挥教育作用的经验，以及讲解员队伍的建设经验和口头讲解的经验等都非常出色，非常有价值的成果。群众工作者深入工厂、矿山、农村、部队组织流动展览的过程中，表现出的中国群众工作者特别能吃苦耐劳、特别能战斗的精神是外国博物馆工作者难以比拟的。其因地制宜从实际出发组织各种小分队把博物馆教育伸延到基层的经验是非常独特而值得总结的。口头讲解也有非常值得总结的传统经验，已经有一些文章从理论上总结完善了口头讲解的诸要素。"第二，博物馆教育学的若干思考。我认为博物馆教育学不是普通教育学的分支学科而是普通博物馆学的分支学科。我写道："博物馆教育固然也是一种教育，但它是以一种特殊的途径实现教育目的的。学校是通过教师的传授实现教育的目的，教师是学校教育的主导方面。而博物馆是通过观众自我学习提供服务而实现教育目的的。在博物馆，观众恰恰是教育的主导方面。观众与学生不同，观众是怀着不同目的来到博物馆，自由的择取各自的需要。从教育行为来说，观众是自我教育的主体，博物馆的施教者则是通过调动和满足学习者的各种不同的自我学习的需要而实现教育目的的。所以博物馆教育应该有自己的规律和途径。"我在这里提到的是观众主体论：教师、教材、学生是学校教育的"铁三角"，而在博物馆则变为观众、陈列、施教者另一类教学铁三角。价值主体变了，价值实现的途径也就不同了。我接着写道："如果博物馆教育不与学校教育趋同，而是自觉地与学校教育相区别，努力创造博物馆教育特色的思想和实践，那就会在大教育系统中独创一帜，释放出博物馆教育的特殊价值。"

我的博物馆教育思想是在20世纪80年代后期逐渐形成的，我认为直至现在仍是有价值的。

第三十章　党史研究
我的三篇党史研究代表作：《论1927年》、《论1930年》、《论1958年》

20世纪80年代初期兴起党史改革的热潮，我也发表了几篇党史改革方法方面的论文。20世纪80年代后期，我在史学改革方法的认识基础上，深入研究了党史上的几个关键问题，几年间连续完成了《论1927年》、《论1930年》和《论1958年》三篇论文。《论1927年》完成于1989年，发表时题为《大革命时期领导权问题的在再分析》;《论1930年》完成于1986年，发表时题为《1930年李立三、周恩来、毛泽东比较研究》;《论1958年》完成于1988年，发表时题为《论1958年的中国空想共产主义运动》。我的研究方法是抓住历史发展的关键年份，上溯它的起因，下联它的结果，形成大时段的整体研究。我认为历史的发展也是一个量变到质变的过程，关键年份就是历史从量变到质变的临界点，是历史中各种矛盾达到解决的年份。1927年是大革命从成功走向失败的关键年份。1930年是中国革命走到十字路口，从而走向解决的年份。1958年是中国空想共产主义从兴起到失败的关键年份。抓住历史发展的关键年份就是抓住了历史发展的高潮及其结局。用这种方法陈述历史，使我的论文有了创新的价值，引人注目。

关于《论1927年》，我主要是从大革命领导权的得失论中共在大革命中的得失。我认为领导权的斗争是一个“谁战胜谁”的斗争，是关系到两个前途的问题。资产阶级与无产阶级都在争夺领导权。党在斗争中可能出现失算、失策、甚至重大失误，但不可能不战而退，把领导权“拱手”让给别人。事实上党争夺领导权也是不遗余力的，有胜算也有失算。但我们在研究这一段历史的经验教训时不能离开历史分析。如果简单地把右倾错误归结为“拱手”放弃领导权，那是不符合历史实际也不能得到真正的历史教益的。我的论文就是就领导权的认识过程、实现过程和保持过程作的历史分析。首先认识领导权有一个过程，分析这个过程不能离开实践。对于领导权党有一个“从不认识到认识”的过程。党的“二大”才开始认识无产阶级革命分两步走的道理，从而创造了民主革命的奋斗目标。党的“三大”制定了与国民党合作的方案，虽然列宁和共产国际在“三大”前提醒在民主革命中无产阶级领导权问题，但“三大”时党并没有认识到领导权问题，当时主要问题是解决和国民党合作问题。“三大”

后党促成了国民党的改组，帮助国民党制定了具有反帝、反封建内容和三大政策的三民主义新纲领，帮助国民党召开了第一次全国代表大会，使陷入绝境的国民党充满生机的中兴起来。党实际上逐步领导着国民革命的发展。因此在“四大”会议上领导权问题理所当然地提上议程，这是从实践中提上日程的迫切议题。大会根据无产阶级在国民革命中的领导地位，调整了党在工运、农运、青运、妇运中的策略，加强了党的理论指导和宣传工作。可以说“四大”从理论上认识到工作部署，在领导权的问题上达到了自觉的阶段。第二，实现领导权有一个过程，分析这个过程不能离开条件。取得领导权要经历一个创造条件、变可能性为现实性的过程。中国民主革命只有在无产阶级领导下才有可能取得最终的胜利，因为中国资产阶级天然地有软弱性。但无产阶级领导毕竟只是一种抽象的可能性，要把抽象的可能性变为实在的可能性，还要看条件，要经历一个创造条件的过程。“四大”以后中国共产党初步取得了一定的革命领导权，中国共产党掌握革命航行的舵轮，已经成为中国政治生活中的现实。第三，保持领导权有一个过程，分析这个过程不能离开力量的较量。领导权掌握在谁手里，不是一成不变的，它是一个“谁战胜谁”的实力较量的过程。在国民革命中资产阶级和无产阶级都在争夺领导权，这一点，我认为“四大”以来党是清醒的。接着召开的十月中央扩大会议，有了“争”领导权的提法。首先夺取并不断加强对工农运动、民众运动的领导权，这时党的策略路线的正确是不必质疑的，党的工作是清醒而卓有成效的，一年多的时间里国民革命运动实际上是循着党规定的道路前进的。可以说党已经在相当大的领域里获得了一定的领导权并不断加以扩大。我认为这一段时间的历史对一个幼年的党来说是异常成功的。事情的变化发生于"三二〇"事件，国民党中派发动了军事夺权，党对"三二〇"事件及其后的阶级斗争中，失算、失策、失误的事不断发生。关键在于军事较量上的失败。在军事领导权问题上，国民党有它的优势，国民党搞了几十年军事斗争，而共产党在军事问题上完全是一个新手，我们不能不从这个历史现实出发探讨问题，否则将会苛求前人。我在论文中详细分析了党在掌握军事领导权上所做的种种努力和种种失算、失策、失误，这里不能展开谈了。最根本的错误在于党没能抓紧建立自己的正规的工农武装。党没有更多的军事人才，迅速组建有战斗力的正规军队一时还办不到，因此对庞大的农民自卫军进行正规组建和训练，使之成为有战斗力的部队是最有战略意义的任务。但党的认识没有达到这个高度，1927 年 5 月斯大林来电是这样主张的，可惜那时党的军事斗争的领导权已丧失殆尽了。总之，把领导权放在历史过程中去分析，可能在党史界还是第一次，因而有一些新意。1989 年此文在《党史研究资料》发表后，1990 年 3 月 3 日和 7 日《团结报》分两期转载全文。1990 年 5 月《中共党史通讯》

作了详细摘登。

《1930年李立三、周恩来、毛泽东比较研究》论文撰写的比较早，我从20世纪80年代初就开始思索1930年。我认为1930年是关系中国命运的一年，是国民党处于十字路口的一年，也是共产党处于十字路口的一年。国民党统一全国后，以权力再分配为导火线，爆发了中原逐鹿大战，这次大战决定着国民党统治者的命运。中国共产党在1930年出现了以毛泽东为代表的乡村革命中心，与传统的城市中心相抗衡，在1930年中国革命也处在十字路口。可以说1930年是关系中国命运的一个重要年份，是中国国民党和中国共产党重新组合自己的力量、开辟自己道路的关键性的一年。详细研究1930年是极具历史价值的。这篇论文只是我计划研究的开端，比较粗线条的一个开端。

关于李立三，他是“六大”开始进入党中央领导层的。之前他一直是战斗在第一线的领导人，“六大”后不久他接任了政治局常委并兼任中宣部长。之后由于周恩来接任了组织部长和军委书记，他又接任了中央秘书长，达到了与周恩来并驾齐驱的地位。“六大”当选总书记的向忠发在武汉时是李立三领导下的一个工会的负责人，因此三人中实际是周、李主持中央工作。从政治局会议记录来看，主要是周、李发言。李立三主持中央工作后，努力贯彻“六大”反“左”的精神，大刀阔斧地做了许多工作。在周恩来和他为轴心的领导下，出现了大革命失败后得以恢复和发展的大好局面。这一段党史中，人们对周恩来领导的军委工作、毛泽东开辟农村根据地的贡献有所介绍，而李立三的贡献却淹没在“立三路线”之中了。我认为这时他有三件大事功不可没：一是“六大”精神的贯彻，把党的工作转入革命低潮的斗争策略和斗争方式上来，对党的思想和工作中“左”的倾向进行不懈的纠正。一年时间内在三个党刊上就发表了50多篇文章纠“左”。二是参与领导了与托洛斯基派的理论斗争，参与领导了中国社会性质的论战。三是开拓党的文艺与文化战线。历来党中央都没有来得及过问文艺工作，李立三在兼任中宣部长期间，直接领导了文化反“围剿”斗争。“左联”就是这时诞生的。以后又组成了“社联”、“剧联”、“美联”、“教联”等文化新军。这些都鲜为人提及。既然李立三反“左”反得有声有色，成果显著，为什么1930年初他思想180°大转弯，在全党发起了规模空前的、有理论、有战略、有组织的被称为立三“左倾”机会主义路线呢？这不是偶然的。我认为可从三方面看他的转向。第一，共产国际“左倾”思潮的理论和一系列工作指示，强烈要求中国党反右倾、反富农路线，公开赤色工会，号召政治罢工，迎接直接革命形势。第二，“六大”遗留的三个问题未解决，气候一到就复发了。一是对资产阶级认识问题，二是城市中心问题，三是革命长期性问题。这三个问题李立三都没解决，很容易接受斯大林的“资本主义总危机”和“战后第三理论”，并成为这一理论自觉和坚定地贯彻者。第三，国内出现了大革命失败以来最有利的大发展形势。加之新军阀混战，聚集百万兵力会战于中原无暇他顾。从上述三方面综合起来看，共产国际“左倾”理论的灌输和世界革命高潮到来的错误判断，再加上对国内形势过高的估计，使李立三迅速转到反右轨道上来，掀起了一场极左的革命风暴。我认为不应该像传统说法那样认识，李立三是错误的，共产国际是正确的。在李立三、周恩来、毛泽东三位领袖中，被共产国际“左倾”错误理论掌握最深的是李立三。但李立三的理论又俘虏了政治局大部分成员。李立三后来在检讨时说，当时没有人不同意我的观点，只有一个人那就是何孟雄，事实也确实如此。

关于周恩来。周恩来在共产国际“左倾”理论冲击下，他的思想变化是怎样的呢？我想从他起草的三个中央文件中看他思想变化的轨迹。第一个文件：1929年《中共中央给红军第四军前委的指示信》。1929年9月党中央根据陈毅关于红军内部的情况的汇报，给红四军前委写了指示信，对统一红四军内部的思想起了积极指导作用。这封著名的“九月来信”是根据当时党中央特别是军委书记周恩来指示精神由陈毅执笔起草的。但信中第一节“目前军阀混战的形势”，我认为是周恩来亲自写的，因为陈毅不可能掌握得如此细致。周恩来写道：“在军阀混战中，我们不可过分去估量，专空想一些大的斗争到来，而忽略许多切实的群众日常斗争工作。”可见这时他的基本倾向仍在反“左”。第二个文件，中央《七十号通告》。这个通告是1930年2月26日发布的，题为《目前形势和党的中心策略》。这个文件是周恩来起草的，过去曾把它看作李立三路线的开端，后来虽然把“立三路线”从《六月决议》算起,但七十号通告是与“立三路线”一体的，是贯彻共产国际反右指示的。最主要几点是：第一，全国革命形势走向平衡发展；第二，反富农路线；第三，反对上山倾向，躲避斗争；第四，主要危险是右倾。通观全文几乎难以相信是周写的，与“九月来信”转了180°大弯。后来他间接承认了七十号通告是他写的。第三个文件，1930年4月发表在德共《红旗报》上的文章《写在中华苏维埃第一次代表大会召开之前》。这篇报道与《七十号通告》时隔两个月，却又180°大转弯。关于这篇报道的思想内容及其转变的原因，我在第二十六章周恩来研究中已有详细的分析,这里就不再重复了。联系起来看,周恩来在共产国际“左倾”理论的灌输和连续发来的指示影响下，他一度转了向，与立三合流了几个月，后来由于和立三的行动计划产生重大分歧，出国后在冷静的反思中对中国革命的实际认识有了重大突破，终于把红军和土地革命放在第一位。这就表明了共产国际脱离实际的“左倾”理论只对他有短暂的影响，而被他迅速摆脱了。

关于毛泽东。1929年毛泽东虽然正在现实斗争中一点一滴地开辟着农村革命根据地，但也不能说他没有受到不切实际的“左倾”

理论的影响，特别是对革命形势的分析。从他写的文字中表现出来，一是 1930 年 1 月他给林彪的信中有好几大段是分析革命形势的。他从斯大林关于资本主义总危机中几种矛盾尖锐化论起，一直论到帝国主义与殖民地矛盾尖锐化促进了国内军阀混战："中国是全国都布满了干柴，很快就会燃成烈火。"星火燎原的话，正是时局发展的适当描写。二是 1930 年 2 月他起草的《前委通告》写道："中国革命的高潮很快的要到来，中国苏维埃将继俄国苏维埃的出现，成为世界苏维埃的有力支柱。"可以看出毛泽东在 1930 年初确实接受了斯大林"左倾"理论对革命形势的分析，这是无可厚非的。在随后的工作中，他差不多和周恩来同时与李立三的行动部署发生了尖锐对立，并且于 1930 年 5 月写出了超越当时中央诸领袖之上的《反对本本主义》雄文。《反对本本主义》原题为《调查工作》，1964 年发表时改题为《反对本本主义》。重新发表时被改了不少，但这篇文章直指国际的、国内的"左倾"错误，表现了极大的政治勇气。正是在现实的和思想的尖锐斗争中，毛泽东的农村中心论脱颖而出，达到一个伟大的高度。值得研究的是毛泽东是什么时候和怎样从城市中心论转到农村中心论的，事情并不像有些人认为的那样，因为毛泽东在"八七会议"上提出上山下湖的主张就是农村中心思想了。实际上毛泽东从城市中心论摆脱出来走向农村中心论是大革命失败后在农村不断奋斗，在苦斗中认识不断升华的结果。论者认为大革命失败后，在探索中国革命道路上经过三个阶段。第一阶段农村的起义从属于城市的阶段；第二阶段城市中心和乡村中心在理论上和实践上矛盾的阶段；第三阶段农村包围城市，党的工作重点转入农村。我同意这一进程的划分，我认为毛泽东经历了这三个阶段，可贵的是他在这三阶段中，始终是实践上和认识上最早的和最高的。但革命重心转向农村和与农村包围城市的战略并不是一回事。

最后再总起来作个比较。从客观上说“立三路线”是国际“左倾”思潮的影响，但“立三路线”的具体形态则是李立三创造的。没有李立三就没有“立三路线”这种历史形态，他幻想城市一暴动全国革命政权就可以建立，就能“会师武汉、饮马长江”，只有李立三才有这样狂热冒险、空想的“立三路线”形态，当然“立三路线”错误的形成个人思想风格是偶然因素，但也不能忽视领袖人物思想风格的吸引力。说到毛泽东，他是一个十分重视事实的人，他不轻信书本。他少年时听说洞庭湖周围有八百里，他要亲自走一圈丈量一下。重视调查研究，“没有调查就没有发言权”，在1930年诸领袖人物中只有他能提出这样的口号。他确实是从实践中寻找中国革命的道路,而不是从共产国际的理论出发。他在《调查工作》中提出“没有调查就没有发言权”、“中国革命的胜利要靠中国同志了解中国情况”等等，这在当时也只有毛泽东能够说出这样的话。说到周恩来，他有很强的国际意识，但又能创造性地贯彻国际意图，因此深受国际信任。他是中国共产党开展武装斗争的先驱，“六大”后到1930年3月，他在全党军事工作上的建树可以与毛泽东媲美。他同时具有统帅和参谋长的双重军事天才，作为统帅，他对全党全军建设站得高，气魄大，有战略思考和部署；作为参谋长，掌握情况极为具体，制定方案周密，贯彻执行有力。他的这种统帅与参谋长的双重能力是罕见的，是他所独有的，无数将帅为之折服。

我的《论1930年》论文，脱稿后在革命博物馆研究人员中讲过。1986年10月应川大历史系之约以此题开过讲座。因事关领袖人物较深入，我没有在公开报刊发表。1998年我的《博物馆的沉思》出版时，收入我的论文集中。

第三十一章　党史研究
我努力攀登党史研究的高峰/
高处不胜寒

《论1958年的中国空想共产主义运动》是我的一篇理论创新力作，也是我在20世纪80年代党史研究的一个高峰。1988年8月，中国现代史学会在呼和浩特市举行年会，我应邀在会上作有关大跃进的学术报告，题目是《论 1958 年的中国空想共产主义运动》，并应邀在哈市师范学院作了同一演讲。

同年 11 月，在昆明举行的中共党史学会年会上，我的这篇论文被确定为大会三个重点发言之一。我在这篇论文中，把 1958 年的人民公社化运动定性为空想共产主义运动，这是一个大胆的独创的理论见解。在论文的第一部分，我把 1888 年恩格斯提出空想共产主义概念以来，直至当代空想共产主义运动做了历史的陈述；第二部分对中国 1958 年空想共产主义运动作了有事实和根据的历史陈述；第三部分历史的启示。我认为这是我历史智慧的结晶，是有价值的。

（一）空想共产主义的出现是一个值得研究的历史现象

1848 年《共产党宣言》问世时，马、恩对空想社会主义和空想共产主义并没有加以严格区别，在《宣言》中两者是并提的。40 年后，恩格斯在《宣言》1888 年英文版序言中和 1890 年德文版序言中对空想社会主义和空想共产主义的含义作了严格区别。他在序言中把 19 世纪三四十年代出现的空想共产主义运动给予了特别描述："这种共产主义是一种还没有很好加工的，只是出于本能的，颇为粗糙的共产主义，但它已经强大到足以形成两种空想的共产主义体系。在法国有卡贝的'伊加利亚'共产主义，在德国有魏特林的共产主义。在 1874 年，社会主义意味着资产阶级的运动，共产主义则意味着工人的运动。”卡贝领导的空想共产主义运动仅在法国就有 50 万追随者。因此在马克思主义出现的前夕，在工人运动中兴起的空想共产主义运动是一个值得研究的历史现象，它说明工人阶级内部也可能产生空想思潮。我在我的论文中进一步研究了不仅在工人阶级内部而且在共产党领导下也产生了空想思潮。苏维埃俄国推行的“战时共产主义”就包含直接向共产主义过渡的空想内容，如组织农业公社、实行生活实物平均分配制度等。列宁对直接过渡的失败并不掩盖。他在《十月革命四周年》文中写道："直接用无产阶级的国家法令，在一个小农国家里按共产主义原则来调整国家的生产和产品分配，现实生活说明我们犯了错误。”这说明在苏维埃国家中也可能出现短暂的空想共产主义。在共产党领导下出现空想共产主义并不是历史的偶然现象。在斯大林领导的农业集体化高潮中又出现了重复直接过渡的错误。只要读一读斯大林在苏共第十七次代表大会的总结报告就可以窥知苏联农业公社再次发展的情况。赫鲁晓夫发起的苏联向共产主义过渡的运动更具有当代空想的特色。他继承了斯大林晚年向共产主义过渡的理论探讨和苏联逐渐向共产主义过渡的观点，在 1956 年苏共第二十次代表大会上批判了莫洛托夫对“建成”社会主义的怀疑，提出建设共产主义的任务。1957 年提出赶超美国，掀起了突击建设共产主义的热潮。这时社会主义各国也加快建设速度，一些国家相继宣称已经建成社会主义。中国1958年掀起的向共产主义过渡的声势很大，毛泽东甚至估计中国可能比苏联先到达共产主义。为此赫鲁晓夫提出各社会主义国家向共产主义过渡时要“对对表”，强调“各国共产党人的任务是不落后也不抢先”。但是这种空想共产主义运动，随着赫鲁晓夫的下台而逐渐退下来了，苏联宣布：苏联处于发达社会主义的开始阶段。在社会主义国家中不止一次地发生空想共产主义思潮，酿成超越历史阶段的实践，是值得认真研究的历史现象。

（二）中国的空想共产主义运动

1. 大跃进运动是这场空想共产主义运动的前奏

1958年8月出现在中国大地上的，亿万人民一拥而上的空想共产主义运动，显然不是突发的，而是在一定成熟的社会条件下爆发的。这个条件就是大跃进运动。大跃进本身还不能算是空想共产主义运动，因为大跃进是超高速度的建设运动，大跃进前期（1958年8月《关于在农村建立人民公社问题的决议》以前）并没有向共产主义过渡的含义，但它是空想共产主义的前奏，这场空想共产主义是狂热的大跃进运动合乎逻辑的升级。大跃进运动发端于1957年10月的八届三中全会，毛泽东重提与资产阶级的矛盾和重提高速度建设问题。毛泽东在会上提出要恢复多快好省、农业发展纲要和促进委员会。实际上就是要搞超高速。我认为八届三中全会重提速度问题与八届十中全会重提阶级斗争可以等量齐观。会后，一个农村大辩论、一个农业四十条就把农村大干的形势造起来了。1957 年 11 月毛泽东的莫斯科之行是中国的大跃进运动卷入了社会主义阵营的赶超潮流中去。赫鲁晓夫创造的与资本主义竞争的赶超意识已经成为国际共运中的思潮。毛泽东一直有高速度摆脱中国贫穷落后面貌的强烈愿望，他在莫斯科继苏联宣布 20 年赶超美国的目标后，宣布中国 15 年赶超英国的竞赛目标。可以说毛泽东的赶超意识给莫斯科加了温，莫斯科的赶超思潮又给毛泽东和中国加了温。1958 年 5 月召开的八大二次会议非同寻常，它标志着 5 个月来经过杭州会议、南宁会议、成都会议、汉口会议等一系列中央小型会议后，大跃进的思想准备确实已经成熟，你追我赶的形势已经出现。大会后，全国进入了一个打破常规、打破常识的追求超高速度的赶超热潮中，其狂热程度、愚昧程度笔墨难以形容。连“人有多大胆，地有多大产”这种主观唯心的口号都上了《人民日报》的大标题。6 月 23 日《人民日报》通栏标题《农业跃进速度古今中外俱无，引导农民不断革命继续前进》，接着就是水稻卫星陆续上天。工业跃进的狂热程度也不亚于农业。5 月八大二次会议时测算，如果钢产量 5 年内达到 4000 万吨，那就可能 7 年赶上英国，再加 8 年赶上美国，据此制定了 7 年超英 15 年超美的五年计划指标。到了 6 月根据新的测算，毛泽东在军委扩大会议上透露：3 年基本超英 10 年超美有充分把握。

掀起了全民炼钢的热潮，在狂热中，生产力的大跃进发展到生产关系的大跃进；与资本主义大国的竞赛发展到社会主义阵营内部向共产主义过渡的竞赛，中苏等国相继揭开了空想共产主义的帷幕。

2. 人民公社是这次空想共产主义运动的中国模式

人民公社之所以是空想模式，因为它是头脑中的产物。它是中国空想主义者们为了向共产主义过渡而构思出的一种过渡模型。向共产主义过渡的思想、公社思想都是由上而下灌输的。全国公社化的实现是由上而下组织起来的。所有空想社会主义和空想共产主义都是脱离实际的幻想，是来自头脑而不是来自社会实践的现实需要，它只能是昙花一现，不可能持久存在。1958年6月高产卫星上天之际，空想共产主义已经萌动，已经构思了过渡的途径。7月1日《红旗》杂志发表了陈伯达写的《全新的社会、全新的人》的文章，宣告中国已经找到了向共产主义过渡的道路。接着他在北大庆祝七一大会上正式宣告了毛泽东构思的公社思想："我们的方向应该逐步地有次序地把工（工业）、农（农业）、商（交换）、学（文化教育）、兵（民兵、即全民武装）组成一个大公社，从而构成为我国社会的基本单位。在这样的公社里面，工业、农业和交换是人们的物质生活；在全世界上人剥削人的制度还没有彻底消灭以前，这种全民武装是完全必要的。"毛泽东等东少数人的构思必须到实践中去加工，8月4日毛泽东到徐水县，5日全县开大会宣布向共产主义进军。刘少奇坐镇北京，派农村工作部副部长来徐水部署试点工作，于是向共产主义过渡的试点就在中央领导下开始了。值得注意的是这位副部长除了带来马恩著作外，还带来了康有为的《大同书》给干部阅读。《大同书》是中国大同思想和西方空想社会主义的混合体，对大同社会的描述十分具体。据说当时中央还在汇编其他乌托邦著作，可以想象这些著作对中国共产党试点的影响。毛泽东的河北、河南、山东之行，宣传了他的公社思想,制定了《山东嵖岈山卫星人民公社试行简章》、《徐水县委关于加速社会主义建设向共产主义迈进的规划》，直接过渡的思想具体化了。随后在北戴河中央政治局扩大会议上做出《中共中央关于建立人民公社问题的决议》。这个决议为在全国建立人民公社统一了规格,统一了方法和步骤。这个决议的结束语写道:“看来，共产主义在我国的实现已经不是什么遥远将来的事情了。我们应该积极地运用人民公社的形式，摸索出一条过渡到共产主义的具体途径。”这个向共产主义过渡的宣言书，是经过到会的各级领导热烈讨论后形成的，为党的领导群体所接受，少数人头脑中构思的空想共产主义蓝图已经转化为中国共产党的行动纲领了。人民公社作为向共产主义过渡的中国模式，根据八届六中全会的归纳，当时向共产主义过渡的具体办法主要有四条。一是人民公社的组织形式。它是政社合一的具有领导政治、经济、军事的统一的权力，具有各项生产的综合能力，具有经营农、林、牧、副、渔各项生产能力，具有管理人民群众的一切物质生活、精神生活无所不包的职责，是未来共产主义社会的基层单位。二是公社工业化。公社办工业，农民逐渐工人化，逐步消灭城乡差别。三是工资制和供给制相结合的分配制度，从按劳分配逐步过渡到共产主义按需分配。四是教育和劳动相结合，消灭体力劳动和脑力劳动的差别。这就是中国空想共产主义的文化纲领。以上四条是党中央归纳的向共产主义过渡的方法，其实不止这些，还有影响很大的全民皆兵、生活三化（组织军事化、行动战斗化、生活集体化）都是中国模式的特点。中国翻天覆地的空想运动，正应验了恩格斯说的，空想的新制度“愈是制定的详细周密，就愈是陷入纯粹的幻想”。平均主义思想的泛滥是这次空想共产主义最严重的恶果，也是导致这次空想运动失败的主要原因。我认为平均主义泛滥，使作为中国模式的人民公社陷入四大不治之症：第一，平均主义的均产思想造成了人民公社体制上的不治之症。建立人民公社体制的过程就是一个消灭财产差别，一律拉平的过程。名义上是共产主义，实际上是均产运动，在贫富队之间、各村之间更大范围内拉平，这种拉平助长了农村平均主义思想又破坏了生产的发展，长期困扰中央领导的所谓人民公社体制问题就是均产带来的固有弊端。如从体制上不克服劳动生产在小队、分配权在公社的矛盾，就摆脱不了生产不拉平而产权拉平、分配拉平所造成的不治之症。均产的理想在现实中不断碰壁，在体制上不得不一步步下放回去，直到1961年才真正落实到三级所有，小队为基础，人民公社的均产运动也就彻底失败了。第二，平均主义的均工思想造成了劳动上的不治之症。建立人民公社也是一个企图消灭差别，追求平均劳动的过程。以为一同出工、一同收工就是共产主义的“各尽所能”。这种“大呼隆”、“大兵团作战”的劳动，不可能“各尽所能”，只是一种劳动上的粗放制，在均工思想支配下无论怎样加强组织也不会出现你追我赶的劳动积极性。这是平均主义在劳动制度上带来的不治之症。只有克服平均主义，承认差别，按照农业生产特点安排劳动，回到按劳分配制度上去，劳动积极性才可能恢复，实际上很多公社很快就恢复了工分制度。第三，平均主义的均富思想造成了分配上的不治之症。公社要向共产主义过渡，在小农经济的基础上分配只能是平均主义的。生产队的贡献不同而分配却要在公社范围内拉平，对劳动果实实行统一分配与生产队之间、社员之间贡献的差别造成的矛盾是人民公社又一个不治之症。在小农基础上要坚持供给制连最低限度的生活供给都做不到，以致不论穷队、富队普遍“瞒产私分、深藏密窖、站岗放哨”。均富思想是毛泽东空想共产主义的思想支柱，虽然到1961年他才勉强同意取消供给制，停办食堂，但他始终没有放弃均富思想。公社核算、统一分配的时间是很短的，不得不退到大队核算，最终还是退到生产队核算，贫富队拉平的空想也就破灭了。第四，平均主义的均智思想造成了人民公社文化上的不治之症。

人民公社的文化理想是消灭脑力劳动和体力劳动的差别，创造向共产主义过渡的文化条件，但人民公社只能在农村文盲、半文盲的素质上拉平，强调刚刚脱盲的社员人人可当科学家，这种在最低水平线上拉平脑力体力劳动的差别，是与共产主义文化条件背道而驰的，成为一场闹剧。中国空想共产主义充满了平均主义色彩。均产、均工、均富、均智成了不治之症。空想一旦强加于现实，它固有的弊端就充分暴露出来，现实一片混乱。10 月，毛泽东指示徐水工作组注意发展商品，注意反对平均主义。11 月上旬召开郑州会议，开始读书务虚，下旬接着开武昌会议，至 12 月举行了八届六中全会。在一个多月的读书反思中，中央在几个关键问题上认识有所突破。这就是：向共产主义过渡的条件问题，商品生产问题和按劳分配问题。第二次郑州会议上又开始解决价值规律问题。因此向共产主义过渡问题，在认识上有明显的转变。四个月前的八月会议是用“看来，共产主义在我国实现已经不是什么遥远将来的事情了”这样的话说的，而四个月后的六中全会决议却斩钉截铁地宣告“企图在条件不成熟的时候勉强进入共产主义，无疑是一个不可能的空想”、“我们不能在社会主义阶段停步不前，但也不能陷入超越社会主义阶段而跳入共产主义的空想”。六中全会宣告了向共产主义过渡运动的结束，但不等于这个运动的消失。这个运动的退潮一直到 1961 年中央工作会议通过《农村工作六十条》为止。作为全党全国直接向共产主义过渡的一次运动来看，我认为它是短暂的，是以八月北戴河会议和六中全会两次党的决议为起止标志的。至于毛泽东个人思想的演变和反复不能作为划界的准则。

（三）历史的几点启示

我从思想高度上对历史的教训作了几点理论结论。第一，推进历史只能从现实出发而不能从原则出发，这是必须坚持的历史唯物主义原则，一切空想都是脱离现实的结果。“为了使社会主义变为科学必须首先把它置于现实基础上”，研究国情，从国情出发才是推动历史前进牢固的基础。第二，人类社会历史也是一个自然进程。人的意志和力量只能推进它，不能摆脱和超越它。一切空想都是对历史坐标的超越。只有认清社会在历史进程中的位置，才能真正有效地推进历史。党的十三大关于社会主义初级阶段的科学论断，拨开了20年“左”的迷雾，显现出了我国社会真实的历史位置，从而把我们的事业引上了康庄大道。第三，在小农经济的基础上侈谈共产主义只能引起平均主义的泛滥。列宁晚年、恩格斯晚年都警告人们不要在没有实行共产主义的物质基础上滥用共产主义的名义。今天我们能够提出生产力标准，要对共产主义的理想落实到发展生产力的实处，这是历史长期曲折后重大的反思成果，必须自觉地坚持它。第四，比平均主义危害更深的是平均主义思想方法，必须克服认识上的单一性，才能开拓视野，开拓道路。第五，重视空想共产主义的研究。历史告诉我们并不是有了科学社会主义，空想思想就自然消失了。社会主义建设中出现空想成分，不仅是客观现实，而且也是不可避免的，这是和不成熟的社会主义生产状况相适应的。因此要认真研究它，而不是回避对它的研究。

20 世纪 80 年代后期的四年，我的党史研究突飞猛进，发表了不少论著，这三篇代表作是其中的理论高峰，其价值如何，让后人评说吧！

第五部分

第三十二章 搁置党史研究 我的研究工作的转向

20世纪80年代后期，由于种种原因，我逐渐搁置了党史研究，转向博物馆研究和博物馆学研究，并把我的博物馆研究的成果，推向实践，开辟了我的理论与实践的新天地。

回想起来，改革开放之初，拨乱反正中，我发表的《坏事变好事辨》等短论，遭到围攻，当时我并不在意，我认为是思想僵化群体的反应。我在1984年给北大研究生讲《周恩来研究》课时，我告知学生“研究无禁区，宣传有纪律”。这是当时我的想法。实际上那时研究也有禁区了。我在不断碰钉子之后才认识到研究应该有禁区。为什么研究要有禁区，我逐渐有所认识。我在史学改革的思考中认识到当代史研究中的感情问题，也是主观问题。我在《把握当代史研究的特性》论文中，专门设置一章《研究当代史要坚持客观性和科学性》。我认识到历史是人创造的，人是有感情的，人撰写历史不可避免地渗入感情，包括利益。但历史又是一个客观过程，人撰写历史是以主观对客观的描述，主观历史只可能接近客观历史不可能完全符合历史。历史无情，撰史人有情，撰史人陈述历史时的感情实际上是客观历史的附加物。明白这个道理也就明白了历史经验告诉我们为什么当代人不修当代史的道理。斯大林开创了自己修自己历史的先例，他亲自主持编写《苏联共产党（布）历史简明教程》（简称《联共党史》），完全是一本围绕斯大林的政治教科书，这本书的第四章第二节《辩证唯物主义与历史唯物主义》是其理论纲领。延安整风时编的《干部必读》12 册，《联共党史》的第四章第二节，就列为干部必读的一种，所以老干部都学过第四章第二节，连我这个解放战争后期学新哲学的人对这一章节也下了点功夫。后来才知道马克思、恩格斯只说过历史唯物主义，并没有说过“辩证唯物主义”。马克思并没有认为他在辩证法上超过了黑格尔。记得邓大姐在审查周总理展览时，看到一条说明上提到历史唯物主义，未提辩证唯物主义，她指出应加上辩证唯物主义才完整，但我未加。可见《联共党史》在老同志头脑中记得多深。我党两次历史决议，就是中共党史的大纲。我搞党史陈列、“当代中国”历史陈列，都是紧紧依靠两个决议。使我下决心把党史研究先搁置一下，是《论 1958 年》的遭遇。我完成这篇论文后，托我馆工作的胡乔木的儿媳朱蓉妹帮我送呈乔木审阅。不几天蓉妹就传话回来了，她说乔木秘书告诉她乔木已看过。蓉妹问说了什么？秘书说，没说什么，只说了句“他还挺能用脑子”。我认为没说什么就是既不支持，也没反对，不了了之。这篇论文在现代史学会讲时受到欢迎，在党史年会上引起极大关注。当时大会确定三个重点发言，周承恩的新民主主义补课问题，我的论1958年中国空想共产主义运动，石仲泉的社会主义经济建设问题。我的论文受到特别重视，人民大学戴鹿鸣教授说：“老苏作了一篇大文章。”参会的党史刊物纷纷约稿，表示回去就刊登。连廖盖隆坐在台下也听得很认真。党史研究室的周承恩当时正在主持“毛泽东晚年思想研究”课题，他约我参加，我欣然答应。但是情况发生变化，廖盖隆在总结中只字不提周承恩的新民主主义补课和我的中国空想共产主义，只表扬了石仲泉的经济建设论文。向我约稿的那些党刊，回避不提了。此后，我决定把党史创新研究搁置一下。当然党史宣传仍旧做下去，因为陈列工作就是宣传工作，这是我的工作职责，有两个决议为纲，做下去也不难。

20世纪80年代末，我的研究方向从党史研究转向了博物馆研究，进入了新的研究领域，1998年出版的我的第一部论文集，收进我这个时期发表的30篇党史、当代史论文，留存下来，记录着我思想发展的轨迹。

第三十三章 回到陈列
博物馆陈列的新思考

20世纪80年代，在改革开放的热潮中，我努力攀登党史研究的高峰，后来又把精力放在陈列研究上，放在党史宣传上，我对博物馆陈列开始有了一些新的思考。恰巧这时机构改组，我承担了更多的工作责任。1983年2月国务院恢复了两馆建制，革命博物馆、历史博物馆在“文革”中合并，现在恢复了革博、历博两馆原建制。机构也重新调整，设立十个处级机构，这是大处级机构，陈列部包含内容组、美工组、资料室，业务的管理扩大了。任命我和方孔木同志为陈列部负责人。我很兴奋，因为把美工部门和资料室划归陈列部领导，我的博物馆实践范围更大了。资料室在革博是个宝库，我很想对其收藏有进一步了解，此后我和资料室周正本等同志建立了密切合作的友谊，我也接触了其中宝贵的馆藏。多年来我一直呼吁开发资料室拥有的这座宝库，我本人也深有受益。美工在陈列中的地位是我一向重视的，划给陈列部领导实际上加强了陈列的形式与内容的统一，可惜后来又分开了。在拨乱反正中博物馆界也从政治斗争的工具中摆脱出来，回到文化属性上来。我馆陈列也从党史陈列回到革命史陈列，对基本陈列重新建立陈列体系，以“近代中国”和“当代中国”为题建立了两个既分开又连接的近现代陈列。这是个大胆的、大幅度的陈列改革，我负责建立“当代中国”的陈列。“当代中国”最难办的两个问题，一是文物问题，二是曲折的历史如何表现。馆藏新中国成立后的文物不太平衡，歌颂社会主义改造的文物太多、面太窄，而表现社会进程的文物太少，批判性文物根本没有。我们必须大力征集当代文物，特别是历史批判性文物。我听贵州同志说黎平县仍有一个人民公社大食堂完好保存下来，这个大食堂在地主院内墙壁上绘有歌颂人民公社、歌颂大跃进的多幅壁画，我立即带着研究这段历史的陈翔，并邀请中国文物研究所老专家胡继高一起奔赴贵州。那时我已被聘为贵州省文物保护顾问，贵州的同志全力配合我们。到黎平后，胡继高看到大食堂满院子壁画的精彩，惊呆了。原来这些壁画是美院师生创作的，很专业，完好地保存下来了。我当即决定征集这批壁画，继高和我研究把整个墙皮揭下来托住壁画，十几幅壁画分别加固，以便保存和展出。继高当即电召他的助手来参加这个工程。当这批壁画运来北京时，黎平县敲锣打鼓欢送文物进京。馆领导老黄和我出面迎接，感谢黎平人民的贡献。贵州那时经济发展很慢，大跃进时大炼钢铁的小土炉还存在，汽车沿途山坡上还可看到，我停车拍照，在贵阳附近一个小镇的路边还有一个炼钢的小高炉，我想把它搬回来作为土法炼钢的物证，但陈列室放不下，我就揭了一些炉瓦带回来了。那时小土高炉别处很难找到了。后来又发现河北保定城外遗弃着大炼钢铁时炼出的一个大铁球，陈翔用车把它拉回来了。土法炼钢根本练不出钢来，达不到炼钢需要的温度，炼出的废铁就是主观唯心主义反科学的铁证。我是想找到能反映这段历史的一些实物以强化陈列的感染力。对“文化大革命”我也想找到一些物证强化红色恐怖的感染力，我曾设想进入“文革”展厅，应以红色为主调，《宪法》就抛在红色的角落里。“宜粗不宜细”的精神下来后，我想把陈列向深里搞是行不通了。“当代中国”的陈列很难做，只好慢慢来了。“近代中国”的陈列基本已经成功，先开放了。

我很想对新中国成立初期的社会风貌在陈列中着力反映一下，那时社会朝气蓬勃。很多老同志、老百姓怀念那时的社会风气，我自己也有亲身的体会。但是党史教科书把新中国成立后的前三年定为“国民经济恢复时期”，着眼于国民经济的恢复，我则想着力研究社会精神风貌，我开始从报刊上积累资料。我认真阅读《人民日报》，搞了大量卡片记录社会新闻。这时国情教育提上日程，中国现代史学会在北京举办国情讲习班，我被邀请讲授新中国成立初期的国情。因此我把从报刊上积累的原始素材加以梳理，以一条条新闻报道为基干，写成了《建国初期的社会精神风貌》讲稿。我在这里不仅提倡研究社会而且提倡研究报刊，因为报刊是我们了解这个社会的有血有肉的最直接的素材，是这个社会风貌的一面镜子。报刊提供给我们鲜活的材料是档案文献所不能取代的，我在这里为人们提供了一则则鲜活的史料，在这些史料里人们可以直接地具体地感受到社会跳动着的脉搏。我把新中国成立初期的社会精神风貌和人民心态的主流概括为四个方面加以表达：第一，人民喜气洋洋，充满了翻身做主人的喜悦；第二，整个社会万象更新，洋溢着革命的激情和改革的朝气；第三，出现了涵盖全社会的学习马克思主义热潮，人民的思想文化素质急剧上升；第四，共产党的精神风貌是社会精神风貌的先导，共产党的党风是全社会追随和学习的楷模。我的讲稿用大量的新闻报道描述新气象，仅摘其中一例：

“1952年5月北京电信局在中山公园安装一台无人管理的公用电话，市民打完电话都能自觉往电话箱中投钱。有的市民打完电话没有零钱，就到别处换了零钱再回来投入‘话费箱’。根据变数计的自动计示，每天群众打电话160多次，经过几十天的统计，群众投入‘话费箱’中的钱数与通话次数完全相符，分文不差。”

我的讲稿就是用这些活生生的事实来描绘20世纪50年代初典型的社会现象。事实胜于雄辩。我的这个用新闻事实汇聚起的讲稿，收入了我的论文集卷一。我在讲稿的最后部分写道：“我认为建国初期的万象更新、革命向上的社会精神风貌，是在一种革命理想的指引下、一种革命激情的鼓舞下诞生的。值得我们深思的是这种社会革命激情能够保持多久？能不能成为驱动社会历史不断前进的动力？我将对历史的物质动力与精神动力作进一步的探讨。”

我和陈列部社会主义组的同志一起编撰了《中华人民共和国实录》，由河北人民出版社出版，用的就是实录体，根据报纸摘录每日大事记，工程也算浩大。我们连续编纂了几部反映当代史的图集。值得一提的是在香港回归前夕应香港中华书局之邀编辑的《创业之路——中华人民共和国 40 年历史图集》。香港回归迫切需要有一本新中国的历史书，以适应香港人的祖国归属感和认同感，香港中华书局的钟洁雄主任来北京找到人民出版社的庄浦明副社长，庄又找到革博的黄馆长和我商谈此书。老黄和我欣然接受这一任务，组成了三方人员参加的编委会，以黄、庄、苏、钟四人为主任委员，黄高谦为主编，我和方孔木、林谷良为副主编，快马加鞭，很快完成了书稿。由我带着书稿偕同老庄和出版社的陈有和主任赴广州与香港的钟主任、两位编辑在广州会合，进行终审定稿。经过两周的紧张工作，完成了终审，决定香港版用繁体字由香港中华书局印刷发行，内地版用简体字由人民出版社印刷、新华书店发行。我们总算为香港回归做了一件有意义的事。在广州期间我们住在出版社招待所，在出版社食堂吃饭。我们北京去的三个人吃大锅饭，每顿一菜一汤，而香港客人单吃小灶，点菜小锅单炒，相比之下生活差得很远，我才明白为什么这么多老百姓偷渡香港谋生。我住的房间临街，推开窗户往外看就是菜市场，很热闹，对门是一家卖烧鹅的店铺，摆着一排排烧鹅，油光锃亮，很是诱人。我没吃过烧鹅，星期天下去花一块钱买了一盘烧鹅，我们三人品尝了一番。他们也没吃过烧鹅。我们这些中等知识分子，清苦了半生，遭遇都差不多。这时广州正开广交会，我们也去参观了，新物品很多，琳琅满目，但离我们的生活还很远，看看而已。陈有和建议我买点金子，广州金价便宜很多。我想起我和妻子结婚时是供给制，哪有钱买结婚戒指，现在买一个送给她，算是补上了吧。送给她时，她笑了笑收起来了。后来我想起她没披过婚纱，我们的结婚照是穿着军服的。许多老年夫妻都补照了披着婚纱的结婚照，我们也补照吧。但她不同意，她说，这么大年纪了再披婚纱，人家以为是二婚呢。她对浅薄的罗曼蒂克不感兴趣。但我们钻石婚时，我还是送给她一个钻石戒指，孙子媳妇林霄说，爷爷还挺浪漫的。就说到这里吧，人老了，回忆也增进幸福感。

1985 年，革命博物馆又进行机构改革，把纵向机构改回到横向机构，把大处制改为由馆领导直接领导，陈列部一分为三，美工组划出另建美工部，资料室也划出陈列部独立，陈列部回到原来的范围，也许这样馆领导好直接抓业务。这时我已 58 岁，就不当陈列部主任了，由方孔木当主任。这时他 50 岁整，也不能再等了。说到方孔木，我们俩感情很深。他和明华结婚时我是婚礼的司仪。那时我刚从部队转业到革博不久，兼任了新成立的俱乐部主任。俱乐部也就是相当工会，操办婚礼是分内之事。我和孔木合作共事了几十年直至退休。孔木为人纯真无邪，我们亲密合作，休戚相关，荣辱与共，往事如烟但不会忘怀。孔木是我终生不渝的至友。

不担任陈列部主任，我活动的空间更大了。

第三十四章 筹办会刊 《中国博物馆》和《中国博物馆通讯》的开创

我不当陈列部主任有了更多的时间和自由，我得以从个体博物馆的研究向群体博物馆的研究发展。这时成立不久的博物馆学会向我招手。老友王宏钧正代理理事长，亟需建立高质量的会刊，他找到了我，委我以筹建会刊的重任。是宏钧把我引入博物馆更广大的领域中发挥我的潜力，我不能不感谢他。为什么说是委以重任，这里我要说说当时的形势。十一届三中全会停止了阶级斗争，开始了以经济建设为中心的新时期，各个领域、各个行业获得解放，出现了迅速发展欣欣向荣的新局面，博物馆事业发展尤其迅速。从战争转到和平建设中出现博物馆大发展是一种国际现象。在战争动乱的破坏中，博物馆首当其冲，在和平发展中，博物馆又是文化建设中的首选。博物馆的兴衰是和国家的兴衰紧密联系着的。20世纪80年代我国和平建设高潮的到来，催动了我国博物馆的大发展。在博物馆大发展中，面临的紧迫任务就是拨乱反正，把搞乱了的思想和业务改正过来，从理论上正本清源，恢复博物馆本来的文化特性和业务秩序。实践在呼唤理论。不仅文博界，全国都在拨乱反正中加强了理论建设。中央召开了理论务虚会，各行各业也都在正本清源，提高拨乱反正中的理论力量。也许这就是胡耀邦在建立中国博物馆协会的报告上批示“协会”改为“学会”的原因吧！那时许多协会都改为学会了。实践呼唤理论似乎是一种规律。我国博物馆经历了20世纪80年代的大发展，随之出现了80年代至90年代的理论繁荣。在实践中催生的理论繁荣是有生命力的。为了适应实践对理论的需要，为了进一步把会刊向学刊的方向发展，博物馆学会常务理事会作了专题研究，强调了会刊为学术季刊，要努力提高其学术水平以适应博物馆建设的工作需要和理论的需要。王宏钧兄找到我，邀我承担学会的这一重担。这时我正处于事业的空档中，正从党史研究转向博物馆研究，遂毅然承担了主编之职，开创学刊的新局面。承宏钧为我安排了三位有理论有实践的年轻编辑班子，搭建了编辑团队，我得以朝气蓬勃地开展了这项崭新的事业。时值学会换届，增补了我为常务理事以加重我的责任。谈到增补常务理事，不能不说说董谦老馆长的为我力争。当时革博为轮值单位，拟沈庆林为学会理事长、齐仲久为秘书长，董谦继续任常务理事。董老提议增补我为常务理事，大家认为革博占四个常务理事太多了。董老认为会刊主编不进常务班子没法搞好刊物，讨论结果董老主动退出常务理事，把位子让给我，我遂得以当选常务理事。董谦这位老同志不光对我而且对后来人总是搭桥铺路，帮助发展，这是老同志的高贵品质。我后来学他，尽力帮助后来人。我对会刊的规划是创办《中国博物馆》和《中国博物馆通讯》一对姊妹刊物，《中国博物馆》定为学术季刊，《通讯》定为信息月刊，前者强调理论性，后者强调信息性。我安排孙葆芬、安来顺担任《中国博物馆》责任编辑，一人编一期，周期很长，为的是可以有充分时间研究国内外博物馆理论动态和国际博协教科文组织的文献及国内有关文件。每期都登一些国际文献上的中译文。他们还和专业委员会建立直接联系以加强对博物馆业务的认识，孙葆芬联系保管专业委员会，安来顺联系陈列艺术专业委员会，直接深入博物馆的业务实际，使学术季刊的理论根植于实践。《中国博物馆通讯》是月刊，由秦贝叶一人担任责任编辑，她是快手，每月采集的理论信息和工作信息都很丰富及时。

筹办《中国博物馆》、《中国博物馆通讯》两个刊物

这里我要重点说一说《通讯》的重点栏目《论点摘编》。这个栏目我亲自做。这个栏目置于卷首以加强学术信息的传播，以短平快的方式采集与介绍中外博物馆理论界的学术新观点。每期刊登五至十条不等,每条三五百字至七八百字不等。这个栏目开始是自由投稿，后来感到稿件质量上不去，而且不及时、不对路，为了加强稿件的理论质量，加强时效性和计划性，我决定由我作为我的一项学术信息工作,全部承担下来。从1986年开始到2003年我辞去主编职务为止，共刊登了中外博物馆研究者的论点 1400 余条共 70 万字。应该说这是我的一项学术业绩，我选了其中一小部分收入我的论文集的附录。20世纪 70 年代末至 90 年代末,是国际博物馆理论界最活跃的黄金时期，我国稍后一点也进入了理论活跃期。这时的《论点摘编》很有价值，是博物馆思想史的宝贵资料。我的论文选（卷三）只附录了其中的一部分，我曾经想把这 1400 条 70 万字的摘编，汇编成《博物馆思想史资料简编》，留给后来的研究者使用，但现在还顾不过来。再说现在的研究者和年轻学子不大会用史料，也沉不下心来研究史料。我的这些摘编都是下了功夫搞出来的，不仅要摘出文章的论点还要摘出论据，光有论点没有论据不行，那只是论断，形不成我要达到的论点摘编的要求。在一篇文章中要找出它的论点还要有论据，这就非精读这篇文章不可。为此我精读了不少文章，所以许多精彩的论点及其作者，我至今还能记得，功夫没有白费。我摘登的这些论点，不光摘自学术论文，还包括博物馆的时政文章中的新观点，范围很宽，也更有实用价值，我自己的文博视野也得以开阔起来。2003年我辞去主编职务，《论点摘编》栏目也就消失了，太可惜了。

为了使这两个刊物集思广益，我们有一个办实事的编委会。主任委员由我担任，委员有陈瑞德（历史博物馆）、甄朔南（自然博物馆）、赵松龄（地质博物馆）、夏书申（军事博物馆）、高荣光（博物馆学会）、孙葆芬（博物馆学会）。编委来自各行各业，扩大了刊物视野。我们还不定期地到各省区召开读者座谈会，与地方上多通气。我们是把办好这两个刊物当作事业努力去做的。《通讯》是信息月刊，采编周期很短，要完成三校，秦贝叶到车间边校边改，中午带着饭盒在车间吃。我在单位吃完午饭就骑车到故宫紫禁城西北角的文物出版社印刷车间去签字付印。有一次印刷厂的新闻纸供不上了，停工待料，我急忙去解放军政治学院出版社找我的老战友赵更群求援。他是出版社社长，当即借给我几十令新闻纸。我从馆里借了卡车去运纸，我还买了一斤水果糖给司机，因为运的不是馆里的活。安来顺要去外语学院强化英语半年，他的编辑业务我全部承担下来，支持他学习。孙葆芬利用到外地出差机会多次召开读者座谈会征求意见，改进工作。1990年联合国教科文组织的《博物馆》国际刊物，刊登了一篇报道介绍我们的刊物，标题是《中国：五年280万字》，还配发了我们四人开编前会的照片，桌上摆着高高的一摞稿子和几大本工

“两刊”编前会

具书。那时我们的刊物蓬勃发展，蒸蒸日上，真是“人心齐，泰山移”啊！

从 1985 年开始到 2002 年我辞去主编之职，18 年间《中国博物馆》编发了 16000 多件理论稿件，1008 万字；《中国博物馆通讯》编发了 1100 多万字的学术信息和工作信息稿件。两个刊物的合订本 38 册，放在书架上，两层都摆不开。我在一篇回忆文章中写道：“18 年来，不知有多少作者在这里发表了他们评职称的代表作，不知有多少作者在这里发表了他们的处女作而终身难忘，不知多少研究者在这里发表了他们的论著而得以广泛传播……”在这里我结识了国内外博物馆界众多的朋友。我从实体博物馆进入了文博事业更广大的领域，我的博物馆理论研究、政策研究踏进了更广、更高的领域，由此掀开了我事业新的一页。

第三十五章　博物馆史研究《博物馆演变史纲》的撰写 / “外国博物馆史”的撰写

20 世纪 80 年代后期，博物馆史的研究兴起。我在《中国博物馆》上开辟了“博物馆历史”专栏，发表了不少这方面的论著和史料。但我自己还没有撰写博物馆史的打算。1987 年国际博协大会在巴西里约热内卢举行，中国博物馆学会的沈庆林理事长、齐仲久秘书长出席会议，带回了民主德国博物馆学家克劳斯・斯莱纳的《博物馆学基础》一书，我欣喜之极。这本书是继《苏联博物馆学基础》之后的又一本马克思主义经典之作。我赶忙邀请南开大学冯承柏教授来京研究翻译和推介。承柏也主张在我国博物馆界要加强马克思主义博物馆学的建立和推广，与我是志同道合的好朋友。他闻讯立即赶到北京，我们两人畅谈了一天，他赶回天津组织力量翻译，他本人还专门写文章推介此书。斯莱纳是享有国际声望的博物馆学家，在 1977 年建立的国际博协博物馆学委员会任副主席，出版了博物馆学多部著作。这本《博物馆学基础》是 1985 年新作，在国际博协大会推出，是国际博物馆理论界马克思主义博物馆学的一本新的代表作。它比 1956 年的《苏联博物馆学基础》理论上更强更深，承柏在他写的《推荐一本马克思主义的博物馆学专著——博物馆学基础》文章中作了详细介绍。《中国博物馆》1987 年第 2 期、第 4 期连续刊登了承柏的推介文章，摘登了重要章节的中译文，强力推荐了这本专著。这本书的第一章“博物馆领域的历史”给了我一些有益的启示，引起我研究博物馆史的理论冲动。我开始整理史料，梳理史料，构建我的博物馆史的理论框架。我继承了施莱纳的“博物馆现象”这个总概念，以历史唯物主义方法，陈述了二十多个世纪的博物馆现象的演变史。我的方法就是把博物馆化入它所存在和发展的那个社会形态中去，不同阶段的博物馆是不同社会形态的产物。我在作历史概括的时候，从纵的方面照顾到历史的继承和发展，从横的方面考虑到时代特征，从而使这一历史阶段的博物馆坐落在它所在的那个社会和时代之中。这就是历史唯物主义的方法。我总的认识是博物馆现象是一种古老又常青的文化现象。原始的博物馆现象出现在距今二十多个世纪之前，中经几次重大的性质上的变异，直至演变成当代博物馆的这种新形象。在漫长的历史过程中，博物馆作为一种文化现象，也作为一种社会现象，伴随着社会的演变而演变着，一方面发展着，一方面否定着自己，在继承中产生新质。所以我称我的历史陈述为演变史而不称之为发展史。但是当代博物馆是从古代形态中演变来的，要研究今天，预测明天，就要研究起源。这样才能理解哪些是保留不变的博物馆文化的本质现象，哪些是属于时代局限性的现象而被克服了，才能理解博物馆是如何演变成今天这个样子。博物馆是个复杂的现象，应该从多角度研究它的演变。我对其演变作了历史归纳。从文化角度看，博物馆作为一种文化现象，它经历了收藏珍品的原始阶段，收藏珍品、科学研究的复合形态阶段，达到收藏珍品、科学研究、社会教育三职能复合形态阶段，以及当代多职能复合形态等四阶段。从社会史角度看，博物馆作为一种社会现象，它经历了私人秘藏阶段、社会上层开放阶段、社会公众开放阶段和博物馆发展外化阶段。从博物馆本身的业务的角度来看，博物馆最古老、最本质的业务是保管，保管是博物馆一切工作最早的基础。随着博物馆科研职能的出现，科研职能就从保管业务中独立出来，实现了博物馆内部机制的第一次分工。随着博物馆教育职能的出现，教育业务就从保管和科研中分化出来，实现了博物馆内部的第二次分工。随着当代博物馆职能的多样化趋势，新的业务分工将会导致博物馆更高级的系统工程的形成，导致博物馆最佳的整体效益的出现。再进一步说，不论从文化角度，社会角度还是从业务角度来看，博物馆现象都有时代特征。它是一定时代经济、政治、文化、科学的产物。它是在时代提供的条件下产生和发展的，它又受着时代条件的限制，因此应把博物馆现象放在一定时代的历史条件下去研究。但是光把握时代性还不够，还要把握历史的连续性，把博物馆现象放在历史的长河中去考察，既是唯物的又是历史的去研究博物馆现象。这就是我对博物馆历史研究的基本思路，也可以说这就是我的博物馆的历史哲学。

博物馆的历史分期可以有多种，我是根据博物馆本质特征的演变，参照世界史分期而划分为四个时期，即古代博物馆时期（奴隶社会、封建社会时期，17 世纪以前）、近代博物馆时期（自由资本主义时期，17~19 世纪）、现代博物馆时期（垄断资本主义时期，20 世纪上半叶）、当代博物馆时期（20 世纪下半叶始）。它的演变过程大约如下。

1. 博物馆的古代形态

博物馆现象出现于奴隶社会，博物馆现象起源于珍品的收藏，收藏珍品是博物馆的第一现象、第一职能，也是最初的博物馆本质。原始社会虽然出现了原始的艺术萌芽，但那不是博物馆文化，博物馆文化现象的出现要迟至私有制的产生，奴隶社会的到来。奴隶社会生产力提高，一部分人摆脱了体力劳动重担，开始了人类文明的历史，也是财产私有制的开端。随着社会的发展，从物质财富的占有发展到精神财富的私人占有，搜集或掠夺文化珍品予以秘藏的现象就出现了，这种文化现象的出现就开始有了博物馆文化现象的萌芽。古希腊存放文化珍品的缪斯庙就被视为最原始的博物馆。延至古罗马时代，博物馆文化现象开始成批出现，私人收藏艺术品风气日趋兴盛。博物馆的古代形态在中世纪继续发展。过去在奴隶社会兴起的皇室、贵族中收藏珍品的文化现象，中世纪在教会中有进一步发展，教会收藏宗教文物丰富知名。世俗文物多集中在宫廷、贵族官邸、庄园、城堡之中。总起来说，博物馆文化现象起源于收藏珍品，这种文化现象最早的一批起源于希腊、罗马、中国等文明古国之中，形成了博物馆的古代形态。从社会视角来看，秘藏是博物馆古代形态的一个特征。这一特征在以后的发展中将被逐步否定。

2. 博物馆的近代形态

博物馆的近代形态是伴随着资本主义的产生而产生，资本主义的发展而发展。近代形态的博物馆是资本主义文明的产物。在近代形态中，博物馆的第一职能进一步完善，同时博物馆获得和发展了自己的第二职能，出现了博物馆第二种文化现象，即科学研究的职能和现象。同时，资产阶级革命敲开了博物馆殿堂的大门，博物馆有限度地对社会上层开放，从而开始了博物馆社会化的进程。博物馆从古代形态向近代形态发展，经过漫长的过渡，逐渐形成完整的近代形态。文艺复兴运动掀起了欧洲的收藏热，出现了许多收藏家甚至收藏家族。著名的几家收藏家族的收藏品为近代博物馆的藏品奠定了基础。启蒙运动推动了博物馆从艺术向科学内涵的发展。一位法国研究者发现近代博物馆是同百科全书一同出现的，这不是巧合，而是资产阶级知识开放的共同产物。法国大革命开放了卢浮宫建立了博物馆，欧洲艺术珍品转为国家所有，从而开始了博物馆社会化的进程，当然，这只是向上层社会有限开放，博物馆仍然是神圣的。随着科学革命和工业革命的发展，一种新的博物馆现象出现，博物馆的藏品扩大到了收藏科学物品的范围，在欧洲终于出现了一批最早的科学博物馆和科技博物馆。博物馆开始获得了科研的新职能。这种新职能对博物馆内部建设逐步发生重大影响，逐步加强了对藏品的研究，这就不断提高了科学研究在博物馆内部的独立地位，形成了保管、科研双职能机制，是博物馆发展中内部的一次重大分工，由此开始了博物馆建设的科学化进程。有人看到近代博物馆中收藏职能日益发展，科研职能已经形成，教育职能开始出现，社会化进程也已开始，就认为这是真正意义上的博物馆。其实，把博物馆在某一时代的形态当作典型形态是一种对博物馆定型的看法，并不恰当。近代博物馆仍在变异之中。

3. 博物馆现象的现代形态

进入 20 世纪之后，博物馆的现代形态进一步形成，博物馆的第三职能——社会教育职能有了大的发展，与第一、第二职能鼎足而立构成了现代博物馆三职能的复合体。博物馆的社会化职能也达到了新的阶段，向社会大众开放已经成为博物馆的基本特征之一，博物馆的社会价值日益为公众所认识。博物馆教育的崛起是博物馆前进道路上的一个界碑，是博物馆走向现代化的一个新特征。早在19世纪的近代博物馆中就已经孕育着社会教育的新职能，当时把藏品从库房提出来另辟陈列室展示，使藏品转化为展品，这一突破带来了博物馆教育职能的诞生。博物馆有计划、有目的地陈列藏品就形成一种教育行为了。这种教育行为出现在19世纪，到世纪末教育职能相当发展了。1873年英国皇家学会提出“使所有的公共博物馆，皆具有教育和科学的目标”。20世纪上半叶，两次大战充塞其间，民族主义、爱国主义成为这一时代思想教育的主题，博物馆是宏扬民族文化、凝聚民族向心力的好场所，博物馆教育遂为各国普遍重视。20世纪以来，博物馆的三职能逐步完备，形成三职能鼎立的文化复合体。三者的内部关系值得说一说。我认为博物馆是一个多质的复合体，对它的三职能应历史地看、辩证地看，三职能在博物馆现象中是依次出现的。第二职能是第一职能的延伸，而第三职能是第一、第二职能的延伸和扩展，三者是同心圆的关系，圆心是物的收藏，内圆是科研，外圆是教育。辩证地看，三职能是相互渗透，是复合体而不是混合体。博物馆三职能实际上构成了一个系统工程，合理发挥三职能的关系才能求得博物馆最佳的整体效益。一些博物馆实践较少的研究者往往对博物馆物的作用体会不深，因而容易使自己的研究从物中游离出来，失去博物馆的特色。一些研究者看到博物馆教育在博物馆的前沿位置和显著作用就误以为教育是博物馆最本质的属性。这是不恰当的。我是从整体上去把握客观历史进程的，在客观历史进程中的历史现象之间，是相互关联着的从而形成有规律的发展，因此客观历史是有规律可循的。我们陈述历史就应该从整体上把握它，庶几可以接近客观历史的真实。我这个方法是“系统论”的方法。而现代系统论哲学是符合历史唯物主义原理的。在与国际著名理论博物馆学家冯·门施进行学术对话时，我谈到了博物馆收藏、研究、教育三职能依次发生并形成同心圆关系，他表示完全同意。他说：“是这样的。”

4. 博物馆现象的当代形态

现代博物馆发展到20世纪下半叶时出现了一些新的博物馆文化现象和博物馆社会现象，开始形成博物馆的当代形态。因为当代形态正在发展之中，处于历史的进行时之中，对当代博物馆形态的历史概括还需要等待实践。大略地说，有四种新趋势。第一，从科学研究向大量科学普及职能发展的趋势；第二，适应精神消费多样化趋势；第三，适应宣扬文化传统的使命；第四，回归自然的趋势。从社会视角来看，博物馆已进入了外向化进程。博物馆教育进入社会大教育系统，从中发挥着特殊的作用。博物馆环境保护加强了横向联系，博物馆也成了环境保护的生力军。博物馆与科研机构、教学机构、旅游事业的横向联系都在不断加强。博物馆正在从内部运行走向外部运行，博物馆与观众的联系也在不断加强。博物馆更深地植入了社会之中，在社会生活中将发挥更广泛、更巨大的博物馆作用。

我的《博物馆演变史纲》长约两万多字，于 1988 年 1 月发表后，并没有像我预期的那样引人关注，也许如南开大学教授所说：这个论文的贡献在于提供一个研究博物馆历史的方法。我在等待着知音。

1989 年 5 月末，《中国大百科全书·博物馆卷》在安徽九华山开审稿会，其中“外国博物馆史”长条目无人承担。吕局长强派给我撰写，我推辞不掉，只好接受。好在我在撰写《博物馆演变史纲》时已经积累了一些欧洲早期的博物馆史料，但还不够。我邀冯承柏教授与我合作。承柏长于欧洲文化史研究，我们商定他带学生摘编出博物馆发展史料，我加以梳理撰写出博物馆史，但这个工作因春夏之交的政治风波而搁下来，延至 1991 年才完成。9000 字的“外国博物馆史”长条目顺利通过。前此我还撰写了《中国大百科全书·博物馆卷》的概观性文章。《中国大百科全书》在每一学科的卷首设置一篇学科的概观性文章，由学科带头人撰写，署名发表。原来这篇博物馆卷首文章，由国家文物局局长吕济民与上海博物馆长沈之瑜合作撰写，但总也写不满意而搁置着。这时国家文物局博物馆处王宜副处长推荐我来撰写，吕局长同意了我来撰写，但不署名。我明白我的份量不够，但我不在乎。那是1985年的事情。到20世纪90年代初《中国大百科全书·博物馆卷》出版时，卷首的概观性文章的署名，我的名字赫然与吕济民并列于卷首。我很感动，这是主编吕济民局长对我的提携，但也表明了我在博物馆界的地位正在上升。

第三十六章 发展研究
我的两次小中风/发展研究的第一篇论文

我的博物馆历史的研究取得阶段性成果后，我开始进入博物馆发展研究的新领域。研究博物馆发展的趋势是博物馆的重要课题，日益为博物馆理论界所重视。国际博物馆在战后出现的大发展，引起了对博物馆发展趋势的关注，理论界早在20世纪六七十年代就兴起了发展研究。有人统计美日等发达国家进行博物馆的基础研究、应用研究和发展研究的人员的比例为1∶2∶5。博物馆越是发达，对博物馆的发展研究越是重视。我国从20世纪80年代后期开始，关于发展趋势的研究也多起来了。我对博物馆发展研究开始于1989

年。那年的 7 月，北京市文物局在承德召开北京地区博物馆馆长暑期研讨班，邀我去讲课。我就以《加强博物馆的发展研究》为题，讲了这堂课。我主要讲了博物馆发展研究的意义和我国目前博物馆发展研究的现状，对世界博物馆发展趋势的认识，以及我国博物馆发展中的三种文化的碰撞。讲稿收入我的论文集（卷二）。我进入博物馆发展研究领域后，不料患了两次小中风。我的发展研究第一篇论文《当代世界博物馆大发展的剖析》就是在病房中完成的。所以我在这里要说说我的两次小中风。

1990 年 3 月，我在文化部档案室看档案。3 月 20 日早上我骑车去看档案，过了东四到朝阳门人就少了，及至进入文化部大楼后面的小院就更清静了。我骑着车突然丧失意识，连人带车摔倒在地。片刻我清醒过来。一位男同志站在面前，他问我："你怎么啦？"我说我也不知道。他说："我看你正骑着车忽然手脚不动了，摔在地上。"我站起来活动了一下，没事。我庆幸没摔在东四繁华地段，就进档案室看档案了。看了不到半小时，感到心里不舒服，不看了，骑车回家。路过朝阳门菜市场我还进去买了菜。回家后仍不舒服，就去北京医院。接诊的大夫简单看了看就说"你马上住院"。我说不行，我有很多事情要办。他说："你看你嘴都歪了，中风的体征都出来了，必须住院治病。"第二天我到单位料理了一些急办的事，23 日住进了北京医院脑系科病房，很快做了 CT。我住院的主治医生叫文诗广，好像医学院刚毕业，还在做一些研究。他对我的病感兴趣，拿出一张长长的单子，问了我几十个问题。他指着 CT 片子对我说："你的大脑像 80 多岁老人的大脑。"我刚 63 岁，怎么脑子老得像 80 多岁的老人。他说你临床上不像。我自己也觉得我脑子还好使，不像老人，姑妄听之吧。我关心我摔倒是怎么回事，他说那是一过性意识丧失。我想起我摔倒的头一天下午，感到疲倦，流口水，手拿不住东西，第二天又出现中风体征，我是不是就是中风，他说你的病是"腔隙灶"，是小于 0.05 的血栓附着在腔隙间。我再问一过性丧失意识与腔隙灶是什么关系，他笑笑没有回答。他是回答不了还是说不清，但他微笑一下使人对他没有反感。他一直在北京医院工作，现在已是主任医师了，擅长老年神经系统疾病。前些年我有帕金森病的感觉，找他看看，他又拿出一个单子问了我几十个问题，说我是帕金森病早期，让我吃药。我问这病是怎么回事，他又微微一笑，笑而不答。许多病医生都回答不了是怎么回事，笑而不答未尝不是一种回答。我没有吃他给的药，但文大夫的微笑使我难忘。我第一次摔倒后刚过半年，我又摔倒了。第二次摔倒是同年 11 月 21 日早上我去上班，走在前门东大街人行道上，突然丧失意识摔倒在地。瞬间即清醒，坐在路边休息一会儿就去上班了。那天上午过"文革"展览的陈列方案，11 点结束。黄馆长问我："你怎么了，气色不对。"我说摔了一跤，刘大夫给我做了检查，裤子破了，膝盖上有血，给我做了处理。下午休息，第二天去北京医院，医生当即留我住院。那时北京医院新楼刚盖好，正在装修，让等住院通知。好在我自己觉得没事了，又去忙工作。过了年，1991年2月6日住进了北京医院新开的司局级干部病房。那时司局级干部病房很宽大，有卫生间、浴盆，有沙发、茶几，最使我高兴的是有写字台，可以工作。住院主治医生叫盛爱珍，给我做了多种检查，甚至智力测验都做了，也没查出什么病来。她有时到我屋里坐坐，聊会儿天，医患无隔阂。她后来到澳大利亚进修，现在也是北京医院主任医师了，擅长老年脑血管病。后来我妻子患病也是她给诊断出脑干缺血的。当时我住院20天什么病也没查出来，却在病房完成了我的发展研究第一篇论文稿。1990年我两次小中风,相隔8个月。第一次确实是小中风，第二次不像中风。但两次丧失意识是一样的，一点自卫本能都没有，重重地砸在地上,连衣服都破了。一过性丧失意识和中风有没有关系，怎么会出现意识丧失，医生都不明白。我的一位表侄在美国学医，是神经科的博士，他告诉我，脑子的许多病现在都不知道是怎么回事。医学都不明白，医生怎么能明白。医生都不明白，病人怎么能弄明白。我只好不求甚解了。

我的发展研究第一篇论文《当代世界博物馆大发展的剖析》是我对当代世界博物馆发展研究的一个重要成果。我从历史学角度陈述了战后世界博物馆出现的一次大发展；对这次大发展的若干驱动力、大发展中的主要矛盾及大发展中博物馆出现的若干新现象作了比较细致的剖析。这次大发展始于 20 世纪 50 年代、终于 80 年代，发展高峰居于 60 年代至 70 年代。据材料显示美国进入大发展最早，大约 20 世纪 50 年代末到 60 年代初，接着日本于 60 年代中期进入大发展，欧洲西方国家 60 年代稍晚一些进入大发展。苏联是 20 世纪 70 年代进入大发展。世界发达国家的博物馆先后于 20 世纪六七十年代进入大发展时期，到 80 年代，这种大发展势头停顿下来，进入退潮状态。据保守估计到 20 世纪 70 年代末，世界博物馆总量已经超过了 35000 座。这三万多座博物馆中的大部分是 20 世纪 60 年代至 70 年代猛然发展起来的。我对博物馆这次大发展的若干驱动力作了详细剖析，归纳起来有四条：一是大众旅游的兴起，驱动博物馆大发展；二是终身教育的广泛发展，兴旺了博物馆事业；三是环境保护的大力推进，开拓了博物馆的服务领域；四是保护世界文化遗产的紧急呼吁，极大地加重了博物馆的历史使命。总之 20 世纪六七十年代博物馆的空前大发展，考其原因不仅是文化发展的需要，而且有更广泛的社会原因。博物馆与社会的许多新兴事业发生了共兴共进的良性关系。大发展中的主要矛盾，我认为是数量和质量的矛盾。文化遗产最密集的地方，是知识密集的地方，要达到文物密集、知识密集，需要相当长的时间和条件，要经过类似资本原始积累那样有个历史过程。但是 20 世纪六七十年代的大发展中，几乎大部分新建博物馆没有充分地具备这些条件，受到了抨击。国际博协 14 届年会上一位英国馆长抨击博物馆过分普及和放弃学术标准，强调“摆平专业和公共标准”。苏联对那些没有专家、没有保管和利用藏品条件的博物馆算不算博物馆已经成为争论的焦点。我国文物部门对大发展中出现的许多小馆称为“挂牌博物馆”，予以整顿。大发展中出现的数量和质量的矛盾是不可免的，应该采取什么态度，实行什么政策，是一个值得探讨的课题。对大发展做进一步剖析，就会发现大发展虽然出现了数量和质量的矛盾，同时也出现了新现象，昭示着博物馆发展的新趋势。虽然这些新现象超越了博物馆的传统观念，但它确实已经破壳而出，客观地存在着。20世纪六七十年代以来日益普遍地存在着博物馆传统现象与新现象并存的局面。根据我的梳理，大致有以下几种新现象：一是高雅文化与通俗文化并存。那些知名的保持高雅文化的大博物馆一直门庭若市，社会需要保有一些艺术殿堂和学术殿堂。同时，社会也需要大量大众化的、适应公众紧迫的文化需要和思想需要的通俗文化。满足社会不同层次的文化需要正在成为博物馆追求的新目标。二是大馆与小馆并存。20 世纪 70 年代博物馆大发展中，发展最快的是小型博物馆，美国博物馆 80% 是小型博物馆。民主德国发展的乡土博物馆都是小馆。日本大发展中主要发展了府、县、市及村乡土博物馆。苏联 20 世纪 70 年代主要发展了社会办博物馆。尽管小馆蓬勃发展但不能取代大馆，大馆对于一个国家和人民来说，它的地位和作用是小馆不可代替的，有的大馆是国家的骄傲。20 世纪六七十年代大发展中，小馆林立，大馆复苏，出现了大馆小馆并存的繁荣局面。三是群体发展与分散发展并存。在小型博物馆分散发展的同时，大城市的博物馆正在向群体化发展以加强竞争力。鹤田提出加强博物馆群体意识，一个城市的博物馆加强横向联系形成博物馆联片互补，造成博物馆声势。博物馆的群体发展与博物馆的分散发展,两者的并存也是这次大发展的新现象。四是博物馆的自发发展与统筹发展并存。在这次大发展中，出现了多姿多彩的博物馆文化，博物馆文化的多样性成为战后博物馆的一大特色。博物馆出现多样化趋势并不是国家统筹的结果，但是博物馆的文化价值逐渐为国家所认识，从而加强了对博物馆发展的支持和管理，形成了博物馆自发发展与统筹发展并存的局面。之后的发展仍然是这样。五是基本陈列与临时展览并存。博物馆举办临时展览是 20 世纪 60 年代从美国兴起的，到 70 年代博物馆办临时展览已经在全世界流行起来。博物馆办临时展览好处很明显，扩大了博物馆的影响、开拓了博物馆藏品使用的途径、增加了博物馆的经济收入、激发了博物馆的生命活力。但这个新事物也遭到反对，认为临时展览分散了博物馆的经费和研究力量。反对的呼声是很微弱的，临时展览越办越活，已经超越了本馆，出现了馆际联展、借展以及国际交流等活跃的方式。20 世纪 70 年代出现的基本陈列与临时展览并存，显示了博物馆又一个发展趋势。我预测的上述 5 个方面的发展新现象、新趋势，确为后来的实际发展所验证。

我的这篇论文首先于 1991 年 3 月国家文物局在上海召开的全国博物馆座谈会上作了专题发言，反应强烈。因为那时国内博物馆研究者还很少研究国际课题，我算是走在前面了。《中国博物馆》1991 年第 3 期全文发表，有较广泛的转载和引用。

第三十七章　发展研究
我对可持续发展的深入研究和理论建树

可持续发展思想是人类关于发展的新的战略思想。1983 年联大成立世界环境与发展委员会，由挪威前首相布伦兰特担任主席。该委员会于 1987 年向联合国提交了一份具有划时代意义的长篇报告，题为“我们共同的未来”。该报告以可持续发展的思想为指导，首次提出了持续发展（Sustainable Development）的意义，即“既满足当代人的需要又不危及后代人满足其需要的发展”。这个定义有人称之为“布氏定义”。《布伦兰特报告》在 1987 年第 42 届联合国大会上通过，可持续发展思想及其定义遂为各国普遍接受。十几年间，它迅速成为全球性的研究热点并成为许多国家和不同专业领域的战略指南。我接触到可持续发展思想的材料后，十分感叹这一思想的伟大与深远，这个思想使发展成为可持续的而不致自毁发展的前程，这是人类关于发展的认识的飞跃。那时我正在刊物上着力于“环境科学与博物馆”、“生态科学和博物馆”的宣传，我就想把可持续发展思想引入文博界以提升事业发展的战略高度。我遂潜下心来进行《中国文物博物馆事业可持续发展战略研究》课题。我认为可持续发展定义的思想是深刻的，但其理论是薄弱的。国外一些研究者认为布氏定义表达得不够充分，国家科委甘师俊司长也说“目前所有对可持续发展的定义都不能充分地表达可持续发展的全部真谛”。我的研究分为两部分，第一部分是对布氏定义的理论研究，第二部分是对我国文物持续发展的战略研究。关于第一部分的研究，我认为可持续发展思想的理论内涵十分深刻、丰富，现阶段仍处在哲学思考和实践归纳阶段。就现有的研究成果来看，我把其理论核心概括为三点。第一，整体发展的观点。持续发展思想中贯穿着整体观点，用整体观点和整体战略把握生态系统、社会系统和经济系统的矛盾和利益；当代人和后代人的矛盾和利益加以整合使之持续发展，这是人类思想能力的新境界。第二，持续发展的观点。世界上的事物处于不断发展之中，但人类往往未能自觉地把后代的发展的可能性作为当代发展的必要因素去对待，因此人类的发展战略往往是短视的。而可持续发展思想却是把未来的发展作为当代发展的前提来对待，这就远远伸延了人们的发展眼光，把后代的利益和当代的利益融为一体去运作，从而造福无穷。第三，平等发展的观点。可持续发展思想体现了一种道德观点。人与自然之间、当代人之间、当代人与后代人之间处于平等地位。人不应为了自己的发展而无限制地掠夺自然，也不应为了自己的发展而侵夺他人或后代人的权益。可持续发展思想把平等的观念注入自己的理论中去，大大提高了人类发展的道德水平。由于可持续发展思想从整体观点、持续观点和平等观点上提高了人类的思想境界和思想能力，实际上是一次思想解放，使人类有可能走出工业文明的困境，迎来生态文明的新世纪。这就是我对可持续发展思想所做的理论贡献。说理论贡献有点夸张了，这些观点实际上是可持续发展思想固有的内涵，我不过是做了一点理论梳理而已。

关于第二部分，我对我国文物持续发展的战略思考。我提出了六个战略要点。第一战略要点，从“文物匮乏”现实出发，制定我国文物持续发展战略。我们在制定文物可持续发展战略时，需要对我国文物的实际情况作一点量化分析。我们有几千年光辉灿烂的文化，积淀了无数的宝贵文物和历史遗迹，这是可能的。可是这无以数计的文物和遗迹大多还沉睡在地下或地上，对我们来说它们还是潜在状态的文物，还没有被我们真正地拥有。我们实际拥有的、国家登记入册的、可见到的文物就太少了。全国 1800 座博物馆，藏品总量为 800 万件，全国文管所约有 200 万件，合起来号称全国拥有 1000 万件文物。如果加上全国文物商店所有的 1000 万件，全国已知文物总量也不过 2000 万件。对于我们这样一个文化古国来说，能称得上文物大国吗？美国国立美国史博物馆拥有藏品就达 1700 万件。美国只有 200 多年历史，人称美国无历史。这个无历史国家的历史博物馆就拥有 1700 万藏品，超过了我国全国馆藏品的总量。如果我们要制定文物可持续发展战略就必须摒弃“文物大国”的虚幻称号，树立起“文物匮乏”的意识，从“文物匮乏”的实际出发，制定文物保护、文物开发、文物享用的可持续战略。第二个战略要点，从文物是不可再生资源的认识出发，制定高度严格的文物保护战略。首先要确保国有文物总量持续的有增无减，加强馆藏文物的安全保护，提高防治风险的系数，引进新的安全观念和技术手段。加强地下文物的保护。第三个战略要点，大力提高文物的科学保养能力，千方百计地延缓文物的自然老化和消失的过程。在我国文物匮乏的情况下，保护和抢救现有文物及其后备资源是文物的持续发展最迫切的任务。战略要点之三。从文物资源与后代共享的原则出发，制定文物资源开发的战略。我国文物总量会根据国力稳步增长的。如果对新兴的、迅速扩大的文物收藏爱好者予以支持，使之成为庞大的文物收藏后备军。对于地下资源的开发，限于我国经济力量、科

1999 年 6 月 29 日，我在纽约大都会博物馆门前

技力量和地上保管条件，应该采取慎重的方针。我认为可以定这样一条原则：凡是地上保护、保管条件不如地下的不应开发。对于地下资源开发不仅要论证条件而且要论证后代权益。任何人无权批准透支属于后代人应享有的文物后备资源。这不仅是可持续发展的科学态度，也是一种更高的道德要求，我们应有充分认识。战略要点之四，质量意识与博物馆总量目标。我国这时已有博物馆 1800 座，这个数目怎么看？我认为不能以人均拥有博物馆的数字与博物馆发达国家进行横向比较，这是脱离实际的。美国 2.9 万人享有一座博物馆，而我国约有 70 万人才享有一座博物馆。似乎总量太少了，但从绝对数上说，我国总数仅次于日本居于亚洲第二。更重要的是一个国家博物馆总量实力是自然形成的，不是按指标发展的，是在这个国家经济、文化、社会发展的基础上发展起来的。速成的博物馆必然发生数量和质量的矛盾。当前不要刻意追求人均数量，以巩固提高为战略目标。战略要点之五，加强文物收藏的战略思考。文物收藏的目的在于使用，这只是收藏的目的之一。更重要的往往被人忽视了的是为收藏而收藏的目的。文物的收藏不仅为当代使用，而且将为后代所拥有，如果不收藏后代就失去了现代。所以应该看到保存文物是人类的发展足迹可持续的保存下去而不致消失，是文物收藏更重要、更深远的目的。我在写文章、讲课、答记者问的各种场合，不遗余力地宣传我的文物为收藏而收藏，为使用而收藏的双重目的论，至今我还在为提高收藏的战略地位鼓与呼。战略要点之六，建立国家对博物馆调控的战略机制。这个问题，我在随后发表的《对实现文博工作两个转变的思考》中详细阐述了，这里先不展开。

1996 年 9 月 8 日《中国文物报》发表了本文 6000 字摘要，题为《可持续发展与中国文物博物馆事业》，《新华文摘》、《文物工作》相继全文转载。《中国博物馆》1996 年第 4 期发表了这篇论文的全文。我认为其理论部分是最有影响力的。

第六部分

第三十八章 文物工作 我对文物理论和实践的介入／发表一系列政论

20世纪90年代初，我的研究工作开始进入文物工作领域。这是一个很自然的过程。20世纪80年代我的研究从个体博物馆向群体博物馆伸延，个体研究深入了，就自然地向更广大的群体研究领域发展，从而扩大理论视野、深化理论研究；90年代初我的博物馆研究又开始向文物工作的研究伸延，这也是合乎逻辑的。20世纪80年代后期，我的博物馆研究已经从我国博物馆研究伸延到国际博物馆的研究；90年代初我的理论研究视野回到国内，面向更广大的文物工作领域，进行学习和研究。那时为了加速现代化建设，国家重视了国情调查,这是我国理性认识国情重要的一步。例如说我国“地大物博”说了快一百年，但是细查起来，国土虽然很大，居世界第三，但可耕农田却极少，只占国土的20%，人均才几分地。如果不珍惜土地,连种粮食的地都不够了。说我国物产丰富,有无穷的宝藏，实际上我们的资源并不丰富，就拿石油来看，至今我国还属贫油国。如果翻开联合国出版的各国国情调查表对照一看，我们的情况就更不容盲目自大了。国情调查使我们清醒一些，我们的思想认识从主观主义转向理性主义是了不起的变化。当然这只是一个苗头，并不是理性主义已经成为自觉。英国工业化之前，理性主义已经占了民族思维的主导地位，形成了理性主义的民族思想风格。我国主观主义占领的时间太久了，理性主义是很难抬头的。记得我在大二下学期写的读书笔记就是《大陆理性主义评述》。理性主义一直是我坚持的思维路线。对"文革"错误理论的研究，对周恩来早期思想的研究，我都是摆脱情感，进入理性分析的思想状态。我对文物和文物工作的研究也是从文物大国的自豪感向冷静的文物国情的调研转变的。1994年1月国家文物局在首都宾馆举行春节茶话会，张德勤局长点名让我发言，我就文物国情做了发言。我以一批数字和事实摆出了我国文物实际拥有量落后于真正的文物大国的拥有量很远。我提出不能以地下、地上我们还没有为我们真正拥有的潜在文物当作实际拥有而自称文物大国、文物大省，这是不真实的。至于已经开发管理的不可移动文物，那时全国重点文物保护单位只有500处，是印度的十分之一。列入联合国教科文世界遗产名录的，印度有17

处，属于榜首，我国只有 6 处，与斯里兰卡并列。这些数字令在座同仁动容，唤起了文物国情的忧患意识。彭卿云副局长当场约我写稿，并嘱中国文物报尽快发表。1994 年 2 月 27 日,《中国文物报》在显著位置刊登了我的《文物大国的忧患》论文,呼吁“少一点陶醉，多一点忧患意识”，引起广大关注，被其他报刊转载。但是理性对待自己并不容易。1997 年《文物保护法》颁布 15 周年纪念会上，我以《再论文物大国的忧患》为题，进一步谈了忧患意识，谈了我对文物保护的三点忧虑，一忧我国文物太少，二忧文物持续发展困难，三忧文物保护伞不够大。我建议文物保护要扩大到无形遗产，民族、民俗文物，和特殊价值的环境地区。我说：“现在许多具有文化遗产价值的文物至今未能进入《文物保护法》这尊文物保护神的庇护之下，这真是令人遗憾、令人忧虑的事情。我们是不是应该把文物保护伞做得更大一点为好呢？”1997 年 12 月 21 日《中国文物报》发表了我这篇《再论文物大国的忧患》。会议刚结束，中央电视台新闻组就赶到我家，就无形文物保护问题对我进行了专访。《光明日报》刊登我的专访时，文前有一段导语：“博物馆学专家苏东海在《文物大国的忧患》和《再论文物大国的忧患》两篇文章中提出‘我国文物不是太多，而是太少’，这个全新的观点引起我国文物界广泛关注和热烈反响。”我就是由此开始进入文物理论和文物工作领域的。

我不是书呆子，我对文物工作的研究是放在国家发展的大背景下探索的。1996年党的十四届五中全会指出，实现“九五”和2010年的奋斗目标，“关键是实行两个具有全面意义的根本性转变，一是经济体制从传统的计划经济向社会主义市场经济体制转变，二是经济增长从粗放型向集约型转变，促进国民经济持续、快速、健康发展和社会全面进步”。据此，我对中国文物博物馆事业实现两个根本性转变进行了探索。我认为在国家现代化建设的过程中，文博事业也应该实现两个根本性转变。我提出，一是实现现代化，从旧的管理模式向现代文博事业转变；二是实现现代化，从封闭、半封闭状态向社会充分开放转变。我对文博事业实现现代化的两个根本性转变，作了比较深入、比较实际的研究。关于从旧的管理模式向现代文博事业的转变，我深入研究了三个问题，即观念上的转变，文物概念上的转变和管理体制上的转变。其中关于管理体制上的转变，我认为我们现行的文物博物馆管理体制已经运行了40多年，形势逼迫我们不得不加速改革的步伐。我对管理体制和运作机制上的“定位”问题、“职权”问题、“机制”问题提出了我的改进方案。定位问题：国务院体制改革后，国家文物局在国家机关中的地位上升一格，进入了国务院直属局的行列，这与许多国家相比，我国文物局在中央政府中的地位算是比较高的了。国务院直属局的设置多是适应现代化事业发展的需要，如国家环保局、国家旅游局、城市建设局等。国家文物局跻身于现代事业上的直属局中，很需要摆脱文物管理部门的传统观念，树立行业的现代形象和现代品格，才能与其他现代行业的直属管理局并驾齐驱。我指出，地方文物管理部门的地位目前还没有统一的定位，有高有低。应争取像国家文物局在中央政府中地位那样在地方政府中得到相应的定位，并从体制上理顺各机构的关系。在职权问题上，国家文物局升格后，其职权界定为主管全国文物博物馆事业，从而涵盖了全国文博行业的管理。实际上国家文物局的职权并不是很完整的。首先，博物馆还分属于一些不同的行业，实行着多头管理的局面；其次，按现代文物概念应该包括可移动、不可移动的文化遗产及其环境，其中有一部分职权是与城市建设部、国家城建总局、民政部门共有的。这种现象国外也是存在的。为了克服职权分割，意大利建立了文化和环境财产部，挪威的国家文物局隶属于环境保护部。我认为我国目前仍应以行业之间的协商来协调职权的贯彻。国家文物队伍相对来说是个队伍较小的行业，有待于事业有了较大发展、行业队伍有了相当规模后，才有可能更充分地管理文化遗产及其环境。在机制上，我认为文博事业向现代化转变中，重要的是依靠专家的机制和依靠宣传的机制。没有任何行业像文博事业这样广泛地运用着自然的和社会的、理论的和技术的以及无所不包的物种的知识。因此，其主管部门不同于一般的行政部门，它需要动用很专门又很广泛的知识来支持其行政领导，所以如何运用专家知识是各国文物部门都面临的问题。有的国家当作体制问题解决，如意大利。更多国家在行政体制外建立非政府的艺委会等专家组织，达到依靠专家知识的机制。目前我国国家文物局建立的各专家组发挥了一定的作用，依靠专家的机制已经有了良好的开端。根据我国的国情，实行行政管理与专家协助结合的机制是可行的。我了解了一些执行上的问题，因此我强调我国政府体制的改革不是削弱政府而是强化政府的领导职能。行政领导要尊重专家的知识，专家要尊重政府的行政权威。属于政府的行政运作，专家不要越俎代庖，以免政出多头。另一个重要机制就是宣传机制，管理中要更多地依靠媒体的作用。事业扩大后，领导部门要实现政治领导、思想领导、业务领导，其意图最迅速传达到各级领导和行业全体的方法就是充分利用现代传媒工具，为此我建议文物局成立宣传领导小组，强有力地推动文博事业的宣传。关于第二个根本性转变，实现社会化，从封闭、半封闭状态向社会充分开放转变。这是一个比较长的过程，国际博物馆界的社会化过程是随着社会现代化的发展而发展的。我国博物馆社会化过程也是随着社会现代化发展而发展的。但我国有得天独厚的“为人民服务”的革命传统，有自觉服务社会的意识，这是我国博物馆的优长。在进一步向社会化转变中，我提了三个切入点：参与更大的社会思想教育，推出精品奉献观众，扩大开放服务社会。扩大开放中一个重要而有困难的问题是博物馆资源的社会共享问题。资源社会共享是一个复杂的工程，需要有相当业务基础和现代技术基础，必须加倍努力，在向社会化转变的过程中逐步实现。1997 年 1 月 5 日《中国文物报》发表我写的题目为《学习六中全会决议 ，开创文物工作新局面——对实现文物工作两个转变的思考》。《新华文摘》继全文转载《中国文物事业可持续发展战略研究》，之后又紧接着对我这篇文章作了论点摘编发表。国家文物局的《文物工作》全文转载，有的省市印发下属单位。《中国博物馆》1997 年第 2 期发表时，压缩了学习六中全会部分，增加了主体的叙述。随后我又发表了《试论我国博物馆经营体制的改革》，进一步阐述了我的关于体制改革的思考。文物工作改革中，我的这一系列的改革刍议，也引起了国家文物局诸位领导的高度重视。恰逢年初召开一年一度的全国文物局长会，在文彬局长大力推荐下邀请我作为博物馆界的特邀代表出席会议。由此开始我出席了历年的全国文物局长会和文物工作会议，我在文博界的话语地位不断提高，我的思想认识领域不断扩大，社会活动不断增加。这时我快 70 岁了，才开始进入我的思想发挥的黄金年代。

第三十九章　国际交流
我在亚太地区大会的主旨报告／结识鹤田

我的理论研究和工作研究扩大到文物系统领域后，进一步就要向国际领域发展。我抓住一些机会和国际博物馆理论界的人士结识，并探讨我关心的理论问题。1987 年，日本的鹤田总一郎来华讲学路过北京时，我和他作了初步结识。鹤田是日本博物馆理论界继棚桥之后的第二代领军人物。他在国际博物馆理论界有很高的声誉，他是国际博协执委，博物馆学专业委员会领导人之一。他在博物馆理论方面独树一帜，他的人物结合的理论影响很大。我在亚太地区大会上的主旨报告中评介了他。我说："鹤田先生把人提到和物相等的二元高度，是亚洲重视人的伦理的文化传统的体现。在博物馆学中，对人的发现是走出传统博物馆学的重要一步。"1987 年他路过北京，他在去大葆台遗址博物馆前抽出一小时来与我交谈。关于博物馆研究，他提出博物馆的学术研究分为三类，即藏品研究、人与物相联结的研究以及博物馆技术研究。他认为博物馆专业学科太多，所以他强调第一类研究是藏品研究。我说我发表过一篇短论，把博物馆的学术研究分为两类，一类是与各类博物馆性质相关的学科的研究，第二类是博物馆学的研究。我把第一类学术研究看作博物馆研究人员的第一专业。例如我是研究中国现代史的，这是我的第一专业。同时为了做好博物馆工作还应研究博物馆学，这是第二专业。两种专业研究都不可少。鹤田同意我的看法，但他指出“先生的分类似乎漏掉了一个很重要的内容，就是对人的研究，对人如何利用博物馆的研究”。我说，对人的研究包含在我的第二类研究，即博物馆学研究之内了。他有点激动地说：“这不够，远远不够。因为博物馆的研究太重视物了，所以我把人和物联结起来研究当作重要问题提出。博物馆必须把对人的研究提到与物平等的水平才能成为真正的博物馆学研究。博物馆学本应是研究人对物的研究，现在倒过来了，把物的研究放在前面，我们应该再倒过来，研究人如何利用物。”他意犹未尽地强调：“我认为21世纪的博物馆学主要是这个。把人与物的中间环节研究透了，博物馆与研究所的不同价值就出来了。”我并不完全同意他的观点，他是物与人的二元论观点，我是坚持物的一元论的。我说：“人与物的结合研究是一种重要的研究趋向。不过，物作为博物馆的本质特征恐怕是不可动摇的。”这个话题没有进行下去。关于博物馆学是不是一门科学的问题，我说：“前年中川成夫来中国，曾谈到博物馆学是一门学问，还没有成为一门科学。先生对博物馆学的学科地位如何评价？”鹤田说：“中川成夫先生是研究民族学的，他对博物馆学理论方面注意不够。我认为从结构上看博物馆学已经是一门科学，而且我们正在努力建设这门科学。建设这门科学的理论就是普通博物馆学，我想需要十年的努力。”对此我说了我的一个看法，我说：“我认为在应用博物馆学的理论和实践方面，建立东西方统一的应用博物馆学是可能的，而理论博物馆学（也就是普通博物馆学）建立统一的博物馆理论体系是困难的。”他问，那么问题的最基本点是什么？我说：“最基本的是政治哲学不同，再宽一点说最基本的是意识形态的不同。”鹤田回避了意识形态问题，从另一角度回应了我，他说：“我的认识，最基本的是人类伦理形态相同。先生从历史角度看得多一些，但如果从人类统一的角度观察，人类在进化中不同之处肯定会有，但人类有很大共同点。博物馆就是建立在共同的伦理形态上的。这个问题，恐怕我们马上不能形成一致的看法。”我说：“是的，我们的哲学不同。但我同意先生所说的人类有很多共同点，因此博物馆学在伦理方面应该有很多共同语言。这就是国际博协博物馆学理论探讨方面已经取得一定成果的基础。”鹤田进一步发挥：“人类有很大共同点，研究人类的共同点，促进人类合作的可能性是博物馆的重要任务。在中国、在东洋，博物馆都有自己的特点。我们可以根据亚洲的文化传统，由亚洲人建立亚洲统一的博物馆学。”由于时间已到，我们相约找机会继续谈。我感觉到在交流中，他增加了几分对我的尊重。亚太地区大会期间我们有一次关于博物馆教育问题的交谈。大会结束回国前，他和我谈希望和我合作创建东洋博物馆学。我认为这不是一件容易办到的事情，不过是表达在东亚进行理论合作的愿望而已，就答应了他。1992 年 2 月我去日本办周恩来展览，住在日中友好协会宾馆，打电话约见他，不幸他刚刚去世。后来《国际博协通讯》还刊登了他逝世的消息，这是少见的，可见他在国际理论界的影响。鹤田逝世后，日本博物馆理论界一蹶不振。我一直关注日本博物馆的理论动向，我确实感到日本无人了。

1989 年国际博协亚太地区第四届大会在北京召开。大会的专题报告有国际博协博物馆学委员会主席索夫卡作的《国际博物馆学委员会与博物馆学》，国际博协澳大利亚委员会主席麦克迈尔克作的《亚太地区博物馆与社会教育》，国际博协咨询委员会主席阿瑟作的《国际博协与亚太地区的关系》，还有一个专题报告，是按惯例由东道国作的介绍东道国博物馆。这个专题报告，沈庆林理事长、齐仲久秘书长要我来做。我很感激他们给了我这个荣誉。这是我第一次在国际博协的讲坛上代表中国发表演讲。我做了充分准备，我的题目是《博物馆学在中国》。在这篇论文中，回顾了 80 年来中国博物馆和中国博物馆学发展的状况，着重阐述了 20 世纪 30 年代、50 年代、

1992年9月22日于东京"周恩来展"

80年代，中国博物馆与博物馆学三个发展时期的特点及其进程。这里只是鸟瞰式的介绍，之后在我的一些论文中，对三个时期的兴衰有较详细的展开。这篇论文在《中国博物馆》1989年第2期发表后，不少研究者用了我的三个时期的分法，因此可视为得到广泛认可。

亚太大会在中国召开是中国博物馆界向世界开放的开始，引起了国际博协领导层的高度关注。国际博协主席刘易斯，国际博协咨询委员会主席阿瑟，联合国教科文代表、教科文刊物《博物馆》主编吉雷特，国际博协秘书长卡登，国际博协博物馆学委员会主席索夫卡都来北京出席会议。我和印度的高斯、日本的鹤田、澳大利亚的麦克迈尔克也在会上认识和交谈了。最使我关注的是索夫卡关于博物馆学委员会的专题报告。会议日程很满，我和索夫卡有过一次简短的学术交谈。他约我参加学委会的工作。他说："我希望你参加我们的工作，我们学委会这个大家庭欢迎你。"我那时还不是国际博协会员，之后秘书处为我交了会费，办了会员证，成了博物馆学委员会委员。我一直和索夫卡之后的委员会历届主席冯·门施、马丁·施尔、特丽莎·希尔纳有着良好的学术关系，这是后话。大会期间最活跃的是《博物馆》主编吉雷特，他会多国语言，包括俄语。俄国代表纳巴契可夫只会俄语，吉雷特就担任了俄语翻译，沟通了苏联博物馆的情况。吉雷特希望我源源不断地给他的刊物提供中国稿件。1990年他的刊物第1期上刊登了我写的《中国博物馆杂志在前

1989 年 3 月 6 日，与国际博协博物馆学委员会主席索夫卡座谈

进中》，他把标题改为《中国：五年280万字》，还配发了我们四人开编辑会的照片，桌上摆着高高的一摞稿子和几大本工具书。该刊还发了我发给他们的齐吉祥同志写的介绍中国社教概况的稿子和其他稿件。我和吉雷特保持了一段业务联系。

这次亚太地区大会开得很成功,很隆重,国际博协要员云集北京。我认为这是20世纪80年代我国博物馆大发展引起了国际博物馆界的关注，也因为我国博物馆多年处于封闭状态，现在国际博物馆界对我们走向国际、走向开放，表示欢迎，予以支持。这是我们博物馆学会第一次主持亚太地区的国际大会，取得了组织国际大会的经验。我在其中收获很大，结识了一些国际友人，为我之后走向国际开了一个好头。

第四十章　国际交流

结识冯·门施／南开讲学

1993年2月国际博协人员培训委员会主席比·鲍尔和国际博协博物馆学委员会主席冯·门施联袂来华，商谈1994年博物馆学委员会年会在华召开及在华筹办高级管理人员培训班事宜。之前我与冯·门施已经有了一点接触，这要从安来顺说起。小安当刊物责编后，接触外文资料很多，他向我提出想去外语学院强化班学半年。我支持他强化外语的请求，这也是刊物需要的。学习期间他的工作我全包下来了。之后我又支持他去荷兰师从冯·门施读理论博物馆学。冯·门施是荷兰莱因瓦尔德学院博物馆学教授。由我作为安来顺的国内导师推荐给冯·门施，因此有了一点来往。小安刻苦学习，那时他的读书笔记都寄给我一份，我也获益不少。还有一件趣事，小安第一次去导师家做客，买了一束玫瑰。进门后，小安就把玫瑰花双手举着给冯·门施夫人，门施笑着说，你看他向你求婚了。荷兰习俗求婚要送上玫瑰花。我可以想象小安当时的举措不安。

在京期间，我热情请冯·门施和我们刊物的编辑见面，一同作了学术交流。在座的有孙葆芬、秦贝叶、安来顺三位编辑，安来顺兼任翻译。我首先请教的问题是：在博物馆多性质中最本质的性质是什么？冯·门施说："这个问题我们也在讨论，力图做出科学的界定。我主张博物馆的概念应该窄一些，中国20世纪50年代讨论的'三性二务'接近我的观点。我是主张三种功能的。……博物馆三功能中，物的保存是更重要的，其他机构都可以有，而物的保存功能是博物馆所特有的，应该是核心的功能。科学中心一类的机构与博物馆是不一样的，尽管有的功能和博物馆一致，如教育功能，但更重要的

1993年2月8日，与国际博协博物馆学委员会主席冯·门施座谈

是保存功能。”但他还指出，不同的群体，有不同的利益、不同的看法，一些政治家和科学家对博物馆下的定义总是尽可能的宽泛，而从博物馆学角度、从理论角度看应该更严格一些。从博物馆学上看，三种性质中，最重要的是保存。我很高兴地说：“我们的观点差不多是完全一致的。我认为博物馆是三种性质的机构的复合体。这三种性质是博物馆的基本性质，博物馆是多性质的复合机构。我在 1988 年写的《博物馆史纲》中，阐述了我的看法。我认为三职能在博物馆历史上是依次出现的，物的收藏职能是第一职能，其次出现的第二职能是科研职能，最后出现的是教育职能。第二职能是第一职能的延伸，第三职能是第一、第二职能的延伸，三者是同心圆的关系。圆心是物的收藏，内圆是科研，外圆是教育。因此我认为三职能的核心是物的收藏，离开了物就不能称其为博物馆了。”冯·门施同意我的认识，他说“是这样的”，并把同心圆画在笔记本上。关于能否建立有国家个性或地区个性博物馆学的问题，他回答：“不能，尽管博物馆学有很多学派，有许多体系，但是从理论上说，是不能有不同个性的博物馆学的。”谈到博物馆哲学问题时，他说：“我认为博物馆属信息科学，因此博物馆哲学的最主要之点在于信息。博物馆的物是信息的载体。博物馆学要研究如何对待博物馆物的信息，收集那些信息，应该保护哪些信息，保存哪些信息以及为谁收集这些信息，如何使用这些信息等等。我想这就是博物馆学最根本之点。”他的一番话，我明显地感觉到在哲学上他已经陷入二元论泥坑了。他的二元论与鹤田不同，鹤田是人与物二元论，冯·门施则是把物的信息和物本体并列从而陷入二元论。我知道他是唯物论者，但不是坚定的唯物论一元论者。他后来的一些研究也时常摇摆，在理论上是不稳定的，这是后话。讨论到生态博物馆运动和新博物馆学运动时，他说：“我想把生态博物馆和新博物馆学分开来谈，它们是两回事。生态博物馆和我们理解的博物馆是不一样的。事实上并没有存在什么生态博物馆，只是有这种观念。在法国并没有真正的所谓生态博物馆。如果说有的话，那也只是在加拿大、葡萄牙。不管我们承认不承认存在生态博物馆，这种试验是存在的，并没有博物馆的广泛的意义。至于新博物馆学运动是以法国的几位专家为核心，在法国以物为中心的土壤中掀起的对博物馆新的思考。新博物馆学运动主要是针对法国的，而不是针对英国或美国的。我个人同意新博物馆学运动把博物馆的物置于社会广泛地联系之中，但是新博物馆学否定传统的功能我就不同意了。实际上新博物馆学最有市场的是在地区性博物馆，至于对艺术博物馆，新博物馆学就找不到办法了。”他的一番评论，使我感觉到他作为国际博协博物馆学委员会主席的立场对生态博物馆和新博物馆学是排斥的，从理论上轻视其价值。我从 1986 年开始宣传生态博物馆和新博物馆学运动，我比冯·门施感受得更深一些，对其价值的认识也更深一些。但我未多谈，我从大处简单说了一点评价:“我认为新博物馆学运动最大的成功、也是它最大的贡献,在于它有勇气去否定传统,而它最大的失误也在于否定传统,因为它对传统不是批判地继承而是简单地抛弃。”他同意我的看法,他说“是这样”。谈到世界博物馆发展趋势时,他说:“我认为在世界范围内出现了三种趋势:第一,差异性趋势。由于物与主题不同,专门博物馆越来越多,这种趋势有积极的一面,也有消极的一面。第二,专业化趋势。博物馆专业化程度越来越高,需要加强培训。第三,重新界定博物馆地位和作用的趋势。博物馆保存物的社会意义应该进一步认识,博物馆各种功能在发展,也需要进一步认识。博物馆教育的目标观众需要加以新的界定等等。”我最后提出一个问题是批判博物馆学。我说:“您的批判博物馆学,安来顺曾向我作过介绍,现在请您直接向我们谈谈。”他介绍说:“我所说的批判,是一种积极的含义,是为了更好地认识博物馆、更好地认识自己。为了进一步发挥博物馆的社会意义,我们对博物馆应该采取批判的态度。对于我们个人来说也应该对自己采取批判的态度。对博物馆进行批判,博物馆就可以前进,对个人进行批判,个人也才能前进。我们说的批判博物馆学,也就是对博物馆进行批判,从而使博物馆得到前进。”由于时间关系不得不结束我们的讨论。他最后说:“我很荣幸地拜访了贵编辑部,并和主编先生谈论了理论博物馆学的问题,很有收获。谢谢诸位。”由于时间关系,我没有谈我对批判博物馆学的看法,我认为把批判哲学引入博物馆理论研究是十分重要的方法论上的突破，极具理论意义和现实意义，它使我们在理论上更聪明一些，事实已经证明了这一点。

1993 年 2 月 12 日，南开大学召开博物馆学国际研讨会，请冯·门施和我做学术报告。11 日冯·门施和我到了南开大学，当晚校长设宴招待我们，承柏作陪。席间校长打开一瓶茅台酒为每人斟上一杯，并向客人介绍了茅台酒。大家举杯品尝时，不料都皱起了眉头，这哪里是酒，是白水呀！校长叫来总务处长问是怎么回事，处长说是整箱买来的，叫人把整箱酒搬来，再打开一瓶，香气四溢，举座欢快，谁也不去问怎么回事了。但我估计冯·门施一定会想，中国的事就是怪，让人想不到。第二天博物馆学国际研讨会上，冯·门施做了题为《理论博物馆学》的学术报告，很受欢迎。他还回答了一些提问。有人提问，在市场条件下如何理解不以营利为目的？冯·门施作了详细回答，他说："这一原则是美国提出来的，是和美国的税收连在一起的。我们把它界定为不是为营利，而不是非营利机构。就是说博物馆不是为了营利的机构，但并不一定是一个非营利机构。它的收入不同于商业收入，它的收入不能转为股票，而转为博物馆使用。"有人问博物馆营利收入能不能转为工作人员工资？他回答："不能，而是投入博物馆。"他对博物馆"不以营利为目的"的解读，在《中国博物馆通讯》的"论点摘编"上刊登了。我的《博物馆业务发展趋势的展望》学术报告，《通讯》也作了摘登。《中国博物馆》1993年第2期登载了全文，题目为《从膨胀走向收缩——迎接新世纪的出路》。论文很长，我在这里说个梗概吧。战后世界范围内出现了博物馆大发展的局面，同时博物馆业务不断地膨胀，出现了收藏膨胀、功能膨胀和外部关系的膨胀，从而构成三大矛盾。即收藏的无限与有限的矛盾，功能的扩大化与规范化的矛盾，业务外部关系的一般化与个性化的矛盾。20世纪80年代开始，博物馆从过热走向冷静，出现了从无限收藏回到了有限目标的收藏趋势，博物馆的个性正在加强。博物馆在20世纪最后十年中出现一个收缩期，将会变得更加精炼，更加典型，更加富有活力，为迎接新世纪奠定更好的基础。冯·门施向我表示，他同意我的观点，他说他感到他们荷兰的博物馆"已经饱和了"，他还告诉我苏珊发表了一篇文章，和我的观点相似。但我的这篇文章发表后并没有引起研究者的关注，我也没有把它收进我的论文集。

第四十一章　国际交流

我的《管理学》与《人才论》

为了提高我国博物馆高级管理人员的管理水平，1994年5月10日至30日在国家文物局泰安培训中心举办了“中国博物馆中高级管理人员国际研讨班”。这个班是中国和国际博协人员培训委员会联合筹办的。这是国际培训委员会第一次在发展中国家举办，所以给予极大关注，委托该委员会总部所在的荷兰莱茵瓦尔德学院派出了4位国际著名专家来华授课。课程以国际的培训大纲为基础，结合中国情况，设置了博物馆管理学基本理论、中外博物馆财政、人员、项目管理和博物馆市场学和商业行为专题研究等课题。我在开学典礼上代表教员讲话时指出，我们要虚心汲取国际上先进的管理经验,但要消化不要照搬。我讲的课程是《中国博物馆管理学引论》，主要讲中国管理学的方法论和中国管理学的基本问题，所以称为引论。讲课分三部分,第一部分管理学的历史,第二部分管理学的特征，第三部分中国管理学的若干基本问题。

关于第一部分，管理学的历史，我主要讲了三个问题。第一，管理的起源。管理是同人类社会生活同样久远的一种社会行为。有什么样水平的社会，就有什么样水平的管理。原始社会的生产力水平和生产关系决定着原始社会的管理水平和管理方式，奴隶社会的生产力水平和生产关系决定着奴隶社会的管理水平和管理方式，封建社会的生产力水平和生产方式决定着封建社会的管理水平和管理方式，资本主义社会的生产力水平和生产方式决定着资本主义社会的管理水平和管理方式。资本主义社会生产力有更大的突破，发展起了机器工业，大生产的管理改变了手工业的管理方式，开始了现代管理。第二，现代管理是现代社会的产物。现代管理理论是现代管理的结晶。1911 年问世的泰勒的《管理科学原理》提出运用科学方法研究生产本身，使之速度快、成本低、效率高，这种科学管理方法称为“科学管理”理论。连列宁都号召在俄国研究与传授泰勒制。二战后出现了以经营管理为主题的组织管理学和以人为对象的行为管理学。20 世纪 80 年代以来，企业管理转向文化战略，被称为管理学发展的历史性革命。可以说管理科学是一门极具发展变化性的学科，不会停止，也没有不变的课题。第三，博物馆管理的理论也是随着社会发展而发展的。在博物馆管理中最早的藏品分类及登录的研究，随着博物馆科学研究、教育职能的发展，博物馆业务管理的研究日益强化起来。但是真正把博物馆管理作为一个整体，作为科学研究的独立的对象并发展成为博物馆管理科学，还是在 20 世纪

80 年代大发展中才开始的。西方流行的博物馆管理学致力于科学管理，形成了比较科学的操作规程。但是博物馆管理的理论探讨是相当薄弱的，距离一门学科的建设，还有很大的距离。

关于第二部分管理学的特性，我讲了时代特性、国家特性、实践特性三大特性。博物馆的管理与企业的管理有很大的差异性，研究这种差异性，对于学科建设和指导实践具有基础意义。第一，时代特性。不同时代有不同的管理方式和管理水平，具有不同时代的特征。古希腊、罗马时代的收藏带有秘藏特征，中世纪的收藏和展示带有宗教管理和宗教文化的特征。资产阶级的博物馆管理有其时代特征。我们研究博物馆管理学,不能脱离时代特征去认识它。第二，国家特性。不同国家有不同的管理特征。因此国际博协《职业道德准则》序言中写道："由于各国法律和政策的不同，在博物馆的方针制定、行政管理和财务经营方面，国与国之间存在很大差异。"我认为这段话很正确、很重要，说明了博物馆学的国家特性。第三，实践特性。博物馆管理学有极强的实践性，超乎一般应用科学。一般应用科学是理论制约着它的实践，而博物馆的管理学，它的实践条件制约着它的理论条件，它的理论要得到发挥必须适应它的实践条件。所以说实践条件在博物馆管理学中具有前提意义。当然，强调国家之间、博物馆之间的差异性，并不等于抹煞其共性，共性问题是理论具有普遍意义的基础。基于以上认识，我对中国博物馆管理学做了一个试定义："中国博物馆管理学是研究中国博物馆的行政管理和业务管理活动及其规律的科学，其研究的主要内容是博物馆的管理体制、运作方式和管理方法。"

讲课的第三部分是对中国博物馆管理的研究。这部分讲了中国博物馆管理的宗旨、体制、运作、法制建设、伦理建设等五个专题。关于宗旨专题，主要讲了一百多年来中国博物馆管理总目标的演变。关于中国博物馆体制的专题，我从中国博物馆的国家体制、地方体制到微观的个体体制作了阐述，进行了剖析，指明了改革的途径和方法。关于博物馆管理的运作，我讲得比较细，包括用文化运行规律领导文化事业、党委领导与馆长负责、经济管理的运作、人员管理的运作、藏品管理的运作。还讲了法制建设、伦理建设等专题，实际上涵盖了中国博物馆管理的方方面面，我这次讲课是想要把中国的事情讲足、讲透。同时在理论方面，提出了中国博物馆管理学的框架。其中，"博物馆管理学的特性"、"中国博物馆管理学试定义"、"中国博物馆管理的宗旨"等几章，我自认为是开创性的叙述。《中国博物馆》1994年第3期发表了我的《中国博物馆管理学引论》论文。

研究博物馆管理学就不能不研究博物馆人才问题，我的博物馆人才理论就是管理理论的伸延。在这里我简单叙述一下我的人才思想。2002年初浙江博物馆召开"21世纪人才研讨会"，邀请上海博物馆馆长马承源和我主持学术会议。我在会议上发表了我的《博物馆人才论》论文。简略地说第一部分是人才理论，第二部分是人才素质。关于理论，我主要是根据历史唯物主义予以阐述，我的命题是“什么样的时代，需要什么样的人才”。我认为人才是有时代特征的，不同的时代造就不同时代所需要的不同的人才。回顾我国战争年代的人才，最重要的是英勇、忠贞与服从。英勇善战、忠贞不屈、高度服从是优秀人才必须具备的素质。这些人才都是在战争中脱颖而出的。新中国成立后，在社会主义革命阶段仍然是继承战争时代的人才传统，把革命性和阶级性放在第一位。在社会主义建设中，我国沿袭苏联高度集中体制，更助长了集中管理和被集中管理这种模式的人才的需要。刘少奇提出的“做党的驯服工具”的号召，列宁提出的“做党的螺丝钉”的号召，就成了人才培养的一种不成文的标尺，驯服听话是脱颖而出的前提。在以计划经济为主体的经济制度下，以高度集中统一为特征的管理方式下，培养了这个时代所需要的各级人才。1978 年我国开始进入以改革开放和现代化建设为基本特征的新时期，开始造就适应改革开放的社会需要的人才，新型的人才正在成长，我们已经深切地感觉到了这种变化。但是人才的培养不仅要适应现实的需要，而且要适应发展的需要，人才的培养必须是现实性与前瞻性的统一，否则人才仍然是滞后的。为此我介绍了当代经济管理大师熊彼特的经济发展理论。他的创新理论已经成为发达资本主义国家的经济发展和人才培养的指针。创新正在汇成时代的最强音。我国国务院也成立了国家创新系统的机构。我在讲课中比较系统地介绍熊彼特的创新含义和“生产函数”，这里就不展开说了。论文的第二部分讲的是新世纪人才的素质。不是全面论人才素质，只集中论述精神素质。因为人才素质是关于人才的一个综合性概念，它包括文化素质、思想素质、道德素质和专业素质诸多方面。我在这里专门分析构成人才素质的一个前提条件、基础条件，那就是人才的精神品质问题。人的精神品质问题就是时代精神问题，有什么样的时代精神就有什么样的人才精神面貌。封建社会是一唱百诺的社会，它的人才的精神品质就是在奴才精神的土壤中生成的。21 世纪的时代精神是创新，21 世纪人才的精神品质就是创新精神。具体的我作了四个方面的探索。我认为首要的精神品质是创造精神。在创新的时代里，具有对旧事物渴望突破的精神状态是最重要的。那种因循守旧、保守不前是与新世纪的时代精神格格不入的。对新鲜事物的敏感，对新鲜事物的追求，是成为人才的首要精神状态。其次是探索精神。具有探索精神是创新人才又一个可贵的精神品质。探索精神几乎是生而有之的，幼龄儿童不断提问“是什么”、“为什么”，那种寻根问底的精神，甚至使父母都招架不住。学校教育中教师是教育的主导方面，因而幼年的那种探索精神逐渐萎缩了。在成人社会中，具有探索精神的人就显得更加可贵了。第三，协作精神。有什么样的劳动结构就有什么样的人际关系，在小生产的社会中，小生产的劳动是个体的，万事不求人。而在大生产的社会中，就要靠集体劳动，个人离不开集体。20世纪90年代创新系统问世后，大集体劳动分化为小集体劳动，有关人才集中到小集体，即熊彼特所说的“建立一种新的生产函数”形成团队结构。在团队人才之间需要的就是具有协作精神和协作能力的新型人才。随着知识经济的到来，这种人际关系是会逐渐形成的。第四，贡献精神。新世纪的人才将会更关心自我价值的实现。什么是自我价值的实现，实际上就是个人贡献于社会并得到社会承认的那种自我价值的完成。这是人才的人生观的一种升华，这体现了新世纪人才的更高的道德素质，是创新人才不可或缺的精神品质。我对新世纪人才精神素质的提炼是否得当，还有待于新世纪实践的检验。

我的《管理学》、《人才论》发表后，我没有再花精力延伸我的研究。这点理论成果收进了我的《博物馆的沉思》论文集，算是一个阶段性的成果吧！

第四十二章 国际交流
国际博物馆学委员会年会／我的《博物馆哲学》论文／结识新朋友

国际博协博物馆学委员会 1994 年年会于 9 月 12 日至 18 日在北京奥林匹克饭店举行。年会分两个阶段进行，第一阶段是对中国博物馆和博物馆学的研究。由报告人马自树、吕济民和我分别作了《中国博物馆和文化政策》、《中国博物馆和博物馆学》和《中国博物馆的哲学》三个主旨报告，引起了外国代表的极大兴趣，进行了广泛的研讨。中国博物馆的理论和实践给外国理论家留下了深刻的印象，誉为东方智慧，开阔了他们的思想眼界。第二阶段为专业学术研究。第一主题为“实物与资料”。对事物、物、博物馆物做了层次分析，还讨论了冯·门施提出的以物为中心的博物馆化模式。会议试图为博物馆实物做出更清晰的新界定，但未完成。这一专题在第二天的讨论时，由我担任会议的主席。这是我第一次担任国际学术会议的主席，倍感荣幸。专业学术研究的第二主题为“博物馆与社区”。会议主席是巴西的特丽莎，我也就是这时与她结识的。后来她担任了国际博协博物馆学委员会主席，与她有了较多的学术来往。

我在大会作的《中国博物馆的哲学》主旨报告，是向国际博物馆理论界介绍中国博物馆理论界对博物馆的基本认识及其理论。这篇论文从哲学层面上阐述了关于博物馆的本质观、价值观、伦理观，对于国外研究者了解中国博物馆学术思想是有帮助的，也引起了关注。这篇论文的英译文在《国际博物馆论丛》、《1994 年年会论文

2006 年，与国际博协博物馆学委员会主席特丽莎

集》、《挪威博物馆学》杂志上发表。中文本在《中国博物馆》1994年第4期发表。我的论文是从博物馆的本质观、价值观、伦理观三个基本理论阐述中国博物馆的哲学思想。博物馆的本质观是什么?在中国博物馆界是一个受到十分重视的问题。对这个问题的广泛研究始于20世纪50年代。1956年举行的全国博物馆会议上着重研究并回答了这个问题。在那次有110位代表参加的全国会议上产生了有名的“三性二务”论，即博物馆的基本性质是科学研究机关、文化教育机关、物质文化遗存或自然标本的主要收藏所，这三种性质的统一体就是博物馆，博物馆的科学研究、文化教育与收藏文物、标本三种基本性质是不可分割的整体，缺少任何一种性质就不是博物馆，或者其中任何一种性质单独存在也不是博物馆。三种性质的有机存在构成了博物馆与其他机构相区别的本质特征。“二务”是指博物馆的基本任务是为科学研究服务、为广大人民服务。基于以上认识，可以说20世纪50年代中期，中国博物馆已经从机构上回答了博物馆的本质问题。中国博物馆的价值观是什么，这要看价值主体的需要，也就是要看中国社会的需要。中国的博物馆是从西方引进的，中国人开始认识博物馆的价值也是从观察西方的博物馆而来。19世纪末叶，中国正处在被列强瓜分的危机之中，中国人在寻求救亡图存的途径。看到西方博物馆的科学价值和教育价值，这种价值是中国社会改造所需要的，于是中国人开始创建博物馆。从1905年中国人自己创建第一座博物馆到 1937 年中国政府在几十个大城市创建了 42 座博物馆。为什么政府和社会愿意建博物馆呢，就是看中了它的教育价值。所以这些博物馆开始时都定名为教育博物馆，后来才改名为某某省博物馆。从价值观上看，中国博物馆不是自发产生的，它是肩负着历史使命而建立的，所以中国博物馆一开始就是使命型博物馆，它的教育价值，一直为中国政府和社会所重视。这是价值主体所决定的。但是博物馆的价值是多种类、多层面的，博物馆蕴藏着巨大的价值潜力，我们正在努力开发它的价值。作为博物馆的特殊价值，我从大文化的角度阐述了博物馆的四种文化价值：第一，证史价值；第二，知识价值；第三，审美价值；第四，道德价值。这四种价值是有内在联系的。证史价值、知识价值就是传统提法的“真”，道德价值就是传统提法的“善”，审美价值就是传统提法的“美”。博物馆同时成为真善美三种价值的载体，这是任何机构所办不到的。这是博物馆比任何文化载体更丰富、更多彩之处，因此博物馆被誉为人类文化的缩影，一个国家精神文明的窗口。关于博物馆的伦理观。这是中国博物馆的强项，我从三个方面阐述了中国人的伦理思想和道德实践。第一，安贫乐道。用现在的话说就是安于清贫，忠实自己的事业，热爱博物馆事业。博物馆事业是一个清苦的事业，中国的许多老博物馆工作者，终身服务于这个清贫的事业，不为别的优厚报酬的职业所吸引。安于清贫实际上是一种牺牲，我们中国博物馆工作者所以安贫就是因为“乐道”。乐道就是乐于为真理、为事业而牺牲。“安贫乐道”是中国传统文化中的一种美德，也是中国博物馆伦理的柱石。第二，重义轻利。义就是道德理想，利就是经济利益。中国传统道德观念与西方不同，是重义轻利的。中国博物馆长期以来，在伦理思想和道德实践上崇尚大公无私的奉献精神，以个人利益服从集体利益为荣，而耻于强调个人利益，物质刺激被贬低到无足轻重的地位。利益关系还引申到个人与集体的关系，中国的道德观重视集体利益，个人利益服从集体利益被认为是一条道德守则，集体主义是中国博物馆从业人员道德涵养的一个重要内涵。第三，自我修养。自我修养、自我完善也是中国的一种传统美德。自我修养既包括树立远大理想，又包括正确处理人际关系，特别是个人与集体关系，因此自我修养是一个十分丰富内涵的道德实践。在道德与法两个方面比较，中国博物馆更重视道德建设。中国博物馆工作人员的职业热情和良好的人际关系主要依靠工作人员思想道德的自我修养。最后我强调指出中国博物馆的哲学并不是一个封闭的系统。虽然中国博物馆的哲学植根于中国的历史传统的土壤中，但中国博物馆一开始建立就吸收了西方博物馆的先进思想，之后又接受了马克思主义的理论指导，因此中国博物馆有可能兼容并蓄各种有价值的先进思想。中国进入改革开放新时期后，随着社会的发展，中国博物馆的哲学思想也在发展之中。我们正在迎来中国博物馆的新时期，我们将更密切地注视和参与国际博物馆学委员会的学术活动，为国际博物馆学说的建立贡献我们的力量。我的学术发言，第一次把中国博物馆理论推向国际理论界，引起相当的关注。

年会期间，我与国际博物馆学委员会现任主席马丁·施尔进行了长达三个小时的学术交谈。他很重视这次谈话。9月17日晚7时，我和安来顺来到他的房间，他准备了一瓶红葡萄酒款待我们。谈话开始，我的第一个问题："博物馆的本质是什么？是物质世界还是精神世界，还是两者的统一？"他说，博物馆致力于研究人和物的关系是最重要的。博物馆的物是一种文化遗产，博物馆收藏它不是强调其实用性，而是强调其意义。人类有一部分东西留下来是因为有意义而不是因为实用。博物馆的物是物化的概念，物的博物馆化过程就是赋予物以意义的过程。博物馆的本质就是社会需要的，由博物馆反映出来的人与物的结合，或者说博物馆的本质是人与物关系的形象化。他这段话中有一点我不同意，他说物的意义是博物馆赋予的，这不就成了物的价值是主观的而不是客观的了吗？关于博物馆物的价值来源的客观性问题不只他一人有此误解。我写过文章说明文化遗产价值的客观性，在这里我没有说明我的观点。他接着说，为什么欧洲人对博物馆特别感兴趣，在欧洲有一种博物馆爆炸的感觉，瑞士每月出现一座博物馆，人们不仅去博物馆而且愿意在自己家里办博物馆，收集和展示一些实物。这种博物馆化现象正在欧洲兴起。我说，这可能是后工业社会的一种社会心态。工业社会的喧嚣使人厌倦，使人产生回归自然、回归古朴的强烈愿望。他说，这也是一种博物馆化的原因。接着我们进入第二个问题的讨论，我问："当前博物馆学学科建设中最主要的问题是什么？"他说："我认为当前最重要的是博物馆学应在大学中有一席之地，并有人去研究它。我是一个馆长和瑞士博物馆学培训中心主任，这点我深有所感。其次博物馆学要为博物馆这个群体所接受。"我说，要让大学尊重博物馆学的学科地位，就必须进一步理论化；要让群体拥有它，它就必须进一步实践化，这是两难的。我建议还是就学科本身的问题谈一谈。他说，作为科学首先要有专业语汇体系，第二要有逻辑体系，第三要有科学独立性或称排他性。当然从学科建设全面来看，博物馆学还是一门正在形成的科学。接着我们讨论了学派问题。我问："全球博物馆研究者能否分成不同的学派？如果能，大体上分成几个学派？"他说，可以分成不同的学派。大体可以分成两派，一派是哲学博物馆学派或称博物馆玄学派，这派以捷克的斯特朗斯基为代表，这派是从哲学高度上研究博物馆现象。另一派是博物馆功能学派。在收藏、保护、传播功能的研究中又可划分为三支，一支是以收藏为中心的研究，一支是以传播为中心的研究，我则致力于人与物关系的形象化研究，我是博物馆语言派。我问德国的克劳斯属于哪一派？他说，克劳斯非常奇特，他公开声称他是马克思主义博物馆学派，由于他过多的马克思主义意识形态，在阅读他的东西时，必须先把意识形态拨开才能理解。他接近哲学派，但我更喜欢斯特朗斯基，不过斯特朗斯基过分哲学化，我则想更广泛一些。他告诉我奥地利人写的《博物馆学概念》和马约维奇写的《博物馆学导论》相当不错。我问马约维奇属于哪一派？他说，马约维奇接近哲学派，但他写的《博物馆学导论》却是一章一章地论述博物馆的各种功能。

说到马约维奇，我这里插一段我和他的小故事。会议第二天下午休息时，在走廊，我们两人闲聊了几句，我无意中说，我 1981 年去过南斯拉夫，他突然很生气地转过身去。我一愣，突然醒悟了。他们克罗地亚已经摆脱南斯拉夫联邦独立了，这是多年奋斗的结果，我感到我失言了，他也感到他失态了，转过身来说些别的，就走开了。这使我深切感受到苏联解体、南斯拉夫联邦解体，民族矛盾是很重要的原因。马约维奇的民族情感令我惊讶，他答应送我的书也不送了。回到我和马丁·施尔的谈话吧。关于学派的问题，他谈得比较细，比较明确，使我获益匪浅。不过他谈的只是传统博物馆学理论圈子中的派别。我对博物馆学界的理论差异的注意还是比较早的，1985 年我发表了《论世界博物馆及博物馆学存在着两个系统》的论文，我提出世界博物馆的发展及博物馆学的体系，实际上存在着东方和西方两个系

1994年9月18日，与伊·马约维奇、前主席索夫卡在博物馆学委员会年会上

统的观点。西方系统主要是西欧和北美，东方系统主要是苏联、东欧和中国。西方系统的博物馆学主要是延续着传统博物馆学，而东方系统以马克思主义为指导，以社会公有为主的社会主义类型的博物馆及其博物馆学。那时苏联还没有解体，两个阵营的对立还存在着，所以世界博物馆和博物馆学也存在着两个系统。也就是1986年我开始在我主编的刊物上宣传新博物馆学和生态博物馆实验。至20世纪90年代，国际博协博物馆学会的领导者还在排斥新博物馆学，所以我和马丁·施尔的对话就进入了这个问题。我问他："你怎么看生态博物馆和新博物馆学运动？"他说，这是一个很难回答的问题，我不喜欢新博物馆学这个词，新博物馆学是研究博物馆一种新现象的理论，这种新现象只是博物馆现象的一部分，怎么能取代博物馆学而成新博物馆学呢？这是不确切的。他们所说的新现象用生态博物馆这个词是恰当的。生态博物馆的理论是美妙的，不要博物馆专业人员而让公众自己建立自己的博物馆，要把物归还到人文环境和自然环境中去，照这样推演下去，只能发展成为一种文化活动而博物馆则没有了。由于少数人搞起来的生态博物馆虽然说是公众自己办博物馆，实际上只是少数人在搞实验。马丁·施尔很明确地说，我对新博物馆学和生态博物馆是持批评态度的。他们的理论难以实现。安德烈·德斯沃里斯已经和你谈过他的运动，他是新博物馆学的鼻祖之一，我想你会有自己的判断。我说，去年2月冯·门施来中国，我们交换过对生态博物馆和新博物馆学的看法。我当时指出新博物馆学最大的贡献在于它有勇气否定传统，而它最大的失误也在于否定传统，因为它对传统不是批判地继承而是简单的抛弃。前两天，德斯沃里斯和杰斯特隆分别向我介绍了新博物馆学和生态博物馆，使我获益不少，我佩服他们的理论勇气，但我担心他们会走到博物馆虚无主义路上去。马丁·施尔说，是虚无主义。接着转入下一个问题。我问："能否建立国家或地区的博物馆学？"他说，总体上说是不能建立地区或国家的博物馆学，因为科学只有一个，否则不能成其为科学，但是低一个层次上，在分支科

1994 年 9 月 17 日晚，与马丁·施尔对话后合影

学的层次上可以建立地区的或国家的博物馆学。接着我请他谈一谈机构问题，我说:“我认为博物馆定义中列举的动物园、植物园、天文馆、科学中心等都不应属于博物馆机构，你的看法如何？”他说作为博物馆机构应有四方面条件，第一要有实物，没有实物不算博物馆；第二要有基本陈列；第三要真正向观众开放；第四要有专业人员管理。他说，我也认为国际博协列举的机构并非博物馆，与你有同感。我的最后一个问题是:“博物馆发展趋势是怎样的？”他说，英国莱斯特大学博物馆学系主任苏珊·比尔斯写过这方面的文章，有些人也作过研究，也有人做了预言。我认为博物馆已经发展到了顶端，将保持平稳或走向下坡。我告诉他去年我发表了一篇题为《从膨胀走向收缩——迎接新世纪的出路》的文章，我认为博物馆从概念上的膨胀和行为上的膨胀超越了博物馆的功能，使博物馆陷入力不从心的境地，博物馆的出路在于从膨胀走向收缩，更加规范、更有活力地迎接新世纪。他告诉我英国的《博物馆管理者》杂志登了一篇论文主张剔除非博物馆行为，接近你的观点。会谈的最后，我说我们不得不结束我们的谈话了，因为时间太晚了。我们非常感谢你对我们的问题回答得如此明确，如此深刻，我们受益很大。他说，我们度过了一个非常愉快、非常有收获的夜晚，我要特别感谢苏教授，你的论文和发言加强了这次会议的理论深度。我说，过奖了。我们在这次会议上学到很多东西，谢谢！他最后说，我们从中国同事那里学到很多东西，谢谢！

会议期间，我与新博物馆学和生态博物馆方面的代表法国的德里沃里斯、挪威的杰斯特隆分别作了学术交流。德里沃里斯谈的不多。杰斯特隆和我多次交谈。和他们的接触以及会议的社区专题讨论，我在后面的几章中将会谈到，这里先从略了。学术讨论的翻译工作由安来顺、宋向光担任，以安来顺为主。理论家们誉之为“好的语言桥梁”。

国际博物馆学 1994 年年会的主题讨论，加深了也加固了我对博物馆物的认识，加深了我对博物馆社区化的认识。既驱动我对传统博物馆学的深化研究，也驱动了我对新博物馆学和生态博物馆的实践。之后，我将在传统博物馆和生态博物馆两个领域中开展工作。

第四十三章　国际交流
中美博物馆学国际研讨班／
我的《博物馆学研究综述》／
南开二杰

1993 年 8 月中美博物馆学研讨班在南开大学举行，承柏主持研讨班。他约请了美国史密森学会的文化史部副部长兰尼·班奇，学会项目协调人南茜·福勒和我做学术报告。班奇的报告题目是《历史博物馆与历史项目》，南茜的题目是《生态博物馆的概念与方法》。班奇的报告帮助我们了解了美国历史类博物馆项目管理的新探索，南茜的报告使我们了解了美国第一座生态博物馆的实践经验。我的报告题目是《中国博物馆学研究综述》。我在做报告之前宣布了中美博物馆关系史上的一项新材料。过去中国博物馆界只知道中国人最早见到的西方博物馆是欧洲博物馆，是 1866 年清政府派出的外交官员斌椿及其随员在欧洲参观了几十个博物馆，他们通过“笔记”、“述奇”等文字向国人介绍了西方博物馆。研究者以为这就是中国人最早见到的博物馆。最近，革博的白云涛同志向我提供了一份新材料，即 1849 年福建人林针写的《西海纪游草》，其中有林针 1847 年在美国参观博物馆的记述。经我进一步研究，认为 1847 年林针在美国参观的博物馆比斌椿等人 1866 年在欧洲参观博物馆早了近 20 年，他的《西海纪游草》书稿在国内流传比 1866 年斌椿的《乘槎笔记》整整早 20 年。因此应该说中国人最早见到的西方博物馆是美国博物馆而不是欧洲博物馆。在中美博物馆学研讨会上公布中美博物馆关系史上的这份新史料，增强了研讨会上的友谊气氛。

我的《中国博物馆学研究综述》梳理了近百年中国博物馆学的发展历程。中国博物馆学的发展是随着中国博物馆事业的兴起而兴起，随着博物馆事业的发展而发展的。中国近代博物馆产生于20世纪初，近百年来中国博物馆出现了三个发展时期。随之，博物馆学研究在中国也有了三个相应的发展时期。这三个发展时期就是20世纪30年代、50年代和80年代。第一个发展时期，中国博物馆学研究兴起。1905年南通博物苑的建立开启了中国博物馆事业的纪元，到20世纪30年代南京政府有一个发展时期，博物馆事业也有了较大发展，这就是中国博物馆事业的第一个发展时期。由于博物馆事业的发展，博物馆研究随之兴起，1935年成立了以研究博物馆学为宗旨的中国博物馆协会，编印了《中国博物馆一览》、《中国博物馆书目》，协会会报刊登了一批博物馆学论文，出版了《博物馆学通论》等一批博物馆学专著。这时期的博物馆学研究的特点是向西方学习和突出博物馆的社会使命。20世纪30年代是中国博物馆事业富有希望的年代，是博物馆学在中国兴起的年代，可惜战争中断了这一富有希望的进程。第二个发展时期，中国博物馆学研究的再兴起。1949年，中华人民共和国成立后，中国博物馆事业进入了第二个发展时期，随着中国博物馆事业的蓬勃发展，中国博物馆学的研究再度兴起。这时研究的特点，是向苏联学习和突出博物馆的政治使命。苏联博物馆学具有鲜明的意识形态特征，向苏联学习成为这个发展时期中国博物馆学研究的主要承袭方向，突出博物馆的社会使命是这个发展时期的主要课题。1956年召开了全国博物馆代表大会，进行了充分的讨论，产生了博物馆的“三性二务”论，这是中国博物馆学界对博物馆的基本性质和基本任务的理论概括，具有中国的特征。20 世纪 50 年代中国博物馆学的大讨论，起到了博物馆学大普及的作用。可惜在政治运动的冲击下，博物馆学研究又被迫中断了。第三个发展时期，博物馆学研究的再深入。1978 年 12 月召开的中共十一届三中全会，开辟了中国走向现代化的道路。在改革开放的新国策下，中国博物馆迎来了第三个发展时期。20 世纪 80 年代中国博物馆发展空前迅速，博物馆学的研究也随之进入了高潮。1982 年中国博物馆学会成立，各地学会也相继成立，以这些学术团体为核心，在中国迅速掀起了研究博物馆学的新运动。20 世纪 80 年代以来，中国博物馆学研究出现了学术繁荣景象，远远超过了前两个时期，并且还在发展之中。第三个发展时期出现了三个新的特点：第一，创建有中国特色的博物馆学；第二，突出博物馆的文化使命；第三，学科建设发展迅速。总起来说，中国博物馆学的研究如同博物馆事业一样，经历了兴起—衰落—再兴起—再衰落—新的兴起这样三起两落的曲折过程，这是中国社会曲折发展的结果，也是战争与和平交替发展的结果。在改革开放的新时期中，中国博物馆学研究，一方面加强国际合作与交流，一方面加强民族个性、国家特色的发展，中国博物馆学研究正在迈上新的台阶。

兰尼·班奇的学术报告《历史博物馆与历史项目》介绍了瓦伦

塔因博物馆的创新实践。瓦伦塔因博物馆坐落在美国弗吉尼亚州首府里士满城中，以藏有丰富的地方历史文物闻名。20 世纪 80 年代中期，该馆多有创新，把观众引入了里士满工业化和种族主义等重大历史问题的讨论，被誉为“瓦伦塔因方法”。兰尼・班奇的学术报告详细介绍了该历史项目的“工作参与程序”的观念和做法，而且提出了学院学者与博物馆学者之间沟通的模式。他的学术报告，使我们看到史密森学院，甚至美国博物馆在 20 世纪 80 年代中期创新的探索。

南茜・福勒的学术报告《生态博物馆的概念与方法》，论述了社区博物馆的初建阶段和社区教育模式的建立完善过程。首先，为帮助读者理解生态博物馆方法，她提出了一个哲学历史框架，讨论了特殊情况下该方法的运用。接着详细介绍了亚克钦印第安社区寻求新机遇的来龙去脉，描述以研究博物馆、档案馆性质结构为目的社区范围内的教育进程，并论及工作人员培训计划，继而肯定生态博物馆到目前为止的成果，强调指出该计划成功的几种因素。南茜的报告使我进一步了解了社区博物馆、生态博物馆发展的脉络，进一步了解了她在亚克钦印第安社区生态博物馆的实践全过程，我很有收获。1994 年国际博物馆年会时，我告诉杰斯特隆，去年在南开大学我听了南茜介绍美国第一座生态博物馆创建的情况，杰斯特隆大叫起来：“世界真小啊！南茜也认识我，她曾到挪威来学习挪威生态博物馆的经验。”实际上美国学的不是挪威经验，而是加拿大经验。

中美两国博物馆学者有机会在南开交流经验，是承柏一手操办的。当时南开大学的博物馆专业声名鹊起，冯承柏、梁吉生两位台柱子声名远扬。承柏长于欧美博物馆研究，吉生长于我国自己的博物馆研究。可惜两位都离开了教学，承柏升任图书馆长，吉生升任校史办主任，现在只剩下春雨教授在苦撑局面。好在南开学子在文博界多有担当重任者，南开的影响还在。

第七部分

第四十四章　生态博物馆

从宣传到实践／国际博协第17届大会／初访挪威

生态博物馆思想是一种很深的思想，生态博物馆的实践是一种很超前的实践。我从知道它、研究它、宣传它到亲自去实践它走过了很长一段路。1986年我开始宣传它，直到1995年我亲身投入了对它的实践。让我略作一点回顾。

国际生态博物馆运动发端于1972年。这个运动是国际博物馆界的一种新思维和改革传统博物馆的强烈愿望相结合而形成的一种思潮以及这种思潮的实践运动。我在中国为什么会关心它、宣传它？因为那时中国正在加速现代化建设，虽然中国正在工业化进程中，但工业化带来的生态失衡和环境污染也在重演着，并且已经开始食其恶果。我国现代环境意识和现代生态意识的觉醒是在知识界的呼吁和政府的重视下开始的。这时我也开始关注博物馆为环境保护做出的贡献。在我主编的《中国博物馆》中刊登了一批“博物馆与环境保护”、“博物馆与生态保护”的文章。记得我最早刊发的一篇是南开大学的胡妍妍的《博物馆与环境科学》。胡妍妍是南开大学在读研究生，因为这篇文章有导向作用，我破格把一个年轻学子的文章放在头条刊出。接着刊登了甄朔南等一些科学工作者的相关论文。也是从 1986 年开始，《中国博物馆》比较集中地刊登了一批国际生态博物馆运动有关的论文和资料。其中有里维埃和戴瓦兰的重要文章的中译文以及教科文组织主办的《博物馆》杂志上的其他有关论文的中译文。1972 年在智利举行的“国际博协圆桌会议”、1984 年魁北克会议及其宣言、1987 年在西班牙举行的新博物馆学会议等，我们在刊物上都做了介绍。在中国的刊物上还可以读到法国、加拿大、美国等关于生态博物馆的材料。可以说中国生态博物馆的实践是有一定的舆论和认识基础的。接着我就要说到我在贵州推行生态博物馆建设的情况。1986 年 11 月，我在《贵州“七五”期间发展博物馆事业规划》论证会上呼吁在贵州建立中国第一座生态博物馆。论证会前，由贵州文物处吴正光处长操办北京来的专家进行实地考察，从 11 月 11 日开始，考察了镇远、舞阳河风景区、施秉县苗寨、重安江铁索桥、天台山寺庙、黄果树大瀑布、安顺王若飞故居、遵义红军烈士墓、遵义会议纪念馆、息烽集中营、修文杨明洞囚禁张学良处、贵阳花溪公园。8月25日贵州省长王朝闻听取专家论证意见，我作了长篇发言。我说，贵州博物馆事业虽然起步较晚，但是蕴藏着非常丰富的博物馆资源，有非常广阔的发展前途，如果贵州要在中国博物馆界迎头赶上,就要搞精品。我建议贵州带头搞生态博物馆。那时我只是呼吁贵州建第一座生态博物馆，走在博物馆改革的前列，而我自己当时还没有亲自去做的念头。经过1993年南茜介绍创建美国第一座生态博物馆的经验，1994年年会与德斯沃里斯、杰斯特隆的多次交流，我有了亲自实践这种新思维的强烈愿望。1995年1月贵州文物处胡朝相处长访美归来，专程看望我，希望我帮助推进贵州文物博物馆工作。我们两人不约而同地想到生态博物馆。我在取得文物局马自树副局长、博物馆学会吕济民理事长和贵州省政府的支持下，决心放手去做这件事。这时我已68岁，而且在传统博物馆工作中正有所发挥，但对博物馆的这种新思维的实践冲动使我下定决心，在传统博物馆和生态博物馆两个领域中发挥我的力量。我的事业进入了新的境界。我迅即给杰斯特隆写信约他来中国和我们一起创建中国第一座生态博物馆。他高兴地承诺了，并立即赶来中国。4月初，贵州省政府批准在贵州建立生态博物馆可行性调研课题组，由我担任组长，杰斯特隆担任顾问，胡朝相、安来顺任组员，安来顺兼翻译，张诗莲管生活。之前胡朝相处长对课题组的实地考察作了准备，挑选了十几个民族村寨。课题组考察了榕江的摆贝苗寨、隆里的古城、黎平的堂安侗寨和兰寨、贵阳镇山的布依族山寨和六枝特区的梭嘎苗族山寨，最后从中确定了在梭嘎苗族山寨建立中国第一座生态博物馆。梭嘎苗寨在深山老林之中，与外界隔离。他们至今仍存在着和延续着一种古老的以长牛角头饰为象征的独特苗族文化，目前仍过着男耕女织的自然经济生活。在这里建立生态博物馆，对传统文化的保护，对生态环境的保护更具有典型意义。课题组取得一致意见后，遂起草《在贵州梭嘎乡建立中国第一座生态博物馆可行性研究报告》，其中关于生态博物馆的理论部分由杰斯特隆执笔，

1995 年 4 月 29 日，与杰斯特隆商讨生态博物馆可行性报告

关于在梭嘎社区建立生态博物馆的特殊意义和可行性论证部分由我执笔，安来顺写实施部分，并由他形成中英文两个版本。这个可行性报告得到国家文物局和贵州省政府批准执行，得到了政府强有力的支持。回忆这次考察，虽然多是跋涉在深山老林中，但乐趣多多。我们在摆贝苗寨考察时，下着雨，山陡路滑，下山时杰斯特隆摔得浑身是泥，皮鞋也裂了口。小安摔坏了腿。我还好，虽然那时他们已经叫我“苏老”了，但我并不老。文保所长重点保护我。我仗着年轻时当过篮球队长的基本功底，一路滑行下来居然没有摔倒。大家相视而笑，何等快乐。一天中午路过一个县城，吃午饭时县长大唱山歌劝酒，杰斯特隆喝了很多酒一直哈哈大笑，十分高兴。车过一个村庄,看见墙上的大标语写的是“实行计划生育,秋后集体结扎”。杰斯特隆问写的什么？我回答写的努力生产,多打粮食。他点头称是。此事对他说不清，也不能说。

在杰斯特隆安排下，从 1995 年 6 月 25 日到 7 月 12 日，我与小安去了挪威。挪威之行收获很大，考察了 14 个生态博物馆和传统博物馆，与挪威合作开发总署接上了头，出席了 17 届国际博协大会，亲历了挪威的民主与生活，与挪威文物局建立了合作关系。6 月 25 日到达奥斯陆，当天下午杰斯特隆就带我们乘地铁，乘出租车，游览市容，在市中心的露天餐厅吃烤肉。第二天，挪威合作开发总署文化合作局局长图德汉姆就和我们会面兼宴请我们。会见是在一家中国餐馆，就餐前，局长宣告了合作开发总署接受了中挪合作创建中国第一座生态博物馆的申请。他说："合作开发总署认为这一项目对于在该地区保护自然环境和民族文化遗产具有重要价值。合作开发总署接受这一合作项目，将派人去实地考察。"短短的十几分钟，我们去挪威办的第一件公事就算办完了。吃完饭，局长开车送我们回宾馆，他还亲自为我开车门，这样的礼遇使我拘束不安，不知所措，这在我们国家是不可想象的。在我国申报方是请求者，审批方是居高临下的，在挪威颠倒过来了，我倒居高临下了，这真不得不令人深思的了。6 月 27 日杰斯特隆带我们去挪威国立科技博物馆出席一个国际会议。9 点开始，我们提前几分钟到了，就在门外停车等候，旁边一辆车上坐着奥斯陆的女市长，她也提前到了。9 点整我们和女市长一齐走进会场，她和我们一样随便找个座位坐下。当轮到她讲话时，她走上台作了简短讲话，然后从旁门悄悄地走了。这位女市长就这样来无欢迎、走无欢送，和我们一样的平凡。我第一次体验了平等。我们在奥斯陆考察的重点是挪威桑德瑞克露天博物馆。露天博物馆仍然是传统博物馆，但它是生态博物馆的前身。法国的生态博物馆的想法就是受瑞典斯堪森露天博物馆的启示的。瑞典的斯堪森露天博物馆我也去看过，它建于 1891 年，而挪威的桑德瑞克露天博物馆建于 1881 年，比瑞典的早 10 年，但不如瑞典的露天博物馆名气大。露天博物馆是把一个村庄或代表性的农舍，搬到博物馆原状展出的。我在挪威看到的桑德瑞克露天博物馆是从几个村庄搬来的农舍，甚至村中的教堂都搬来了。我在教堂的耻辱架下还照了一张相。挪威从 19 世纪以来陆续建立了 200 多座露天博物馆，所以挪威建立生态博物馆是有渊源的。在奥斯陆还看了古船博物馆，整个建筑里里外外都服务于古船的陈列。我们还参观了国家民俗博物馆，真是开了眼界，展品的丰富真是令人目不暇接，但陈列手法不太讲究。接着我们就赶往杰斯特隆的家乡图顿农村也就是图顿社区。我们在杰斯特隆家里住下。他家有一个主楼，还有一个小楼是杰斯特隆的书房和工作室。我和小安住在小楼边上的客房里。农村很富有，每家大多都有很大的院子和别墅式的建筑。杰斯特隆和妻子住在二层的主楼里。他的母亲和兄弟都有各自的别墅，都在一个村子里。我们到达的第二天，杰斯特隆宴请我们，他母亲也来参加了。炖了一天的羊肉香气扑鼻，在国内、在城里早已没有闻到这么重的香味了。晚餐前，我和小安把带来的礼物每人一件，包括老母亲，一一送给他们，他们欢呼不已。小安送给杰斯特隆妻子的丝绸衣料最受欢迎。图顿生态博物馆是我们考察的重点。图顿生态博物馆是图顿农村社区的文化中心。它的档案室存放着这个社区的档案和私人寄放的个人纪念品。档案室每年都要出一本年鉴，作者占了社区人口的四分之一。博物馆的图书室总有人在阅读。博物馆有一个广播站，广播当天的各种信息。园顿社区有社区议会，居民竞选议员时，往往都来生态博物馆当义工，增加与居民接触的机会。图顿生态博物馆与整个社区的生活息息相关。生态博物馆真的保护了这个社区的传统文化，而且在传承着自己的文化。挪威生态博物馆发达是有其特殊条件的，杰斯特隆说，挪威的地理位置和定居点分散，这种特殊情况和强烈的自主倾向联系在一起，引发了居民保护自己的自然资源和文化遗产的重视。挪威有挪威的历史条件和现实条件，挪威的模式我们不能照搬，只能借鉴，这是我在考察时就已形成的想法。

在奥斯陆时，杰斯特隆陪着挪威国家广播电台的一位政治记者采访我。当问到我关于新疆、西藏民族问题时，我回答，民族问题、民族矛盾是国际上多民族国家普遍存在的问题，不是哪一个国家独有的问题。中国有 56 个民族，是多民族国家，政府十分重视民族团结问题，中国的民族问题是处理得比较好的。我接着介绍了民族区域自治体制和经济、文化、教育各方面的团结政策。杰斯特隆对小安说苏教授回答得真好。我在革命博物馆工作，对党史、国史的情况比较熟悉，也把握着宣传口径，我不怕回答尖锐的政治问题。

6 月 30 日至 7 月 7 日，国际博协第 17 届大会在挪威斯塔万格市举行，我们要赶去参加。途中看了一些博物馆，五花八门多是小型的。我和小安在挪威的考察活动包括国际会议的费用，是杰斯特隆申请合作开发署发给的，这笔费用已由杰斯特隆领到手，只要我们省吃俭用，节余的钱就归我们了。会议住宿的旅馆多是单间，我和小安要了双人间合住，省了一个单间费用。杰斯特隆在会场附近居民区租房住更便宜。斯塔万格市是海滨小城市，旧城老街道,、商店很多，保留着小城的旧风貌。我们住的旅馆在旧城区，会址大楼在新区，每天开会有车接送。旅馆早餐是免费的，我们和非洲的穷哥们一样，吃完早餐带走几片面包中午吃，会议餐厅太贵，能省就省一点。中午我路过餐厅，碰见德斯沃里斯，寒暄几句，他推门进入餐厅，我和小安没有进去。我感到贫富的悬殊，心情沉重。博协大会的开幕式很隆重，宋雅王后出席开幕式。当王后缓步进入会场时，全场起立，乐队奏挪威国歌。王后讲话的开场白令我难忘。她说:“诸位贵宾，你们来到我们的斯塔万格小城市开重要的会议，委屈你们了。”我至今不能忘记“委屈你们了”这句话，挪威谦逊的民族性格使我敬仰。大会的主题是“博物馆与社区”，听取了几位专家的学术发言，每位发言十分钟，每位发言后听一段音乐或挪威民歌演唱，会议开得高雅轻松，这就是挪威的文化风格。杰斯特隆在会议入口处摆了一张桌子，放着最新一期的《挪威博物馆学》杂志，他女儿在那里出售。这一期杂志刊登了《苏东海博物馆学论文选》，这是早已计划好的安排。1994 年博物馆学年会后，国际朋友就计划在杰斯特隆主编的刊物上发表我的博物馆学论文，把我的言论推向国际。这使我想起斯莱德的《博物馆学基础》就是在 1986 年国际博协第 14 届大会期间出售的。我对国际朋友对我的厚爱十分感动，铭记在心。博物馆学会 1995 年会同时召开，但“博物馆与社区”这个主题 1994 年已经讨论过了，就组织大家参观了几个社区博物馆、生态博物馆和民俗博物馆。挪威的民俗博物馆很受重视，对当地的文化传统、民俗风情甚至当地经济演变都有反映，陈列视野很宽阔，像是社区博物馆的放大。挪威号称有40个生态博物馆，我直接考察了其中的三分之一，也可算有了一定的感性认识了。

国际博协大会后，我们又回到图顿杰斯特隆家住了两天。我和小安在图顿镇上的中国餐馆宴请杰斯特隆一家，按中国尊老的传统，把杰斯特隆的母亲也请来了。老太太没吃过中国饭，吃得很开心。这就算答谢宴吧，略表我们的感谢之情。我和小安的活动经费节余不少，杰斯特隆都给了我们。在斯塔万格时我就开始购物。给妻子买了一双很贵的蛇皮鞋，给儿媳左平买的牛皮鞋，给儿子立中买的真皮短外套，他穿了好多年。给孙子苏醒买的礼物费点周折，我看中商店的一个精美的小台灯，正好放在他的小书桌上。但无货，过两天来货。店员问了我在旅馆的电话，第三天通知我来货了。我高兴为孙子买了件好礼物。挪威的罐头鱼外销很受欢迎，我买了好多罐带回送人。妹妹海珠、海玲都送了。小安与我不同，集中财力买了一架摄像机，这在国内是很超前的。在机场他还领了退税费，经济上不吃亏。

挪威的富有虽然得力于石油，但最根本的是实行了社会民主主义，这是贯彻了第二国际的主张。挪威的社会主义民主并不属于资本主义范畴，它是社会发展的一条新路。后来我到荷兰、瑞典去看过，我更相信我的认识了。

第四十五章　生态博物馆
中国第一座生态博物馆诞生／国际项目签字／出席国宴

挪威之行获得挪威合作开发总署口头同意在贵州创建中国第一座生态博物馆，为了进一步形成合作协议文本，由杰斯特隆和挪威文物局协助我们按挪威行文方式制定，安来顺再次赴挪威参加合作文本的起草。文本呈送合作开发总署，他们又派高级顾问阿蒙德·辛丁拉森来中国实地考察。贵州省文化厅长王恒富和文物处长胡朝相汇报在梭嘎建立生态博物馆的各项准备工作和进展情况。他问得很仔细，很满意。又对我这个项目负责人的情况作了深入了解，他认为我是国家文物局专家、贵州省文物保护顾问、博物馆学会的常务理事，在领导层面有发言权，有能力推动这一项目的实施，认为我是可以信赖的合作伙伴。挪威合作开发总署正式批准了这个项目，并决定合作项目签字后，立即拨付年度援款。这个项目定下后又有发展，挪威政府看好这个项目，把它纳入了《中挪 1995~1997

年文化交流项目》，成为了政府项目之一。政府项目将于 1997 年 10 月国王来华时正式签字，并决定先草签，由挪威驻华大使白山先生和我在挪威大使馆举行草签，草签后项目立即生效。这时项目领导小组已经成立，由我担任组长，马自树任顾问，成员有安来顺、李嘉琪（贵州省文化厅副厅长）。领导小组设在北京，在贵州设实施小组，胡朝相任组长，小组成员由省文物处、六枝特区、梭嘎苗族彝族回族乡乡政府成员担任。实施小组是领导小组的执行机构。杰斯特隆是项目的科学顾问。在梭嘎这样封闭的山寨建生态博物馆，要站住脚必须办几件实事。我们一致同意先引水上山、引电上山，改善山寨的生活状况。居民不再从山下背水，这是一大变化；又用上了电灯，一下子把生态博物馆建设和他们自己联系在一起了，有了积极性。接着开始建资料信息中心的工程。这时有关方面的经费陆续到位，挪威的赠款 70 万克朗，先期拨付 40 万也已到位。说到挪威援款，也有一番麻烦。合作协定草签后立即生效，挪威合作开发总署来电询问拨款账号，那时中国博物馆学会没有自己的账号，用的是故宫的账号，如果用故宫账号会引起挪方怀疑，为什么用一个博物馆的账号？我向马局长提出用国家文物局的账号，马局长一口答应。文物局办公室主任王良学立即安排财务在局账号内设专项资金："由苏先生一支笔开支。"我立即将国家文物局账号告知挪方，我相信他们对国家文物局的账号更加信任。挪方也立即将第一笔援

1996 年 9 月 24 日，为梭嘎资料信息中心选址

款 40 万克朗汇入文物局账号，我也立即将援款转汇给贵州六枝特区银行梭嘎生态博物馆专项资金项目内。我对挪威援款一分钱都不截流，全数拨给贵州。不料到贵州又出问题，钱汇到六枝特区银行后，被特区政府调走挪用了。当时特区煤矿工人几个月没发工资，正要闹事，特区政府就将这笔资金从银行调出给工人发了工资。我赶到六枝特区，银行说我归政府管，政府下令我不能不执行。政府说我挪用是应急，以后还。我又回到贵阳请龙副省长出面解决。龙副省长分管文教，对这个涉外项目很重视。她让省文化厅先垫付这笔钱，

特区政府分期还给文化厅，这才使生态博物馆不致停工。资料信息中心的选址很重要，一处在山下乡政府路边，交通方便，水电方便；另一处在寨内，进寨门后有两亩菜地。李厅长意见放在寨内，因为资料信息中心是村民活动的地方，要方便村民使用。最后我同意建在寨内。由李工程师设计，与山寨民居浑然一体，又有长角特征的建筑美。资料信息中心空间很大，有活动空间、展览空间、电脑室、档案室等，建筑背后有几间客房，供游客或研究者使用。建筑就地取材，村中老匠人施工。年轻村民当劳动力，付给工资，既是给自己盖房子，又挣钱，在他们心目中资料信息中心是山寨的活动中心了。信息中心建成后，杰斯特隆、安来顺、胡朝相又培训一批年轻人开展记忆工程。杰斯特隆扛着摄像机带着大家跑遍几个山头，采访了十几位老人的口述历史，为档案室注入了第一批信息资料。省文物处张勇对梭嘎乡做了社会调查，编辑出版了十万字的社情报告。反映梭嘎生态博物馆的展览布置起来了，村民川流不息地来看展览，村民中的骨干分子培养起来了，希望小学也建起来了。于是举行了隆重的开馆仪式，宣告中国第一座生态博物馆——梭嘎生态博物馆诞生了。

梭嘎生态博物馆于 1997 年破土动工，1998 年建成开馆，10 月 31 日举行隆重的开馆仪式。国家文物局马自树副局长、博物馆司李文儒司长从北京赶来参加；贵州省龙副省长亲自出席；白山大使和挪威合作开发总署发来贺信。龙副省长首先致辞，感谢国家文物局、博物馆学会、挪威政府对这个项目的领导和支持。她指出梭嘎生态博物馆的创立为贵州民族文化的保护注入了全新的理念和方法，有深远的影响。马副局长在仪式上致辞说：“梭嘎生态博物馆的建成开馆，标志着一种新的博物馆类型在中国诞生，是中国博物馆专家大胆探索的勇气和精神的体现，是中挪两国间文化合作的成果。”白山大使贺信说：“作为贵国的首座生态博物馆，梭嘎项目将为全国的文化保护事业起到重要的示范作用。”龙省长、马局长和我为开馆剪了彩，杰斯特隆和安来顺为馆牌揭幕。我们又一起在院子里种了一棵松树，树上挂着“中挪友谊树”牌子。资料信息中心的院坝里站满了人，来自贵州各地区的代表、附近村寨各民族的村民，人山人海，盛况空前。10月23日在北京人民大会堂举行《中挪1995~1997年文化交流项目》签字仪式，梭嘎项目是其中之一。中国江泽民主席、挪威哈拉尔国王出席签字仪式。梭嘎项目由中国国家文物局张文彬局长和挪威外交大臣签署，我和挪威大使馆环境保护参赞助签。所谓助签就是站在主签身后，帮助主签找到签字位置和交换签字的文本。马自树局长、吕济民理事长站在一侧的观礼位置上。当晚，江主席在人民大会堂举行国宴招待挪威国王和王后，我应邀出席了这次国宴。宴会在轻音乐中进行，很轻松愉快，不像我想象的那样庄重严肃。晚宴结束后，我把给我的请柬和桌签、菜单带回家留作纪念。

第四十六章 生态博物馆 梭嘎生态博物馆的建设总结／我的生态博物馆理论研究／杰斯特隆去世

梭嘎生态博物馆建成开馆后，我们开了总结会。总结会开始，我首先对梭嘎生态博物馆的建成做出价值评估：第一，成功地在中国建立了第一座生态博物馆；第二，成功地创造了中国生态博物馆的模式；第三，梭嘎生态博物馆在中国引起了广泛的注目；第四，我们已经唤起了梭嘎人民对保护文化的热情，将会激发他们的民族自豪感。大家对这个项目的成功经验及其发展作了充分的讨论。杰斯特隆说："这个项目在实际操作和建设中给我留下深刻的印象，在如此短的时间内建成，所产生的结果和产品出乎我的意料。"他认为开馆仪式影响很大，村民的热情很高，"中挪友谊树"令人难忘。他说："在资料信息中心，苗族妇女不断地交谈，老百姓不断进出资料信息中心，这里已经是村民活动的中心了，你们所做的工作是非常成功的。”他还说和我一起工作学到很多东西，这是真的活，不是奉承。朝相从生态博物馆管理方面谈了一些成功的经验，介绍了今后的工作。大家谈了不少成功的经验和做法。我的基本经验和基本做法是本土化。所谓本土化就是把外来的东西落实到中国的国情、省情、乡情乃至村寨的实际之中，使之生根发芽，生长起来，存在下去。这就要把外国的东西变成中国的东西。本土化如果上升到方法论就是恩格斯在《反杜林论》中揭示的从事实出发的方法论。我不仅在创建梭嘎模式时贯彻本土化的思想路线，而且在博物馆改革中，在引进外来东西时，也一直强调从实际出发的思想路线，写出多篇文章强调本土化。当然本土化并不是排斥国际化，恰恰是真正实现国际化的途径。梭嘎的模式如果达不到国际生态博物馆公认的理论境界，就不会被国际视为生态博物馆，也就不会进入国际生态博物馆运动的行列之中。孤芳自赏的本土化不是真正的本土化。把本土化提高到国际化的公认水平，克服本土化和国际化的矛盾，克服现实与理想的矛盾，实现本土化与国际化的统一，是本土化的真正目标。国际化带来的是种子,本土化是土壤。我的种子、土壤的关系论，为国际生态博物馆联络总站的马吉站长在他的论文中引用和推崇。我感到欣慰的是杰斯特隆也能从方法论的高度上理解我的主张。他说：“苏教授不仅是一位历史学家，而且是一位哲学家。和他一起工作感到荣幸，学到很多东西。”杰斯特隆和我年龄差得很多，他一直

着苗族服装

把我奉为师长，我则视他为知音，感情很深。梭嘎在本土化和国际化过程中发生的种种矛盾，我将在后面叙述。关于梭嘎的运作经验，我总结了四句话十六个字。我说，在这个贫穷民族村寨中我们创建生态博物馆的基本做法是：发展经济、改善生活、保护遗产、发扬文化。具体目标是：① 保护环境的历史风貌和文化特色；② 保持村寨的历史记忆和文化传承；③ 树立村寨居民的主人意识；④ 提高村寨的文化水平，迎接自己的明天。也许这就是梭嘎的模式和做法。

梭嘎生态博物馆建成后，按原来的设想在贵州再建三座生态博物馆，形成贵州生态博物馆群。新建的三座生态博物馆是文化各异

我在苗寨是受欢迎的人，老人小孩也都称我为“苏老”

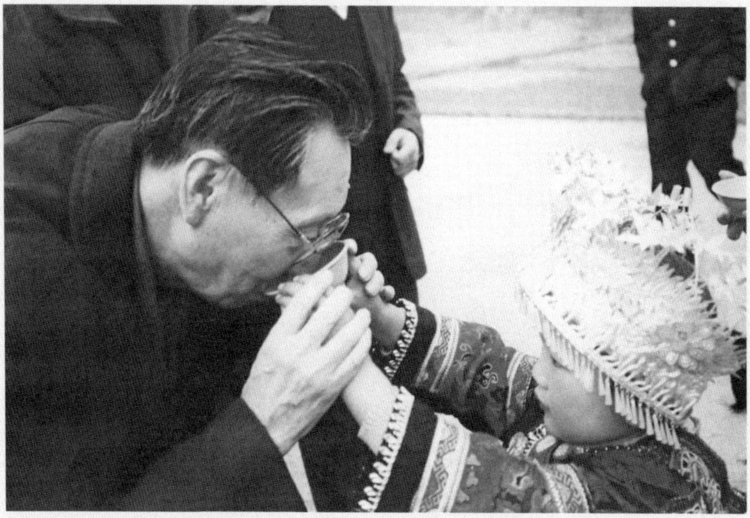

在梭嘎生态博物馆，小女孩向我敬酒

的镇山布依族生态博物馆、隆里古城生态博物馆、堂安侗族生态博物馆。1999 年 3 月 16 日，挪威王国环境大臣古露·弗耶兰桥访华期间，在国家文物局与张文彬局长会晤，交换了继续在贵州建生态博物馆群的意向，并形成了合作意向书。意向书在文物局会议室举行，我代表中国博物馆学会、环境大臣古露·弗耶兰代表挪威在意向书上签字。出席签字仪式的有文彬局长、自树副局长和挪威叶德宏大使、环境参赞。按《意向书》，贵州生态博物馆群建设分三个阶段，第一阶段建成梭嘎生态博物馆；第二阶段建成镇山生态博物馆，开

2001 年 9 月 4 日，接受挪威国家广播电台专栏作家采访

2001 年 9 月 4 日，我在奥斯陆签署中挪合作创建生态博物馆群协议
（左二为挪威合作开发总署署长）

始启动隆里生态博物馆建设；第三阶段建成隆里生态博物馆，直至堂安生态博物馆建成。该合作项目从1999年至2001年，由挪威合作开发总署继续提供经费150万克朗。第二阶段合作的文本随后在挪威驻中国大使馆，我和大使草签生效。正式文本将在挪威签字。因为第一阶段在中国签字，所以第二阶段在挪威签字。《意向书》签字后立即生效，第二阶段文本我去挪威时补签。2001年我去挪威办研讨班时，与挪威合作开发总署署长补签了第二阶段的合作文本。

协议第二阶段开始时，我们和挪威合作办了生态博物馆国际研讨班，培训骨干。研讨班由四个生态博物馆遴选学员，每馆二名。教员由挪威文物局副局长达格、杰斯特隆、我和胡朝相担任。研讨班分两个阶段进行，第一阶段在中国，第二阶段在挪威。第一阶段主要是讨论梭嘎经验，第二阶段主要是参观学习。达格主要讲遗产保护，这是他的专长。杰斯特隆主要讲生态博物馆的理念和现状，朝相讲生态博物馆的管理，我讲的就是那四句话十六字方针。达格的遗产理论我有些不同看法，他举了许多例子说明遗产的发现、遗产的研究和遗产保护的过程。我知道这是国际遗产化的普遍观点，我认为这种遗产化的观点否定了遗产的客观性，而陷入了遗产的主观主义错误，这是一种误导。他说例如在挪威海滩有一堆海盗船的遗骸，如果人们不去发现它是海盗船的遗骸，它就是一堆垃圾。我争辩说，如果它原来不是海盗船，人怎能发现它是海盗船呢？遗产的价值就在于它本来就是价值的客体，人的研究是发现它而不是赋予它，我们不应该忽视遗产的客观性。达格说，我们是站在两端辩论。当然这只是探讨时的一段插曲。国际培训班有得有失，开阔了学员的眼界，了解了外国的一些作法；但是走出山寨后接触了大千世界，不是更珍惜自己的文化，而是想离开自己的山寨，并不留恋自己。他们距离文化自觉还很远。这使我越发感到我的四句话十六字方针的正确，生产、生活是第一位的，没有衣食富裕就谈不到文化自觉和保护。生态博物馆一来就谈文化保护是曲高和寡。中挪合作建贵州生态博物馆群第三阶段的合作签字在北京举行。挪威环境大臣博耶、布伦德和驻华大使、环境参赞出席，中国张文彬局长、董保华副局长和吕济民理事长、贵州胡朝相和张诗莲等出席，挪威合作开发总署署长托弗·斯特兰德女士和我签署了第三阶段合作协议书。第三阶段挪方继续援助 300 万人民币，将于 2005 年完成贵州生态博物馆群的建设。继梭嘎之后，贵州成功地续建了镇山布依族生态博物馆、隆里生态博物馆、堂安侗族生态博物馆，实现了贵州生态博物馆各具文化特色、异彩纷呈的群体，在中国走出了在民族地区保护文化多样性的一条新路。

我在实践的过程中，加强了理论的研究，以提高实践的自觉，克服盲目性。我在 20 世纪 90 年代后期发表了多篇理论成果，也在中国宣传了生态博物馆。《国际生态博物馆运动史略》就是当时我的一篇力作。这篇文章根据我多年积累的史料作了理论梳理，阐述了生态博物馆产生的历史条件和时代条件，以及它的理论发展概略和在各国发展的概况。这篇论文在我国还是一篇较早的研究成果，有一定的影响，并被广泛引用。《生态博物馆在中国的本土化》一文，阐述了本土化和国际化的关系，阐述了文化多样性与国际反文化霸权的斗争。在国际视野中，我一直关注民族文化的自尊，一直关注文化的本土化的实践，这篇文章不仅谈到了本土化的观点，而且阐述了我们在梭嘎实践中怎样贯彻本土化的。我在《努力把握生态博

在镇山布依族生态博物馆开馆仪式上讲话

镇山布依族生态博物馆开馆仪式
（前排右一为时任贵州省副省长龙超云，前排右三为时任国家文物局副局长马自树）

隆里生态博物馆开馆仪式上，与挪威叶德宏大使等剪彩

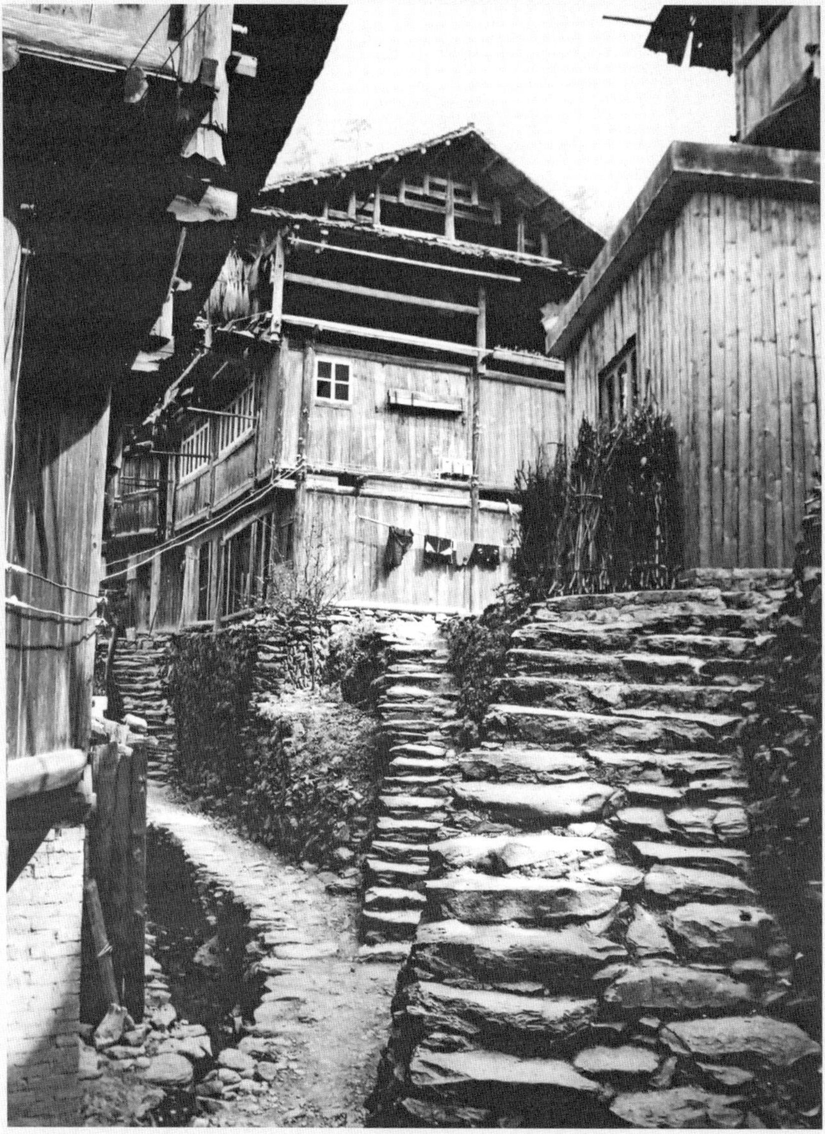

堂安寨内的石梯上下都十分方便，与侗民的生产生活统一和谐

物馆的特征》一文中指出生态博物馆的思想在西方也是超前的，建立一座生态博物馆其难度比创建一般博物馆、一般文物景点难得多，同时我们还要把这种文化形式使之中国本土化，就更加艰难了。在创建生态博物馆时，人们往往看不到它的特殊性，因此与一般博物馆区别不开，这样就降低了生态博物馆的先进性。我研究了生态博物馆与与众不同的特殊价值，发表了《努力把握生态博物馆的特征》一文，从三个方面看生态博物馆与众不同的特征

1. 它的特殊价值

一是特殊的科研价值。一般博物馆提供的只是自然的、人文的固有的文化价值，生态博物馆提供的是一个正在生活着的社区的环境、经济、文化的整体，是一个正在生活着的社会的活标本。这就为人类学、民族学、民俗学、社会学、文化学、经济学以至语言学等学科的研究提供了别的机构不能提供的活的研究资源，具有特殊价值。第二，特殊的文化价值。它的文化是活文化，不像一般博物馆展示的文化是已经冻结在一定的历史点上。生态博物馆展示的文化是在生活中仍然传承着的活着的文化，文化越特殊价值就越高。第三，特殊的旅游价值。生态博物馆可以满足不同需要，不同层次的旅游需要。可以满足文化旅游、学术旅游、采风旅游，也可接待大众旅游对异文化的观光，可以短暂停留，也可以居住下来进行学术研究，这是一般博物馆、文化景点做不到的。

2. 它的特殊的方法

生态博物馆对文化的保护，有与众不同的方法，可以从三方面看：一是对社区进行整体保护，对社区的自然生态和人文生态进行全方位的整体保护。如果环境保护不好就不叫生态博物馆了。二是文物概念放大，生态博物馆对社区的一草一木、每件物品直至山村的鸡鸣犬吠都记录下来，保存历史的记忆。对社区的建筑，梭嘎保存下了十栋上百年的老屋。三是主客关系，社区居民是生活在自己的生活之中，而不是为了展出而生活。他们不是展品而是活生生的主人。来的观众也好，游客也好都是居民的客人，双方是主客关系。

3. 特殊的管理

生态博物馆在管理体制上、管理方法上，也有三个特殊：第一，体制上的特殊。一般博物馆是一个文化单位，而生态博物馆是一个社区的整体，它和一个行政单位重合，形成行政领导与生态博物馆管理的并存体制。第二，隶属上的特殊。社区的行政隶属于地方政府，生态博物馆目前在开发阶段隶属于开发的领导机构，是条块结合又以垂直关系为主，因为生态博物馆的概念是外来的。生态博物馆建成后则应归入公共博物馆管理系统内。第三，涉外的特殊性。中外合作项目的特殊管理。我的这篇《努力把握生态博物馆的特征》先是在贵州生态博物馆群的领导干部和地方干部中讲述的，因为有指导意义，《贵州文博工作》全文刊登了我的讲话稿。我认为这是内部讲话，但对把握生态博物馆的特征是很重要的，因而收进我的《博物馆的沉思》论文集中。生态博物馆越发展，人们就越迫切地寻求它的定义。我在《国际生态博物馆运动史略》文章中罗列了国际上对生态博物馆的众多定义，但几十年来还没有形成令人普遍满意、普遍接受的一个简洁的定义。生态博物馆创始人里维埃生前最后一次的定义，虽为人们普遍接受，又不为人所满意，于是我开始研究定义。我对生态博物馆定义的研究是从生态博物馆的特征研究开始的。我在内蒙古敖伦索木生态博物馆培训班上，把生态博物馆对遗产保护的特征概括为“整体保护、原地保护、自我保护和动态保护”四个特征。当然这只是一种归纳而不是逻辑的表述。随后我在《中外文化交流》杂志上发表的文章进一步表述了我对生态博物馆的特征的描述，形成了我对生态博物馆的定义，“生态博物馆是对自然环境、人文环境、有形遗产、无形遗产进行整体保护、原地保护和居民自己保护，从而使人与物与环境处于固有的生态环境中并和谐地向前发展的一种博物馆新理念和新方法”。《光明日报》在一篇报道中引用了我的这一定义。我的这一定义虽然很粗糙，但还是得到了一定的传播与影响。生态博物馆是在各种文化碰撞中前进的，我多次发表文章谈这种碰撞与碰撞的处理，以期引起文化引进中的自觉性。我在《中国国家地理》杂志上发表的《生态博物馆的先进理念与现实的碰撞》，1998 年在《中国环境报》上发表的《中国第一座生态博物馆面临的课题》都做了相关的研究，这里不多说了。我对生态博物馆理论的研究是认真的，以期对实践有所帮助；我的研究成果都在报刊上公开发表，以期对中国生态博物馆运动有所帮助。

当这一章自述结束之际，我要写一下我亲密的朋友杰斯特隆的逝去，寄托我对他的怀念。1998年当他在西伯利亚开展文化遗产保护工作时突发心脏病去世。我流着泪为他写悼词，并请贵州四个生态博物馆都种上一棵杰斯特隆纪念树，以志不忘记他。我为了生态博物馆的中国化、本土化，和杰斯特隆争论过许多次，但是当我们走过一段路程回顾历史时，感情的怀念比理性的回顾更加动人、更加厚重。我不会忘记他，我亲密的朋友。

第四十七章　生态博物馆

内蒙古、广西、云南创建生态博物馆／生态博物馆国际会议／与戴瓦兰的通信

中国第一座生态博物馆建成后，在贵州生态博物馆群建设伸延

的同时，在我国内蒙古、广西、云南等民族地区也开始了生态博物馆的建设。早在 1999 年内蒙古就开始策划创建草原生态博物馆。包头市博物馆刘幻真馆长是领导者也是策划者，他邀我去指导内蒙古创建生态博物馆，我三次去内蒙古和他一起开创生态博物馆的新领域。我于 2000 年第一次去包头时，他已经进行了可行性研究。他设想这个草原生态博物馆位于距包头市 160 公里的达茂旗境内的大草原上。生态博物馆境内有全国重点文物保护单位敖伦苏木古城遗址和 15 户牧民，牧民生活在 30 平方公里的牧点，户与户相隔几十公里，骑马为交通工具，养牧、饮食、服饰、文化活动都沿袭草原传统。敖伦苏木古城是蒙古大汗成吉思汗所封赵王的都城，城中有多种宗教遗址。敖伦苏木蒙古语为多种宗教。把国保单位纳入生态博物馆保护之内，是很重要的。当时问我这个生态博物馆的名称时，我建议就叫敖伦苏木生态博物馆，被他们采纳了。境内的"敖包"是主要的文化载体，每年 5 月这里举行隆重的祭敖包日，开展摔跤、赛马、射箭等各种活动。我在幻真馆长带领下到敖伦苏木现场考察，结识了文化局长乌日格庆夫，他是在达茂旗建生态博物馆的实际领导者；还结识了达茂旗原人大主任孟克德力格尔，他在政府有发言权，他又是过去的王爷，对草原文化十分熟悉，热心于这个项目的建设。他们两位是建达茂旗生态博物馆的实施者和顾问。经过实地考察，我认为在这里建北方第一座蒙古族生态博物馆已经有了基本

和内蒙古拳皇摔跤

条件，接着就筹备办研讨班发展业务骨干。我回到北京就电约美国威斯康星大学人类学教授周永明来华一起推进这个项目。周教授对生态博物馆很感兴趣，曾带着学生到梭嘎实习，并多次与我交谈，互相比较了解。我约他来华时，恰逢暑假，他迅速来北京和我一起去达茂旗办班，培训了领导小组和业务骨干 15 人。我讲述了有关生态博物馆的知识和做法，我的生态博物馆的特征就是在这个班上开始提出的。周永明阐述了这个生态博物馆的环境优势和文化优势，并提出了操作建议。研讨中提高了对生态博物馆的认识，统一了工

与周永明在敖伦苏木生态博物馆的敖包前

2003 年 12 月，广西白裤瑶生态博物馆开馆

白裤瑶在农闲的时候经常举行赛陀螺活动

作方式方法，为开馆作了准备。2001 年 8 月 20 日，包头市政府批准敖伦苏木生态博物馆建立。《中国文物报》报道了我国第一座蒙古族生态博物馆开馆的消息。开馆后我又去了达茂旗了解生态博物馆运转情况。他们购置了一辆大篷车，资料信息中心建在汽车上，对传统文化进行了录音、录像的保存和展示。大篷车上的信息中心可以开到每个牧民家中观看、使用。大篷车还为来访的客人服务，客人在车上就可以看到整个生态博物馆的材料；客人坐着车可以到达要去的牧民家中。这样的流动信息中心和参观代步的工具真是从草原实际出发的创举。为了加强宣传报道，我约了《中国日报》记者王珊珊来达茂旗采访报道。她曾到梭嘎采访，她写的梭嘎生态博物馆的文化保护通讯登在《中国日报》后，被美国《华盛顿邮报》全文转载。这次为草原生态博物馆写的长篇通讯报道，也为报社总编辑称赞，刊登后不知是否为境外刊物转载。

广西的文化部门对建设生态博物馆的热情也很高。他们先到梭嘎去取经，又请我和安来顺、胡朝相到广西开班讲课。在充分准备的情况下，陆续建立了南丹白裤瑶生态博物馆、三江侗族生态博物馆和靖西壮族生态博物馆三个先行单位，取得经验后再在广西建立十座生态博物馆群，创出广西生态博物馆的路子。他们的领军人物覃浦、吴伟锋都是文博界的佼佼者。广西生态博物馆开始的起点就很高，广西要走出具有广西特色的生态博物馆。广西的第一座生态博物馆是南丹白裤瑶生态博物馆。白裤瑶是瑶族极具神奇色彩的支系，因其男子穿白裤而得名。白裤瑶居于大山深处，至今仍传承着极具特色的文化，有很高的保护价值。我出席了这个生态博物馆的开馆仪式。我问坐在我旁边的文化厅长："他们的白裤还能穿多久？" 厅长说："那要看他们还爱不爱他们的文化。" 这也是我思考很久的问题。在贵州生态博物馆群建设的后期，我就在思考生态博物馆持续存在的问题。我认识到建一个生态博物馆并不难，但巩固它比建立它要难得多。因为建立它是政府和专家主导的，这时居民是从事实上的主人变为名义上的主人，生态博物馆建成后，居民从名义上的主人又回归到事实上的主人，这时他们能不能成为自己文化的主人，就要看他们的文化自觉了。但文化自觉是一个很深的境界,不是靠培训所能解决的。我在寻找巩固生态博物馆持续存在的道路。广西推出的生态博物馆“1加10工程”就是广西走出的新路。所谓“1加10”的1是指广西民族博物馆，10是指10座生态博物馆，1加10就是民族博物馆与生态博物馆的联盟。生态博物馆作为广西民族博物馆的工作站和研究基地，在保护民族文化上连为一体，民族博物馆成为生态博物馆中不走的专家。这一模式在实施中已经取得实效，我寄以厚望。为了加强文化研究与展示，他们不建信息资料中心，引入主流博物馆的科研、展示功能的经验，他们的展览向博物馆陈列方向发展，对理解、展示自己的文化很有力量，我感觉到这是一个方向问题，需要进一步思考。我认为广西的生态博物馆思路在贵州经验的基础上前进了一大步，广西的生态博物馆可视为中国第二代生态博物馆。这时中国有了贵州经验又有了内蒙古和广西经验，中国已经走出了生态博物馆的中国道路，我认为召开生态博物馆国际会议是中国走向世界的时候了。于是我们开始筹备召开国际会议。2005年6月1日至4日在贵州贵阳市召开了生态博物馆国际论坛，15个国家100多位学者和生态博物馆代表出席了会议。这次论坛提供和宣读了35篇论文，交流了近40个生态博物馆的实践经验和做法。与会代表实地考察了中国的生态博物馆。国际生态博物馆著名的学者、研究者云集论坛，各国生态博物馆带来了各不相同的实践经验和做法，盛况空前，据说这是国际生态博物馆最盛大的集会。会议的信息得到广泛的传播，中外文的论文集国内外都有出版，关于这次论坛，我在这里就不展开说了。在这里要回顾一下我的论文要旨。在筹备期间，我主编了图文并茂的《中国生态博物馆》大型图册，收进了当时已建的七个生态博物馆的文化各异、做法各异的典型史料。图册前置三篇文章，前两篇是张文彬局长、赫图安大使的“贺词”，第三篇是我的《中国生态博物馆的道路》专论。这本图册会前发到与会代表手中，可以对中国生态博物馆的道路有所了解。我的这篇专论概述了中国生态博物馆经历的生态博物馆思想传播，在中国创建生态博物馆的探索，巩固生态博物馆的探索三个阶段。总起来说，中国生态博物馆运动，从20世纪80年代开始传播生态博物馆思想算起，已经18年了，从1995年开始建立第一座生态博物馆说起，也有10年了。中国生态博物馆从传统博物馆中走出来，在文化原生地建立了第一座生态博物馆，突破了传统博物馆的局限性，弥补了传统博物馆的缺陷，实现了文化保护的社区化和民主化的博物馆新理念。中国第二代生态博物馆在遗产保护社区化的基础上，正向遗产保护的专业化、博物馆化方向前进，使之可持续发展下去。这就是中国生态博物馆发展的路线图。我在论坛做的主旨发言比较简短，因为我后面还有许多著名理论家要发言，我尽量少占时间，但我力求对会议有所贡献。我主旨发言的题目《建立与巩固：中国生态博物馆发展的思考》。我提出两个理论问题，并做了我的回答。第一个问题是，中国的生态博物馆是怎么诞生的，什么是它诞生的条件？这些年我一直在想，生态博物馆思想要在距离这个思想的时空都十分遥远的中国山村实现会是一种什么样的文化行为，它是在什么条件下才得以建立起来的？中国的少数民族地区都有经济落后、文化丰厚的特点，这正是我们保护文化多样性的重要工作地区。在这些村寨建立生态博物馆，政府是积极的，专家的热情也很高，村民由于利益的驱动也会积极参加的。有了政府、专家、村民三种积极性，建立生态博物馆的基本条件就有了。在这三方面中，专家和政府是主导力量，村民是被领导的。因为村民并不知道什么是生态博物馆，也不知道要干什么，我不得不说，事实上外来力量成了村寨文化的代理人，村民则从事实上的主人退居到名义上的主人。没有外来力量的进入，就不可能有生态博物馆。因为生态博物馆的先进理念不会在前工业化的村寨中自发产生。在政府和专家指导下建立的生态博物馆要把文化主权归还村民，村民从名义上的主人回归到事实上的主人，这时真正意义上的生态博物馆才算建成。我把外来力量看作主导力量，并形成一段文化代理阶段，这是根据中国的实践产生的认识。我不知道外国是怎样的，中国确实如此。第二个问题是生态博物馆怎样巩固其存在，在什么条件下它才能够真正得到巩固？我认为建立一个生态博物馆并不太难，而巩固它比建立它难得多，这要取决于村民作为自己文化的主人，他们对自己文化的认识程度和保护能力的程度，认识得越深、保护能力越强，生态博物馆才能持续发展下去。村民提高文化自觉要经过三个递升的层面，这就是利益驱动层面、情感驱动层面和知识驱动层面。村民保护自己文化的动力来自利益驱动，也来自对自己文化的感情。村民对自己文化的感情是天然的，这种感情从自在到自觉还需要提高认识，使之从感性到理性，从自在的感情到文化的自觉，因此在村寨中不仅要帮助村民理解生态博物馆，更迫切的是帮助他们理解自己的文化。如果他们能科学地认识自己文化的历史价值、艺术价值和科学价值，他们会更加珍爱自己的文化，更加关心他们文化的长远利益。要巩固生态博物馆，关键是提高村民的文化自觉程度。我很赞赏广西的方法，把民族博物馆和生态博物馆建成联合体，在专家和村民中建立了不断互动的机制，不仅使专家有了科研基地，而其成果又反哺村寨，由此我想到了生态博物馆与主流博物馆的关系，要借鉴主流博物馆专业知识、业务经验，以提高生态博物馆保护文化的能力，这就是我为什么提出生态博物馆向专业化、博物馆化方向发展的原因。这个问题在会上引起争论。特丽萨提出“反博物馆”的命题，她认为生态博物馆需要博物馆学，但不需要博物馆。我提出生态博物馆向专业化、博物馆化方向发展，不只是微观问题，而是从生态博物馆回归博物馆这个大家庭的方向考虑。我期望生态博物馆和主流博物馆并驾齐驱，为保护文化共存共荣。不过这是后话，本次论坛我未作展开。论坛结束时我作了《论坛小结》，简略地指出本次论坛从理论上看，最大的收获在于我们听到了理论观点上的多种不同声音，看到了实践方法上的种种探索。观点的多样化和方法的多样化，丰富了我们的认识，深化了我们的认识。我阐述了会议在三个基本问题上取得的共识。第一，生态博物馆的思想是在不断发展之中，我们并没有一个标准的定义。这次会议理论家提出了多种对生态博物馆的描述，形成了一个概念多样表达的理论现象。我们的结论是没有稳定的统一的定义，正是生态博物馆发展中的一个特征。第二，生态博物馆的方法是在不断创新之中，我们并没有一个标准的模式。在论坛上交流了近 40 个生态博物院的实践经验和做法，但我们产生不出一个标准的、通用的模式，因为各国、各地实际情况各不相同，因此我们的结论是不能也不应规定生态博物馆的统一模式。根据生态博物馆的实际情况，自我开发创新应视为其另一个特征。第三，生态博物馆的核心理念。这次论坛上有些理论家担忧出现泛用生态博物馆术语的趋势，把生态博物馆变成流行词汇的趋势以及行销趋势。因此需要探求生态博物馆恒定的要素，离开了这个核心理念就不是生态博物馆。多位理论家提出自己的看法，归纳起来可以认为生态博物馆的核心理念在于文化的原生地保护文化，并且由文化的主人保护自己。评估这一核心理念决定于地域化程度、有效程度和居民认知程度。当然这不是一致的看法。最后，我说，这次论坛带来了一些问题，解决了一些问题，又产生了一些问题，我们仍在前进中。我的论坛小结刚结束，没想到会场响起热烈掌声，表达了对我的理论小结的认同。随后，与会代表分赴贵州、广西、内蒙古的生态博物馆考察、游览。这时在堂安要举行开馆仪式和贵州生态博物群结项大会，不料我因脑供血不足晕倒，不能前往出席。这一重要典礼就由马自树同志率领中挪人员前往。马局长从贵州第一座生态博物馆创建到贵州生态博物馆群建成，自始至终全力支持、领导这一国际合作项目，回忆往事，我一直没有忘记他，一直心存感激。贵州这次论坛理论硕果累累、实践典型多种多样，我们下大力编辑了论坛的论文集。论文集由我任主编，张晋平、彼特·戴维斯、毛里奇奥·马吉担任编辑，英文部分由戴维斯把关、审定。在中国出版中英文合刊，在意大利由马吉出版英文版、意大利版。这本论文集还收录了戴瓦兰的“论坛笔记”、马吉关于贵州和内蒙古生态博物馆的考察报告、曹兵武的“参会笔记”以及戴瓦兰和我的十余封学术通信，出版后了引起国际、国内研究者的关注，至今还有影响。

戴瓦兰和我的学术通信有十余封。在长达一年多的学术通信中，我们交流了对传统博物馆、生态博物馆的基本观点，进行了不停的争议。戴瓦兰青年时就是激进主义者，直至 80 岁和我通信时，仍充满了批判的激情。我则比较温和但也很坚定。我主张传统博物馆与生态博物馆应向共存共荣方向发展，共同为文化保护做出贡献，不要互相排斥，事实上谁也排斥不了谁。戴瓦兰则与我的观点相反，他认为传统博物馆已降低到旅游景点了，主张“去欧洲博物馆”，欧洲博物馆的藏品都是对殖民地的掠夺。他在来信中还激烈抨击了博物馆藏品研究者和艺术家的无知。他写到博物馆学家、艺术家，往往以自己的文化背景来理解这些民族文物，事实上这些文物是根据各种宗教和实践的不同用途以及一套属于他们传统文化的艺术标准而创造的。我回应不要过分责备博物馆艺术家，他们没有理解这些民族、宗教的原创境界，并不是他们的浅薄，而是文化的隔阂，真正进入原创境界是很难的。这也是人类学中外人是否能进入民族情感的老问题，并非博物馆人的过错。他对主流文化也进行了猛烈抨击，他认为民族文化、外来族群的文化，正在被主流文化“标准化”、“殖民化”，因此这些弱势群体的社区要建立的不是什么生态博物馆，而是建立教育机构以保持他们的文化。他对我说，干脆不叫生态博物馆，叫什么都行，社区需要的是一个教育机构，而不是博物馆。戴瓦兰原是传统博物馆中的理论精英，国际博协的领导者，他勇敢地批判了自己，走出了传统博物馆，创建了生态博物馆，接着他又否定了自己，走向社区，创建了文化教育机构，他是战后兴起的批判思潮的急先锋，他的路越走越窄。我与他是同龄人，但思想方向不同，我一方面在传统博物馆中推动改革，另一方面创建生态博物馆，

与戴瓦兰合影

同时在两个领域中工作和探索前进。我为博物馆这面大旗下各派团结起来而奔走。我的路越走越宽。他在征得我的同意后在他网站全文刊登了我的通信，我在征得他的同意后在国内报刊上发表了，两个老头学术的辩论成为一段佳话。

第八部分

第四十八章　国际博协第18届大会
竞选国际博协执委失败/
在澳大利亚参观访问

国际博协第18届大会于1998年10月9日至16日在澳大利亚的墨尔本举行，会议主题是“博物馆与文化多样性、古代文化、新的世界”，我出席了这次大会。国际博协会议通常由开幕式、主旨报告，各专业委员会分别活动，大会选举、闭幕式三部曲组成。这次大会的开幕式主旨报告围绕文化多样性展开，相当深入，但我认为众多的主旨报告中没有人提到文化霸权主义，这就使得多样性缺乏对立面。在开幕式上，毛利族的歌舞和控诉很感人。原住民毛利人边诉说边哭泣，使我感到我国土改时的诉苦大会，这个节目是显示澳大利亚对民族压迫的批判和对民族文化的支持，给我印象很深。在分组活动中，老吕、小安和我参加了博物馆学专业委员会的活动，都是熟人很高兴。我和小安联合发言介绍了中国生态博物馆建设情况。学委会理事换届时，朋友们安排中国出一名理事，我因正在竞选国际博协执委，就由安来顺承担理事一职。我还旁听了新博物馆学和主流博物馆派联合召开的研讨会，研讨两者的“共性”问题，这是很有积极意义的，我为此感到鼓舞。

接着就要说到我竞选国际博协执委之事。国际博协执委会是国际博协最高的执行机构，一直没有中国人担任执委。16 届大会期间，中国科技馆馆长李象益竞选执委落选了。1998 年国家文物局做出决定派我竞选 1998~2001 年国际博协执委，中国国家委员会当即向国际博协提名我为本届大会执委中国候选人。我那时在国际、国内小有名声，有不少人为我助选，连国际博协主席印度人高斯都到非洲帮我拉选票。国家文物局马自树副局长带队出席大会为我助选。1997 年 12 月 3 日，国际博协咨询委员会在巴黎举行特别会议，各国推荐的执委候选人投票确定正式候选人名单。投票结果选出 16 名正式候选人，我为其中之一。《国际博协新闻》1998 年第 2 期上介绍了 16 名候选人的详细信息，我的简历、近照、主张都在刊物发表了。10 月 16 日大会选举，投票是由志愿者捧着票箱到投票人座位前投票，我投了自己一票。经过一个多小时的计票后，大会宣布了投票结果。我获得了 70 多票，但以十几票之差败于拉丁美洲的候选人而落选，竞选失败我松了一口气，我知道我是不能胜任的。

国际博协大会，除了两次全体大会和专业小会外，大部分时间都是参观博物馆和观光，这也是吸引各国多来参会的传统做法。大会没有组织参观多少博物馆，却组织参观了不少文化遗址和景点，如总督府、18 世纪监狱、天然动物园和植物园等。我们还自己组织了观光活动，游览了海豹岛、企鹅岛、阿波罗海湾、十二门徒、伦敦桥。我在澳大利亚西海湾拣选了几块石头作纪念。一天晚上我们几个人去赌城体验赌博，赌城很大，很豪华，赌客都很安静、文明，不像想象中的那种场面。我们在转盘机前停下，我掏出 4 块美金押赌，转盘一停，我赢了通吃，转盘上押有 59 元，都归我了。还想再赌一把，但我克制住了，我拿起 59 元说“走，我们吃饭去！”我们几个人美美地吃了一顿晚餐。空闲时间很多，大家自由购物、逛街。墨尔本有一环形电车，围绕市区环行，不收费，自由上下，只要记住从哪里上的车，就会环行回来，不会迷失。我坐在环行车上看街景，看见路边有一家理发店，我就下车进了理发店，正好没人理发，不料理发师告诉我，这个时间已经有人电话预约了，他在等顾客来。就这个预约理发，使我联想很多，顾客不必排队等候，不但保证了理发，而且保证了准时理发。事情虽小，却折射出一种制度文明。我发现咖啡店临街坐着的多是年轻人，小桌上放一杯咖啡，悠闲地坐着。我听说澳大利亚的学生学习不努力，毕业后也不怕失业，因为失业救济金比工资少不了多少，乐得清闲，喝喝咖啡，看看街景。我不禁想起在日本看到的街景，不论年龄大小都

1998 年 10 月 20 日，我在墨尔本阿波罗海湾觅石

行色匆匆，时间宝贵。我感觉到民族文化的差异、国情的差异。在墨尔本我买了两块宝石，这是当地的名产。

结束了墨尔本的观光后，我和马局长、吕理事长、民族园的王平馆长去悉尼参观。在悉尼参观了新歌剧院，但没有买票进去听音乐。远处眺望悉尼大铁桥，悉尼情人港，但没有体验出什么情侣感受。那时澳大利亚已筹备悉尼全运会。我们参观了正在施工的场地建设。在悉尼碰巧看到同性恋大游行，人山人海，哪里来的这么多同性恋者。他们在左耳上都带着一个小耳环为标识。这真是难得一见的景

1998年10月20日，参观悉尼大学

象。在澳大利亚期间还去首都堪培拉一天，参观了国会大厦，对面山上的历史博物馆。接着就是疯狂购物。澳大利亚的羊毛制品很好，很便宜。我买了好几块羊毛褥子、羊毛小椅垫、羊毛拖鞋，装了一箱子，王平装了三箱子，满载而归。

澳大利亚之行，虽然竞选失败，但交了一批朋友，饱览澳大利亚的自然风光，亲近了澳大利亚人民的点点滴滴，看到了澳大利亚博物馆实现社会教育价值的努力，不虚此行。

第四十九章　国际博协亚太地区第七次大会
大会主旨发言／深入研究
无形遗产／我的四篇专论

2002 年 10 月 20 日至 24 日日国际博协亚太地区第七次大会暨博物馆无形文化遗产国际学术讨论会在上海召开，26 个国家、地区和国际组织的 150 名代表出席会议，产生了以“博物馆、非物质遗产与全球化”为主题的《上海宪章》。我参加了这次会议的筹备工作，并在大会上做了题为《中国博物馆与无形遗产》的主旨发言。

这次大会意义很大，我在《〈上海宪章〉的意义》一文中概括了三点，一是宣告亚太地区博物馆开始了保护非物质文化遗产的国际联合行动；二是启动了亚太地区博物馆保护非物质文化遗产的创新实践；三是落实了国际博协保护非物质文化遗产的战略部署，是 2004 年汉城博协大会的前奏。我在亚太地区大会上的主旨报告的思想重点有三：第一，中国是世界上无形遗产最丰富的国家之一，其主要原因在于中国的农耕文化有几千年不断的积累，得以持久的传承，至今仍大量的存在着，工业化的破坏开始不久。第二，无形遗产的保护是社会共同的责任。无形遗产是社会共同的财富，主要依靠国家力量唤起社会的支持，才得以在工业化中自觉地保护与传承。这是国际经验。第三，博物馆对无形遗产保护理论探讨及其实践刚刚开始。无形遗产是属于精神领域，要显示和保护其存在必须具有物质形式，所以无形遗产的被感知、被保护、被收藏有个物化的过程，从无形到有形的过程，实现了这个过程，它就能和博物馆物质统一起来了，就能汇入博物馆的物的海洋中了。博物馆收藏鲜活的无形遗产也有一定经验，如社区博物馆、生态博物馆、戏剧博物馆，都在无形遗产原生地传承着，保护着。但从总体说，收藏无形遗产仍是一个创新的课题。

会议期间，会议主题的提法有了变化。会议的主题原为“无形遗产”国际会议，但发表《上海宪章》时改为“非物质文化遗产”。

我们一直把这种文化遗产称为无形文化遗产（Intangible Heritage），与有形遗产相对应，日本早就称之为无形文化财。但是联合国教科文组织在《保护非物质文化遗产公约》中却用了“非物质文化遗产”（Non-Physical Heritage）这个新词。国际博协接受了非物质文化遗产这个新词，《上海宪章》发表时也就改用了非物质文化遗产这个词。我从博物馆的角度考虑，仍认为无形遗产更准确一些。我随后发表的一系列论文中仍沿用“无形遗产”。我问教科文组织驻京办事处杜晓帆专员，这是怎么回事，他说他也不知道怎么讨论的，过去都是用“无形遗产”。

国际博物馆理论界对无形遗产进入博物馆在理论上存在困难。2000 年 11 月国际博物馆学委员会年会，以“博物馆与无形遗产”为题展开讨论。那时博物馆理论界刚刚接触这个课题，众说纷纭。马约维奇表示欢迎，他说，无形遗产进入博物馆掀开了博物馆全新的篇章。冯・门施说，无论如何物仍在博物馆中保持一种关键作用。马丁・施尔认为无形的东西必须被物质的形式表现出来。安德烈・德沃里斯说，博物馆不能太依赖物，也不能太依赖精神，需要结合。马琳达・里斯说，博物馆藏品本身就包含物质和精神、有形和无形。还有人说无形遗产进入博物馆要另一个平台来保存等等。到 2003 年年会，这种争论还是没有多大进展。可见无形遗产进入博物馆，在国际博物馆理论界仍然处于理论困难的状态。

我国是非物质文化遗产丰富的国家，对保护非物质文化遗产有很高的积极性，文化部成立了专门的领导机构，推动保护工作，博物馆也有积极性但缺乏指导。在实践中我有了一些自己的认识。2004 年国际博物馆日，我在北京举行的无形遗产国际论坛上作《无形遗产保护：博物馆的特殊价值及其局限》讲演。我讲了无形遗产的特殊价值，又着重谈了博物馆保护无形遗产有很大的局限性，以警戒过高的热情。我说博物馆保存的特殊价值在于：第一，博物馆的保护是永久的而不是短暂的；第二，博物馆保护的是文物中的精华而不是一般；第三，博物馆的藏品保护是专业而非业余；第四，一些特殊的博物馆对保护无形遗产有特殊优势，如生态博物馆、社区博物馆、戏剧博物馆等。博物馆收藏无形遗产的局限性在于，必须把无形遗产有形化，博物馆才能接纳它，才能与有形遗产得到一体化的保护。

我看到国际博物馆理论界对无形遗产众说纷纭，我认为逻辑混乱是导致理论混乱的主要原因。我发表了《无形遗产就是无形遗产》的专论，提出“A 是 A”是传统逻辑基本规律之一，如果不能保持 A 的同一性，就会出现逻辑混乱。我们在讨论无形遗产问题时，时不时的就把无形遗产与有形遗产混同起来，陷入 A 是 AB 甚至 A 是 B 了。所以，我发表了这篇专论以逻辑规律匡正之。在这篇专论中，我还对有形遗产与无形遗产两者的界限和无形遗产及其介质的界限这两个认识难点进行理论区分。

在实践中，我逐渐认识到无形遗产这样高深的精神领域的保护，过早地推向大众实践，是太仓促了。理论是建立在实践基础上的，没有成熟的实践就不可能产生成熟的理论。从文物保护发展的历史过程来看，西方国家从不可移动文物的国家保护发展到了可移动文物的国家保护，用了一百多年时间。现在从有形文物的国家保护发展到无形遗产的国家保护才经历了三四十年的实践，就仓促决定《公约》要在各国展开这一新的精神领域的保护运动。无怪许多国家包括美国都迟迟不加入《公约》。中国政府也不是一帆风顺的批准参加公约的。我国无形遗产的保护与传承，以国家为主导，迅速推入了大众，五花八门，甚至推入市场，乱象丛生。我认为理论滞后时，先行动起来未尝不是好事。正面的经验、负面的教训都是有益的。我在《中国文物报》“东海杂谈”专栏发表《当理论贫困时，还是让我们先做起来》的谈话。文章结尾写道：“理论并不总是披荆斩棘，有时也会困顿前进的步伐；当理论贫困时，还是让我们先做起来吧！”

第五十章　深入无形遗产的研究
撰写《无形遗产的五个基本问题》/出席在瑞典举行的中瑞文化遗产国际学术会议/瑞典之行

我国对无形遗产的保护与传承很热心，由于理论准备不够，实践准备不够，仓促上马，望文生义，杂乱无章。这是教科文组织仓促上马的结果。我深感加强无形遗产理论研究的急迫性。于是下功夫对无形遗产做一点基础性研究。2004 年 10 月完成了《无形遗产的五个基本问题》的撰写。先是发表在《中国文物报》上，随后又应邀在瑞典举行的无形遗产学术会议上作了讲演。这个论文是我研究无形遗产的基本观点，在这里我略微展开谈一谈。五个基本问题是无形遗产的定义、无形遗产的保护、无形遗产的再生产、无形遗产的坚韧性、无形遗产的认识误区。

问题一，关于无形遗产的定义是一个难于解决至今仍未真正解决的问题。它是一个很宏大、很高深的新概念，以 1989 年《保护民间创作建议案》给民间创作下的定义为开始，1998 年推出《人类口头和非物质遗产代表作条例》时仍沿用 1989 年定义。因此，1989 年的定义就成了国际通用的无形遗产的临时定义。到了 2001 年，通过了“人类口头和非物质遗产”的新定义，实际上并没有推进多少，理论家们仍在努力提炼定义。2001 年 3 月都灵专家会议、2002 年里约热内卢专家会议都在为无形遗产国际《公约》准备定义。2003 年我们看到了《保护非物质文化遗产公约》，里面给出的定义让我很失望。这不是一个称得上定义的定义，它只是一个工作定义，它只列出了哪些是无形遗产，回答了什么是无形遗产，而没有能够回答无形遗产是什么。从 1989 年开始，经过了 15 年的努力，还不能给出一个真正的定义。究其原因，我认为它存在于人的无限精神领域中，突破了物质遗产领域，而成为一种泛文化活动。其次，它存在于现实生活之中，它突破了遗产概念成为活的遗产。它是无限的，又是活的，所以难于把握，至今也未能产生一个真正的定义，未能回答无形遗产是什么这个根本问题。

问题二，关于无形遗产保护的问题。《公约》的定义就是一个工作定义，它列出了保护的五大领域，这五大领域就是国际社会要保护的有限的领域而不顾及其他。只有这样有限的目标，保护才能进入实际操作，但是无形遗产的保护并不能沿用有形文物的方法，因为有形遗产是历史物，对它是按历史物特征保护的；而无形遗产是现实物，对它的保护要按现实物特征。人类对历史物的保护有几百年成熟的经验，而对现实物文化遗产的保护是个新问题，是个看似熟悉实则陌生的问题。由于理论的滞后，无章可循，在实践中探索，到目前为止，有两种保护可行：一是用信息技术开展记忆工程；二是鼓励传承，保护活力，使之可持续发展。

问题三，关于无形遗产再生产的问题。我指出物质遗产是历史的化石，是不可再生的。而无形遗产与之相反，无形遗产必须不断地再生才能延续它的存在。如果不传承它就消失了，这是两种遗产根本的区别。这个问题一直在我脑海中盘旋，影响着后来我对无形遗产保护的批判。

问题四，关于无形遗产的坚韧性。无形遗产在人们的生活中，深刻影响着人们的精神生活，坚忍不拔，代代相传，有巨大的生命力。但文明向前发展，生活巨变，某些无形遗产的存在又是脆弱的，需要保护。在强势文化冲击下，无形遗产既是坚韧的又是脆弱的。坚韧是它的本质，脆弱是它的处境。只有刻意保护它，才能繁衍它。

问题五，无形遗产的认识误区。无形遗产与有形遗产存在于两个不同的领域中，它们之间有一个清晰的界限，我们必须从认识上把无形遗产从有形遗产的概念中剥离出来、区分开来，才能真正认识它、保护它。目前有一些认识上的误区，有的把物的文化内涵当作无形遗产，淹没了无形遗产独自存在的意义；有的把无形遗产存在的介质当作无形遗产本身了等等。认识的种种误区源于理论的滞后，理论的滞后源于实践的不足。我越来越感到《保护非物质文化遗产公约》推向各国实践太仓促了，太超前了。

2004 年 10 月 30 日，我受邀赴瑞典斯德哥尔摩出席“中国 · 瑞典学术会议：文化遗产政策及论点”。会议由瑞典远东文物博物馆和瑞典隆德大学共同组织。我收到的邀请函就是远东文物博物馆馆长马思中签署的。会议邀请中瑞双方遗产官员和学者出席。会议讨论两国文化遗产政策的热点问题。我想我就是对《保护非物质文化遗产公约》的评论而被邀请的。会议的组织者史雯博士要求我谈一点有关争议的问题，我答应了她。瑞典是一个无形遗产丰厚的国家，节庆习俗几乎每月都有全国性活动，因此对《公约》的讨论和贯彻很关注。瑞典方面的发言表达了对文化遗产保护的紧迫感和能力的无奈。一位文化遗产管理者举了一个例子说城建对传统生活的破坏。为了建百货大楼，把那些小百货商店驱赶到远处。但谁又天天去百货大楼买东西？幸亏保留了一条老街，小店铺林立，生意兴隆。中方的毛昭晰教授也谈了杭州老街改造丢失文化的问题。我的发言很受关注，因为我谈的是有争议的问题。我的开场白说：“我的朋友史雯教授让我谈谈什么是非物质文化遗产？我要诚实地告诉大家，我回答不了这个问题，这是一个定义的问题，《公约》至今还没有给出一个真正的定义。不仅是我，国际理论界也还没有能够回答这个问题。

接着我叙述了理论家从 1989 年《保护民间创作建议案》开始提炼无形遗产的定义，直至 2003 年《公约》颁布，十几年间未能对无形遗产给出一个精炼的、准确的定义，未能回答无形遗产是什么。于是，无形遗产是什么已经成为理论难题，有待继续努力，从实践中推进理论。我的发言引起人们的深思，我看到文化参赞向我举起大拇指。

瑞典对我来说是一个既陌生又向往的国家，这个国家奉行着在资本主义与共产主义之间的中间路线。平时不结盟，战时守中立，人民享受着“从摇篮到坟墓”的高福利。连我这个外国人都沾了光，那年我 77 岁，出国旅行，保险公司已不给我办保险了。但瑞典方面给我办了医疗保险，费用由瑞典政府支付。在瑞典重点参观访问了斯堪森露天博物馆、东方文物博物馆、瑞典国家艺术博物馆、民族博物馆、北欧民俗博物馆等。参观访问的观感在《中国文物报》“东海杂谈”专栏上陆续刊登了，这里不展开谈，只谈回国的一件事。返程的飞机乘客不太多，有空位子，因此对我这个老人有了特殊照顾。飞机两边靠窗户的每排三个座位，中间每排四个座位。我被安排在中间一排座位。飞机起飞后，我旁边三个座位空着，这时乘务员告诉我旁边三个座位没安排乘客，我可以睡觉，并拿来毛毯和枕头，我就舒适地睡下了。我不禁想这种人性化的服务是一种文明，它不属于哪个阶级，我们最缺的就是这种文明。

2004 年在瑞典

第五十一章　我的学术生涯的黄金时期
我的论文结集出版／
我的思想路径（上）

1971年林彪事件震动我的思想，我开始从思想上的驯服工具向独立思考转变，这是我的思想的转折点。而真正进入独立思考还是依靠改革开放的历史大环境才得以实现的。改革开放新时期开始后，随着生产力的解放，人的思想解放也开始了，拨乱反正、正本清源一时成为各领域、各行业的思想潮流，我在文博界也勇于进入思想活跃期。我努力摆脱几十年"左"的思想桎梏，努力认识现实，进入理论的跋涉中，撰写了、发表了一批在批判中前进的论文。

我仍是一个马克思主义者，但我并不拘泥于马克思主义的立场，因为学术立场是附加的，并非马克思主义本身，不宜画地为牢。我也不拘泥于马克思主义的某些观点，因为从实际出发而不是从原则出发是马克思主义的原始的出发点，事物在发展，观点也是可以发展的。作为马克思主义者既要固守其应该固守的那些原理和方法，又要不断地发展创新，如果停滞不前，那就不是一个真正的马克思主义者。在改革开放中，我在博物馆研究和现代史研究两个领域的创新，达到了我新的思想高度，我撰写的、发表的论文在博物馆界、党史、现代史学界别具一格，引人注目。这是我的学术生涯中的一个黄金时期。这时我已 61 岁了，有些朋友建议出版我的论文集，马自树副局长还亲自与文物出版社领导谈我的论文集出版之事。在文物出版社的支持下，我的《博物馆的沉思——苏东海论文选》顺利出版，由新华书店发行。从 20 世纪 80 年代到 90 年代中期，我发表了百篇理论文章，选入论文集 70 篇，其中属于博物馆和博物馆学的 41 篇，属于现代史和现代史学的 29 篇。这本书的出版正赶上我国博物馆界也处于研究高潮中，不愁卖不出去，很快脱销了。

新世纪启始之际，《中国文物报》举办了 20 世纪文博考古最佳图书评选活动。评选分为 20 世纪文博考古最佳论著、20 世纪文博考古最佳图录、20 世纪文博考古最佳翻译作品、20 世纪最佳考古发掘报告、20 世纪最佳古籍整理图片五大类，以期通过评选活动盘点 20 世纪百年文博考古图书出版成果。通过读者投票和专家评委投票得出当选图书。出乎我意料的是，《博物馆的沉思》竟然当选 20 世纪文博考古最佳论著之一，而且是唯一的博物馆论著。我深感荣幸，也深感自己学术价值的体现。

我的博物馆研究大体可以把 20 世纪 80 年代的十年算作一个阶

段。20 世纪 80 年代改革开放来势很猛，博物馆的发展来势也很猛，我的工作是在当代史研究和博物馆研究两个方面进行的。20 世纪 90 年代我把更多的精力放到博物馆研究上。这时改革开放出现了社会转型期中的种种复杂和艰难，博物馆的生存和发展条件也复杂了，我的研究开始进入一些深层次的问题。我着力于博物馆本质属性的研究，在文章中对博物馆是什么、博物馆的文化个性是什么、如何提高博物馆文化个性的作用力等问题做出了回答。我的研究方法一直固守着马克思的历史唯物主义。坚持历史唯物主义是很难的，它的理论思辨是建立在它的历史研究和现实研究之上的。我的论文分析中历史分析和现实分析占了很大篇幅，可以看出我这一努力。研究博物馆不能不研究它的历史条件和社会条件，否则是不实际的。20 世纪 90 年代，我国博物馆的国际交流增多了，引进外国博物馆特别是西方博物馆经验的先进部分，对我们是必要的，是迫切的。但文化引进是一个很大、很深的问题，西方博物馆文化也不是静止不动的，它受着各种思潮的影响，有的新想法新做法有价值，有的则是泡沫。我不是狭隘民族主义者，但我心中有着民族文化的自尊。我是引进的积极实践者，但我力戒盲目。博物馆是一种世界现象，我们不能不研究博物馆世界。20 世纪 90 年代我接触到国际主流博物馆学人士，其理论的精细激起了我的理论冲动，同时又接触到新博物馆学，生态博物馆学人士，其理想主义又激起了我的实践冲动，我开始在传统博物馆的理论和生态博物馆的试验两个领域工作。并且在两个领域中结交了一些理论人士，有一些学术交流。因而开阔了我的国际视野，深化了我对外国博物馆的理解。20 世纪 90 年代至新世纪开端的十几年间，我撰写、发表了一百多篇基础研究和工作研究的论文和文章，2006 结集出版了我的《博物馆的沉思》第二卷论文选。这本书收进此时期我的 126 篇论述，按着专题，分为基础研究、发展研究、应用研究、历史研究、生态博物馆、国际对话与通信等六个部分。这个时期我的一些主要论著分别纳入这六部分中。有的行家说这就是我的博物馆研究的理论框架。我原来这样分类是为了查找和研究的方便，不意形成了有内在联系的理论框架，也许是这些年不断思索而水到渠成吧。这一卷又在年度评选中获奖。我的事业在不断发展中，我得感谢馆领导的特殊支持，过了六十岁、六十五岁一直未让我退休，直到 1995 年我 68 岁时才办的离休手续，离休后又聘任了许多年。聘任结束后，仍保留我的办公室，使我得以继续工作和活动。我的社会活动比较多，年纪又比较大，管行政的马俊海副馆长给司机打招呼，我用车很方便。有人说事业单位升官机会少，但生活安排得好。我们这一代人就是工作与生活在一个单位里干一辈子，对事业、对单位都有了感情，不像现在的人讲究双向选择。我对年轻的同志说，要在博物馆有出息，就得脚踏实地实践，经验是博物馆理论的源泉，要爱博物馆，就得亲近文物，文

在家中

物是博物馆情感的源泉。这是我的肺腑之言，也是我献身博物馆事业几十年的心得。也许年轻人不这么看，但老一代的博物馆人是这么走过来的。

第五十二章　我的学术生涯的黄金时期 我的论文结集出版／我的思想路径（下）

2005 年以来，随着形势的发展，我的研究重点转向了博物馆发展研究。博物馆发展得越快，越需要发展研究。我从 2005 年开始搜集博物馆动向的新材料，从中分析我国博物馆发展的国内原因和国际原因，2008 年发表的《当前我国博物馆热的初步分析》就是这一阶段研究的阶段性成果。在研究国内的同时，对国际博物馆也下了点功夫研究，形成了《博物馆的时代主题、时代特征及其发展走向》这篇重点论文。研究博物馆的发展就必然要延伸到整个遗产保护领域的发展。我在《城市、城市文化遗产及城市博物馆的关系研究》及《城市的高速发展与文化遗产的高速消失》两文中通过对城市发展的原动力和深层动力上的比较研究，提出理性地看待发展中的矛盾性质及其规律的若干思考，我们需要更多的理性思维。前者我在文中首次提出城市、城市文化遗产及城市博物馆的三角关系及其规律。关于无形遗产问题，这一概念提出后，我的思想为之一震，认为这是遗产保护深刻化的发展。但是在实践中我逐渐感到这种十分深刻的概念过早推到社会实践中去太仓促了。由于理论的滞后和行动中望文生义出现的混乱使我认识到实践在呼唤理论，我在2004年发表的《无形遗产的五个基本问题》、《无形遗产就是无形遗产》等文中对界定无形遗产做了一点努力。但是到2005年我的思想认识有了一点变化，我在《建立广义文化遗产理论的困境》中写出了我对非物质文化遗产是否属于遗产的疑问。之后我终于迈出了沉重的一步，发表了“非遗”不属于文化遗产的论文。

在发展研究的同时，我并未放松对基础理论的研究。2008年撰写的《物质文化遗产的形而上学思考》带有总结性的把文化遗产存在的消失规律、运动规律、生理病理规律、价值规律在形而上层面上予以整合，可以说是对基础研究的基础研究。2005年撰写的《博物馆情感论》是其中的第一篇分论。《情感论》是一篇博物馆情感现象的专论，虽然是专论，但我在理论上是把它置于《物论》的分支理论的位置上，因为博物馆的一切精神现象都是从博物馆物中诞生的，继《情感论》之后，我将继续发表博物馆的知识论和认识论，对博物馆的知识特征和认识特征予以系统的揭示，我的知识论和认识论，如同情感论一样属于博物馆物论的分支理论，这是我的物的一元论的理论框架所决定的，我将一以贯之。

2010年我的《博物馆的沉思》第三卷发行了。除了收进新世纪第一个十年中我的主要论著，还收集1986年至1995年这十年间我花很大精力摘编的中外博物馆研究者的理论观点301条。这一时段是中外博物馆研究者理论思考最活跃的时期，读者正好利用这些思想史料与当前理论发展衔接起来看，还是有用的。在这卷中还附录了2007年我80岁生日召开的"苏东海先生八十寿辰学术活动座谈会"纪要、发言及有关文章，可以看出我的思想及实践的社会评论。

2012年5月18日中国博物馆协会授予我终身成就奖：

"鉴于您对中国博物馆事业做出的杰出贡献，本会特授予您博物馆终身成就奖。"

同年7月国家博物馆百年大典上我被授予"学术成就与杰出贡献奖"。两次授奖都很隆重，也是行业对我的思想与实践的肯定。

2010年当我的《博物馆的沉思》第三卷出版发行，正值我与妻子王迪结婚60周年纪念日，难忘60年风雨同舟的岁月，情深意厚、老而弥坚。儿孙事业有成，得以文化反哺，四世同堂，其乐融融。我和妻子共度幸福的晚年。

幸福的晚年——全家福

附录

《博物馆的沉思》卷一、卷二、卷三总目录（1962~2010年，按年代排序）

◎ 1982年 55岁

十一届三中全会以来重大冤假错案平反概述（卷一）

◎ 1983年 56岁

论文物组合（卷一）

◎ 1984年 57岁

博物馆的现实感（卷一）

再议确定“八一”为建军节的文件日期（卷一）

周恩来早期思想研究（卷一）

◎ 1985年 58岁

论大跃进运动的指导思想及其实践（卷一）

◎ 1986年 59岁

关于史学改革的意见（卷一）

重评罗易在武汉（卷一）

1930年李立三、周恩来、毛泽东比较研究（卷一）

“文化大革命”的理论对群众之掌握（卷一）

人民的愿望与建设速度的历史分析（卷一）

八十年代与五十年代经济建设若干问题的比较（卷一）

《纪念周恩来》大型画册前言（卷一）

《纪念刘少奇》大型画册前言（卷一）

中共“一大”闭幕日期外证一则（卷一）

◎ **1987 年　60 岁**

与国际博物馆学委员会主席鹤田总一郎对话录（卷一）、（卷二）

◎ **1988 年　61 岁**

博物馆演变史纲（卷一）、（卷二）

文化的碰撞与博物馆教育的传统职能（卷一）

论 1958 年的中国空想共产主义运动（卷一）

试析周恩来思想风格（卷一）

◎ **1989 年　62 岁**

博物馆学在中国（卷一）

加强博物馆的发展研究（卷二）

大革命时期领导权问题的再分析（卷一）

◎ **1990 年　63 岁**

建国初期的社会精神面貌（卷一）

就博物馆学若干有争议的问题答《东南文化》记者问（卷一）

◎ **1991 年　64 岁**

把握当代史研究的特性（卷一）

中国博物馆学学科建设的现状（卷一）

当代世界博物馆大发展的剖析（卷一）

◎ **1992 年　65 岁**

论博物馆及博物馆学之中国特色（卷一）

创建有中国特色的博物馆学的十年（卷一）

加强县级博物馆的发展研究（卷一）

我对博物馆教育特性的认识（卷二）

《博物馆群众教育工作》序言（卷一）

◎ **1993 年　66 岁**

与国际博物馆学委员会主席冯·门施对话录（卷一）、（卷二）

中国博物馆学研究综述（卷一）

博物馆中国大百科全书博物馆卷首文章（卷一）

外国博物馆史与冯承伯合作（卷一）

中国人最早见到的博物馆是美国博物馆（卷一）

博物馆教育要有自己的个性（卷一）

论周恩来的开放意识（卷一）

评介 1930 年周恩来的一篇佚文

◎ **1994 年　67 岁**

中国博物馆的哲学（卷一）、（卷二）

与国际博物馆学委员会主席马丁·施尔对话录（卷一）、（卷二）

中国博物馆管理学引论（卷一）、（卷二）

博物馆学科研究工作的再思考（卷一）、（卷二）

文物大国的忧患（卷一）

“渡江第一船”的提法是不科学的（卷一）

◎ **1995年　68岁**

关于生态博物馆的思考（卷一）

在中挪博物馆学者报告会上的报告（卷一）

在贵州梭嘎乡建立中国第一座生态博物馆的可行性研究报告（卷一）

我对爱国主义教育特征的认识（卷二）

博物馆要进一步打开爱国主义的思路（卷一）

◎ **1996年　69岁**

中国文物博物馆事业可持续发展战略研究（卷一）、（卷二）

不要把村寨博物馆与露天博物馆混为一谈（卷一）

“文化大革命”时期的中国博物馆（卷一）

我对纪念馆特征的概述（卷二）

《中国纪念馆概述》序言（卷一）

◎ **1997年　70岁**

中国文物博物馆事业两个根本性转变的思考（卷一）、（卷二）

论博物馆的现代化（卷一）、（卷二）

再议文物大国的忧患（卷一）

应该对半坡遗址博物馆进行更高的历史评价（卷一）

文博事业是超前的事业（卷一）

国际博物馆界服务战略的兴起（卷一）

学习初级阶段论，深化对博物馆经济效益的认识（卷一）

◎ **1998 年　71 岁**

试论我国博物馆经营体制的改革（卷一）、（卷二）

关于博物馆捐赠（卷二）

中国第一座生态博物馆面临的课题（卷二）

◎ **1999 年　72 岁**

我对遗址博物馆特征的概括（卷二）

中国文博事业深化改革刍议（卷二）

立足世纪高度鸟瞰中国博物馆（卷二）

生态博物馆在中国的本土化（卷二）

文物消失论（卷二）

◎ **2000 年　73 岁**

发展西部博物馆的战略思考（卷二）

文化与旅游关系的演进及发展对策（卷二）

一场关于内容与形式的讨论（卷二）

努力把握生态博物馆的特征（卷二）

◎ **2001 年　74 岁**

博物馆理论研究的再出发（卷二）

期待高校对博物馆学理论研究做出更大贡献（卷二）

博物馆是文物最后的归宿（卷二）

藏品的积累与质量（卷二）

文物是无限的，藏品是有限的（卷二）

每件文物都有一个故事（卷二）

“以人为本”质疑（卷二）

历史地，唯物地看问题（卷二）

谈求真务实（卷二）

再谈求真务实（卷二）

敬业奉献与道德境界（卷二）

谈博物馆节约（卷二）

我对人物类纪念馆特征的概括（卷二）

我对博物馆建筑理论的期待（卷二）

文化多元化中的博物馆多元化（卷二）

博物馆的全球化和本土化（卷二）

我对中国地质博物馆发展的建议（卷二）

建馆不要盲目攀比（卷二）

建馆不能盲目速成（卷二）

故居、故居环境（卷二）

博物馆建设中的生态理念（卷二）

国际生态博物馆运动史略（卷二）

曲阜“三孔”的文物灾难谁出学费（卷二）

博物馆社区服务的思想由来（卷二）

◎ **2002 年　75 岁**

文物保护二题（卷二）

中国博物馆与无形遗产（卷二）

《上海宪章》的意义（卷二）

当理论贫困时，还是让我们先做起来（卷二）

WTO 与博物馆（卷二）

当代博物馆发展中的几个基本问题（卷二）

博物馆的商业化与政府的责任（卷二）

地方领导认识到位，文物保护有希望（卷二）

评介《国际博协通讯》2002 年第二期关于自主权的讨论（卷二）

评介《国际博协通讯》2002 年第三期关于税收的讨论（卷二）

世界博物馆进入统计学阶段（卷二）

博物馆人才论（卷二）

国际博协培训新方向对我们的启示（卷二）

写给年轻的博物馆同行们（卷二）

窗明几净与博物馆（卷二）

门票的经济意义与社会意义（卷二）

新颁文物保护法的意义（卷二）

依法保护馆藏文物（卷二）

建立完备的藏品总账是杜绝藏品流失的关键环节（卷二）

世博会与博物馆的历史渊源（卷二）

我对生态博物馆的描述（卷二）

◎ 2003 年　76 岁

博物馆文化形态的研究是个深邃的课题（卷二）

“我注六经”与“六经注我”（卷二）

再谈西方博物馆文化的引进（卷二）

三谈西方博物馆文化的引进（卷二）

四谈西方博物馆文化的引进（卷二）

博物馆道德论（卷二）

《博物馆道德》序言（卷二）

我对博物馆经济学如何构建答记者问（卷二）

认真区别博物馆事业与产业（卷二）

博物馆与朋友（卷二）

苏东海谈博物馆“三贴近”（卷二）

加强馆藏文物的科学管理与依法管理（卷二）

评《关于环球博物馆的重要性和价值的声明》（卷二）

再评 18 家欧美博物馆的声明（卷二）

殖民时代与普世性博物馆的繁荣（卷二）

人类文明的浩劫，历史记忆的重创（卷二）

新中国博物馆发展简史（1949~2005 年）（卷二）

南通博物苑诞生的历史意义与现实意义（卷二）

南通博物苑诞生的历史性贡献（卷二）

历史文物的若干思考（卷二）

中国生态博物馆的道路（卷二）

建立与巩固：中国生态博物馆发展的思考（卷二）

2005 年贵州生态博物馆国际论坛小结（卷二）

2005~2006 年戴瓦兰先生和苏东海先生的学术通信（卷二）

◎ **2006 年　79 岁**

建立广义文化遗产理论的困境（卷三）

新农村、农村文化、生态博物馆（卷三）

生态博物馆的思想来源及其在中国的传播（卷三）

中国民族博物馆的几个基本问题（卷三）

《博物馆社会教育》序言（卷三）

《博物馆社会服务功能研究》序言（卷三）

《陕西历史博物馆建馆 15 周年纪念文集》序言（卷三）

中国博物馆协会 70 周年纪念大会感言（卷三）

◎ **2007 年　80 岁**

博物馆的社会责任——新春话语（卷三）

博物馆的时代主题、时代特征与博物馆的发展走向（卷三）

关于博物馆的核心价值——苏东海先生访谈（卷三）

城市的高速发展与文化遗产的高速度消失（卷三）

城市、城市文化遗产及城市博物馆关系的研究（卷三）

博物馆的社会责任与我们对自然科学博物馆的期望（卷三）

博物馆学的现状及其发展趋势——答梁吉生教授问（卷三）

《国际博物馆》233~234 期“移民的文化遗产”读后（卷三）

苏东海先生学术活动座谈会纪要（卷三）

贺苏东海先生八十华诞　郑欣淼

为苏先生祝寿　马自树

赠东海并就教王迪大姐　宏钧

贺苏先生八十大寿　梁吉生

苏东海先生　孙郁

◎ **2008 年　81 岁**

博物馆发展的新动向（卷三）

当前我国博物馆热的初步分析（卷三）

物质文化遗产的形而上思考（卷三）

生态博物馆的思想及中国的行动（特稿）（卷三）

中国博物馆的传统与变革——为巴西《博物馆学与遗产》虚拟杂志创刊号而作（卷三）

在中国博物馆学术委员会成立大会上的书面发言（卷三）

博物馆、博物馆学：警惕技术主义（卷三）

纪念馆专业委员会会刊《中国纪念馆》代发刊词（卷三）

纪念馆的地位和个性（卷三）

《博物馆教育论坛》序言（卷三）

◎ **2009 年　82 岁**

什么是博物馆（卷三）

博物馆情感初论（卷三）

北京博物馆年鉴第六卷序言（卷三）

◎ **2010 年　83 岁**

美术馆遭冷落之我见（卷三）

从圆明园办春节庙会之争谈起——略谈文化遗产的情感冲突（卷三）

博物馆专业中的两个问题（卷三）

国际博物馆理论发展中的两条思想路线述略（卷三）